Johanna Ehlers/Ariane Bentner/Monika Kowalczyk (Hrsg.)

Mädchen zwischen den Kulturen

Präsident der Johannes Gutenberg-Universität Mainz, Interdisziplinärer Arbeitskreis Frauenforschung und Pädagogisches Institut im Auftrag des Ministeriums für Bildung, Wissenschaft und Weiterbildung des Landes Rheinland-Pfalz

Johanna Ehlers/Ariane Bentner/Monika Kowalczyk (Hrsg.)

Mädchen zwischen den Kulturen

Anforderungen an eine Interkulturelle Pädagogik

mit Beiträgen und einer Literaturliste zum
Thema Jungenarbeit

unter Mitarbeit von
Frederike Fleischer und Nicolle Kügler

Edition Hipparchia
IKO - Verlag für Interkulturelle Kommunikation

Die Deutsche Bibliothek – CIP-Einheitsaufnahme

Mädchen zwischen den Kulturen : Anforderungen an eine
interkulturelle Pädagogik ; mit Beiträgen und einer Literaturliste zum
Thema Jugendarbeit / [Präsident der Johannes-Gutenberg-Universität
Mainz ... im Auftr. des Ministeriums für Bildung, Wissenschaft und
Weiterbildung des Landes Rheinland-Pfalz]. Johanna Ehlers ...
(Hrsg.). Unter Mitarb. von Frederike Fleischer und Nicolle Kügler. –
Frankfurt [Main] : IKO – Verl. für Interkulturelle Kommunikation,
1997
  (Edition Hipparchia)
  ISBN 3-88939-611-9

© IKO – Verlag für Interkulturelle Kommunikation
   Postfach 90 04 21
   D-60444 Frankfurt am Main.
   e-mail: ikoverlag@t-online.de
   Internet: http://www.iko-verlag.de

Titelgraphik: Claudia Tollkühn, 65193 Wiesbaden
Umschlagentwurf: Volker Loschek, 61352 Bad Homburg
Herstellung: Rosch-Buch Druckerei GmbH, 96110 Scheßlitz

Dieses Projekt wurde durch das Ministerium für Bildung, Wissenschaft und
Weiterbildung des Landes Rheinland-Pfalz finanziert.

INHALTSVERZEICHNIS

SEITE

0. VORWORT 1
   Johanna Ehlers

1. EINFÜHRUNG
1.1. *Mädchen zwischen den Kulturen - Überblick
     über das Modellprojekt* 7
     Johanna Ehlers/Monika Kowalczyk
1.2. *Alles normal - Gefühle auf Umwegen* 19
     Sevdiye Yldiz

2. SITUATION VON MÄDCHEN IM KULTURVERGLEICH
2.1. *Mädchen zwischen den Kulturen* 33
     Farideh Akashe-Böhme
2.2. *Kulturelle und religiöse Normen und ihre Auswirkungen
     auf Körperlichkeit bei Mädchen* 47
     Filz Kiral
2.3. *Genauso - aber doch anders. Aussiedlermädchen
     zwischen den Kulturen* 55
     Monika Kowalczyk

3. MODELLE INTERKULTURELLER PÄDAGOGIK
3.1. *Das sind wir* 63
     Gudula Mebus
3.2. *Lesenlernen als emanzipatorischer Prozeß* 71
     Karin Birnkott-Rixius

4. INTERKULTURELLE MÄDCHENARBEIT - MÄDCHENFÖRDERUNG
   INNERHALB UND AUßERHALB DER SCHULE
4.1. *Wer hätte des gedacht, Mädchen sind nicht
     gleich Mädchen* 87
     Nicole Kraheck
4.2. *Das MABILDA e.V. Mädchenprojekt* 103
     Nicole Kraheck

SEITE

5. ELTERN- UND FAMILIENARBEIT

5.1. *Familienarbeit als Bestandteil interkultureller Mädchenarbeit*   117
Isil Yönter
5.2. *Mädchen zwischen Schule und Eltern*   131
Ikbal Berber/Wolf B. Emminghaus

6. DAS ANDERE GESCHLECHT

6.1. *Mädchen und Jungen aus türkischen und marokkanischen Herkunftsfamilien in der Migration*   145
Sevdiye Yldiz
6.2. *Ey Mann, bei mir ist es genauso - Vom Stelzenlauf zum freien Gehen*   157
Peter Schlimme

7. THEORETISCHE DISKUSSION

7.1. *Einige Voraussetzungen einer interkulturellen und geschlechterdifferenten Pädagogik*   183
Ariane Bentner
7.2. *Chancen und Grenzen der interkulturellen Pädagogik*   207
Isabell Diehm

8. ANHANG

8.1. Bericht zur Situation ausländischer Mädchen und Frauen in Mainz   217
8.2. Forderungen und Empfehlungen   223
8.3. Zu den Autoren und Autorinnen   227
8.4. Liste der teilnehmenden Projekte - Markt der Möglichkeiten   229
8.5. Literaturlisten   233

Vorwort

Mädchen zwischen den Kulturen oder besser Mädchen zwischen Kulturen. Ich begegnete Ihnen zuerst an der Universität in meinem Beruf als Sozialberaterin. Es waren Studentinnen aus aller Herren Länder, auffallend kluge junge Frauen, die beste Leistungen zeigten und nichts, aber auch gar nichts über ihre Familien erzählten. Sie finanzierten ihr Studium durch eigene Arbeit und fragten nur nach Hilfen in extremen Zeiten, wie z.B. im Examen. Später fielen mir Studentinnen auf, die ich erst als Nichtdeutsche erkannte, wenn sie Ihre fremdländischen Namen nannten. In den 80er Jahren dann, trat eine neue Spezies von jungen Frauen in meinen Gesichtskreis, Studentinnen mit deutschen Namen, die jedoch gebrochenes Deutsch sprachen und oft energisch und fordernd auftraten. Klischees? Vielleicht. Aber, in einer Sozialberatung wird manches offenbar, was sonst hinter einer Maske versteckt ist. Es entwickelt sich soviel Nähe, daß intensive - weit über eine Beratung hinausgehende - Gespräche individuelle Erfahrungen offenbaren, die zu solchem klischeehaften Auftreten geführt haben.

Ein Großteil der Anfragen - insbesondere der nichtdeutschen Studentinnen bezog sich auf Strategien, Informationen über Strukturen oder Verhaltensweisen, deren Kenntnis nötig waren, um den Alltag zu bewältigen. Es wurde mir deutlich, wie isoliert diese jungen Frauen sind und wieviel Scheu sie haben, in ihrem sozialen Umfeld über alltägliche Probleme zu sprechen. Immer fürchtend, etwas von der Orientierungslosigkeit zu verraten, in die sie z. B. durch einen Bruch mit ihrer Familie und/oder mit ihrem Freundeskreis geraten sind. Oft verstellt der mangelnde Kontakt zu einheimischen jungen Frauen und deren Familien den Blick auf die Gemeinsamkeiten. Die eigene Identität zu finden, ist ein lebenslanger Prozeß, der für *alle* Individuen voller

Tücken ist und immer wieder Verletzungen erzeugt, unabhängig davon, in welchem Land oder welcher Kultur ein Mensch aufwächst.

Es war die Zeit der wachsenden Ausländerfeindlichkeit, in der mich die eigene Ratlosigkeit nach Hilfe Ausschau halten ließ. Ich war froh und dankbar, im Arbeitskreis *Frauen* des Mainzer Ausländerbeirates mitarbeiten zu dürfen. Dieser Arbeitskreis setzt sich aus gewählten Frauen des Ausländerbeirates und anderen in der Ausländerarbeit aktiven Frauen zusammen. Die Mitglieder kommen aus elf Nationen und sind mehrheitlich Ausländerinnen. Das wichtigste Papier, das dieser Arbeitskreis erarbeitet hat, ist der Bericht über die Situation der Mädchen und Frauen in Mainz, der 1994 sowohl vom Frauenausschuß als auch vom Stadtrat der Stadt Mainz und der Landesregierung beraten und dessen Umsetzung empfohlen wurde. Sie finden den Wortlaut im Anhang.

Doch nun zum eigentlichen Thema: *Mädchen zwischen den Kulturen* hieß eine Podiumsdiskussion im November 1992 in Mainz, die gänzlich anders verlief, als die Veranstalterinnen des Arbeitskreises Frauen des Ausländerbeirates es sich gedacht hatten. Die bekannten und erfolgreichen Ausländerinnen, die wir eingeladen hatten, gehörten der ersten Generation an und befanden sich zumeist in ihrer zweiten Lebenshälfte. Sie wurden mit Fragen aus dem Publikum konfrontiert, die sie weder beantworten konnten, noch wollten. Junge Frauen der zweiten und dritten Generation begehrten Auskunft über das Verhalten gegenüber den eigenen Töchtern; Lehrer und Pädagogen erwarteten Ratschläge für die tägliche Praxis und eine Gruppe islamischer Fundamentalisten sprengte die Diskussion endgültig.

Der Arbeitskreis Frauen des Ausländerbeirates faßte nun den Beschluß, seine Aufmerksamkeit direkt den Mädchen zuzuwenden und führte ein Tagesseminar nur mit nichtdeutschen Mädchen und junge Frauen durch. Die

Workshops zu den Themen: *Familie, Schule und Beruf, Freizeitgestaltung, Mädchenfreundschaften, Mädchen und Gewalt, Zuflucht für Mädchen* wurden ausschließlich von ausländischen Expertinnen geleitet, die über eigene Erfahrungen mit dem Leben zwischen Kulturen verfügten und in ihrer beruflichen Arbeit als Pädagoginnen und Psychologinnen täglich damit konfrontiert wurden. Dieses Konzept erwies sich als richtig: Die Mädchen und jungen Frauen aus dreizehn Nationen fühlten sich verstanden und angenommen. Sie sprachen offen über eigene Erfahrungen und Lebensvorstellungen. Es wurde deutlich, daß sie eine doppelte Diskriminierung als junge Frauen und als Nichtdeutsche empfanden. Freizeitverhalten und Freundschaften, Schul- und Berufsausbildung erschienen ihnen durch Tradition und Verbote der Eltern stark eingeschränkt. Gewalt wurde alltäglich als offene oder versteckte erlebt.

Das Thema Gewalt durchzog alle Gesprächskreise, da gerade an diesem Wochenende von einem bekannten Mainzer Faschisten zu einer Sonnenwendfeier eingeladen worden war und Hundertschaften von Polizisten, Gewalttätigkeiten verhindern sollten. Eine Reihe von Mädchen mußte die Teilnahme am Projekttag absagen, da ihre Eltern sie in einer so angespannten und gefährlichen Situation nicht aus dem Haus lassen wollten. Auch die anwesenden Teilnehmerinnen und Referentinnen hatten besondere Sicherheitsvorkehrungen getroffen.

Trotz der eindeutigen Ausschreibung des Tagesseminars für junge Frauen und Mädchen meldeten sich Lehrerinnen und Pädagogen zur Teilnahme an. Ja, sogar am Projekttag selbst, kamen noch einige vorbei und waren sehr enttäuscht, nicht daran teilnehmen zu dürfen. Dies bestärkte uns, am Thema weiter zu arbeiten.

Meine Mitgliedschaft im Interdisziplinären Arbeitskreis "Frauenforschung" machte es möglich, einen Forschungsantrag an das Wissenschaftsministerium zu stellen. Leider wurde dieser Antrag zunächst abgelehnt. Im darauf folgenden Jahr, Ende 1994, stellte ich den Antrag erneut, diesmal jedoch im Rahmen eines Modellprojektes in der wissenschaftlichen Weiterbildung. Plötzlich und kaum noch erwartet, kam die Bewilligung Anfang Juli 1995. Dank eines alsbald konstituierten Beirates, bestehend aus Mitgliedern des Pädagogischen Institutes, des Ausländerbeirates, des Interkulturellen Büros der Stadt Mainz, der Ausländerbeauftragten des Landes, sowie Vertreterinnen des Staatlichen Institutes für Lehrerfort- und -weiterbildung gelang es kurzfristig mit haupt- und nebenamtlichen Kräften die erste Seminarreihe für das WS 1995/96 konzeptionell zu planen.

Schon die Definition eines einheitlichen Kulturbegriffes gestaltete sich schwierig. Auch der Anspruch des Projektes, das Thema *Mädchen zwischen den Kulturen* ideologiefrei zu bearbeiten, war immer wieder gefährdet. Reiner westlicher Feminismus oder aggressiv vertretene emanzipatorische Pädagogik helfen nicht weiter, wenn aktuelle Probleme islamischer Mädchen aufgearbeitet bzw. generelle Probleme der Migration, wie z. B. Verstärkung der Volkstradition oder Aufbrechen der sozialen Schichten in der Diaspora, behandelt werden. Intensive Befragungen von SchulleiterInnen, LehrerInnen und PädagogInnen halfen die Themen einer zukünftigen Weiterbildungsreihe einzugrenzen: *Situation von Mädchen im Kulturvergleich, Modelle interkultureller Pädagogik, Interkulturelle Mädchenarbeit in der Schule, Eltern- und Familienarbeit, Fachdidaktische Mädchenarbeit* und *Das andere Geschlecht: Jungenarbeit*.

Es begleitete uns von Anfang an: das *Kopftuchmädchen*. Das Mädchen, das nach außen hin klar und deutlich durch seinen Schleier definiert ist. Fest eingebunden in fundamentalistische Traditionen. Wir mußten uns mehr mit ihm beschäftigen, als uns lieb war. Unsere Sorge galt ja der weniger provokativ sichtbaren Zerrissenheit der jungen Frauen und Mädchen, die sich integrieren wollen, ohne ihre Identität zu verlieren und dazu verständnisvolle Vorbilder und Ansprechpersonen benötigen.

In den Veranstaltungen wurde deutlich, wie sehr die Seminarteilnehmerinnen bereits Fachfrauen waren. Es zeigte sich an ihren Fragen und Beiträgen in den Arbeitsgruppen, daß sie die Lösungsansätze für die Probleme im Alltag längst in sich trugen. Und wir, als Theoretikerinnen, konnten nur staunen, welche Unterrichtsmethoden und Verhaltensweisen sie sich schon erarbeitet hatten.

Was haben wir also erreicht mit dem Modellprojekt? Die Seminarreihe wird auf unseren Erfahrungen basierend vom Staatlichen Lehrerfort- und –weiterbildungsinstitut Rheinland-Pfalz weitergeführt. Mit der vorliegenden Dokumentation soll das Thema präsenter werden als bisher und die darin enthaltenen Forderungen und Empfehlungen könnten - wenn wir diese überzeugend dargestellt haben - die interkulturelle Mädchenarbeit verändern.

Das eigentliche Ziel aber, liebe LeserInnen, sind Sie. Wir hoffen, daß Sie zu Vorbildern und kompetenten Ansprechpersonen für Mädchen zwischen den Kulturen werden. Wir wünschen uns, daß Sie ihnen Mut machen, sich zwischen den Kulturen zu bewegen, sich das jeweils beste und angemessenste für ihre Persönlichkeit anzueignen und daraus eine eigene, neue Identität zu formen.

Mainz, Juli 1997

Johanna Ehlers

Mädchen zwischen den Kulturen -
Überblick über das Modellprojekt

Johanna Ehlers / Monika Kowalczyk

> *Ich möchte dich informieren, ohne dich zu belehren,*
> *dir helfen ohne dich zu beleidigen,*
> *mich um dich kümmern, ohne dich verändern zu wollen.*
> *Ich möchte dich wertschätzen, ohne dich zu bewerten,*
> *dich ernstnehmen ohne dich auf etwas festlegen.*
> *Ich möchte mich an dir freuen, so wie du bist."*
> (Gedichtausschnitt eines unbekannten Verfassers)

Die Aussage dieses Zitates begleitete uns während des gesamten Modellprojektes, denn ständig stellten wir uns die Frage, in wieweit dürfen wir, LehrerInnen, PädagogInnen SozialarbeiterInnen (d.h. alle, die mit Migrantinnen arbeiten) in kulturbedingte familiäre Strukturen eingreifen. Was ist uns erlaubt, ohne die sowieso schon *zwischen den Stühlen sitzenden Mädchen* mit unseren Wertvorstellungen, Denk- und Verhaltensmustern in die Enge zu treiben bzw. zu bewirken, daß die Mädchen eine doppelte Identität aufbauen: eine für den Gebrauch im Elternhaus, eine für den Gebrauch in der Gesellschaft, in der sie momentan leben.

Eine Richtschnur hierfür war sicher der unvergessliche Vortrag von **Sevdiye Yldiz,** *Gefühle auf Umwegen,* den sie bei der Fachtagung am 05.11.1996 im Rahmen des Modellprojektes *Mädchen zwischen den Kulturen* gehalten hat. Hier berichtete eine zwischen Kulturen lebende junge Frau über ihre eigene Identitätsfindung. Die TagungsteilnehmerInnen spürten regelrecht, was für eine reiche Persönlichkeit entstehen kann, wenn vielfältige kulturelle Einflüsse positiv verarbeitet werden. Um die LeserInnen auf unser Thema einzustimmen, haben wir deshalb gerade diesen eindrucksvollen Bericht an den Anfang der Dokumentation gesetzt.

Situation von Mädchen im Kulturvergleich

Unsere Arbeitsgruppe, die sich aus Frauen verschiedener Kulturkreise zusammensetzte und eigene Lebenserfahrungen in die Arbeit im Modellprojekt mit einbrachten, bemühte sich zunächst in den Vorbereitungssitzungen zur Seminarreihe, einen einheitlichen Kulturbegriff zu definieren. Es wurde jedoch deutlich, daß *Kultur* für jede von uns andere Wertvorstellungen beinhaltete, die mehr von der individuellen Lebensgeschichte abhängig war, als von den gängigen nationalen Tradierungen.

Die eigene Wahrnehmung, aber auch die vorbereitenden Interviews mit den LehreInnen und PädagogInnen ergaben, daß der Bruch zwischen der westlichen und der islamischen Kultur besonders stark empfunden wird. Es lag also nahe, sich vorrangig mit den islamischen Traditionen zu beschäftigen.

Es glückte uns, für das erste Tagesseminar zum Thema *Situation von Mädchen im Kulturvergleich* drei Referentinnen aus dem islamischen Kulturkreis zu gewinnen, die durch ihre divergierenden Ausführungen unsere Bedenken zur Homogenität des Kulturbegriffs deutlich bestätigten. Wir empfehlen den interessierten LeserInnen, zunächst die systematische Erläuterung von **Filiz Kiral** *Kulturelle und religiöse Normen und ihre Auswirkungen auf Körperlichkeit bei Mädchen* zu lesen; nur dann wird der provokative Ansatz von **Farideh Akashe-Böhme** in ihren Ausführungen zum Thema *Mädchen zwischen den Kulturen* besonders deutlich. Interessant ist in diesem Zusammenhang auch die Darstellung von **Monika Kowalczyk** *Genauso - aber doch anders. Aussiedler-Mädchen zwischen den Kulturen.* Nach den gängigen Vorstellungen von Einheimischen und Ausländern können Aussiedler eigentlich keine für Migranten typische Probleme haben, da sie ja mit einem deutschen Paß und entsprechenden

Rechten versehen sind. Das auch diese zwischen den Kulturen leben, ja oft einen regelrechten Kulturschock im *gelobten Land* erleiden, ist eine unerwünschte und von ihnen selbst oft verdrängte Tatsache.
Wir empfehlen den LeserInnen folgende Fragen, mit denen sich die Diskussionsrunde des Modellprojektes befaßte, nachzuvollziehen:

Was bedeutet es für ein Mädchen zwischen zwei Wertsystemen zu leben?
- Es geht weniger um konkrete Probleme an sich, als vielmehr um die psychologische Belastung der Mädchen.
- Für nichtdeutsche Mädchen, die in Deutschland geboren wurden, gilt, daß sie sich als Deutsche verstehen und die Werte der Eltern als *fremd* empfinden. Der Konflikt ist eher ein emotionaler, da sie ihre Eltern lieben, aber nicht nach deren Werten leben wollen.
- Die eigene taktische Lösungsfindung ausländischer Mädchen sieht häufig so aus, daß sie äußerlich den Reglements der Eltern folgen (z.B. ein Kopftuch tragen), um so Möglichkeiten zur Selbstverwirklichung eher durchzusetzen.
- Karrierevorstellungen stehen weniger im Vordergrund als das Recht auf Bildung und Selbstbestimmung bei gleichbleibender Wichtigkeit der Familie.

Worin liegen die Gründe für Konflikte und Verhaltensauffälligkeiten der Kinder von MigrantInnen?
- In der rechtlich-politischen Situation der Flüchtlinge im Einwanderungsland.
- In der psychischen Belastung der Lebenssituation im Einwanderungsland bis ein Entscheid über den Verbleib oder die Abschiebung erfolgt.
- Und in der psychischen und emotionalen Verarbeitung der Erlebnisse, z.B. bei der Flucht aus dem ehemaligen Jugoslawien.

Wie versteht sich die weibliche Sexualität in islamischen Ländern?
- Sexualität wird im Gegensatz zum Christentum positiv gesehen. Da aber weder Aufklärung stattfindet noch den Mädchen und Frauen entsprechende Freiräume eingeräumt werden, besteht jedoch kein Verständnis für die eigene Sexualität.

- Folge: Häufige Auflösung des sexuellen Lebens mit einem muslimischem Ehemann von seiten der Frauen.

Modelle interkultureller Pädagogik

Im Laufe der Seminarreihe wurden uns mehrere interkulturelle Unterrichtsideen vorgestellt. Es war faszinierend, mit welchen einfachen Methoden das Miteinanderlernen erfolgreich gestaltet werden kann. In unseren praktischen Übungen wurde viel gelacht und spielerisch gelernt. **Gudula Mebus** *DAS SIND WIR* und **Karin Birnkott-Rixius** *Lesenlernen als emanzipatorischer Prozeß* erläuterten ihre Modellprojekte mehr von der praxisorientierten Seite her. Immer wieder wurde kritisiert, daß einschlägiges Unterrichtsmaterial fehlt und zweisprachige oder realistische mädchenspezifische Darreichungen von den PädagogInnen selbst hergestellt werden müssen. In den Diskussionen wurden insbesondere die Schwierigkeiten und Chancen der zweisprachlichen Erziehung und des muttersprachlichen Unterrichts erörtert.

Die Muttersprache ist für die Persönlichkeitsentwicklung besonders wichtig. Sie wird in der primären Sozialisation erlernt und findet damit Eingang in die Identitätsbildung. Wird dieser Lernprozeß vor Erreichen einer gewissen Stabilität unterbrochen (z.B. durch Migration), so kann dies zu *Schäden* beim Kind führen. Migrantenkinder leben in einer zweisprachlichen Umwelt: Zum einen existiert die Familien- bzw. Herkunftssprache, zum anderen die Sprache des Aufnahmelandes. Damit leben sie auch in zwei Kulturen. Erziehung muß daher bilingual ansetzen. Es sind zwei Formen von Bilingualität zu unterscheiden:

- Kombinierte Bilingualität: ein in der Semantik verschmolzenes System (z.B. ein Objekt hat zwei Bezeichnungen).

- Kooperierende Bilingualität: ein duales System, eine Trennung des Spracherwerbs nach der jeweiligen Funktion der Sprache; es findet keine Vermischung des Sprachunterrichts statt.

Bilingualität kann drei Schülertypen hervorbringen:
- Gruppe der simultan zweisprachigen Schüler, die beide Sprachen völlig beherrschen;
- Gruppe der einsprachigen Schüler, die nur eine Sprache völlig beherrschen, die andere nur sequentiell;
- Gruppe der sequentiell zweisprachigen Schüler, die beide Sprachen etwas, aber keine völlig beherrschen.

Die meisten Migrantenkinder sind der dritten Gruppe zuzurechnen. Sie müssen als Angehörige einer ethnischen Minderheit doppelte Arbeit leisten, wenn sie zwei Sprachen gleichwertig beherrschen sollen. Dies ist aber grundsätzlich die Voraussetzung dafür, daß beide *Welten* kommunizierbar werden und eine komplexe und nicht *verkrüppelte* Identität entsteht.

Diese Erkenntnis zeigt die große Verantwortung des Aufnahmelandes auf, entsprechende Rahmenbedingungen zu schaffen, die insbesondere Eingang in den Schulunterricht finden müssen. Man muß dabei beachten, daß Stellung und Ansehen der verschiedenen Sprachen im Aufnahmeland unterschiedlich sind und daß dies die Akzeptanz und die Identifikation mit der eigenen Sprache beeinflußt.

Im Seminar waren sich die TeilnehmerInnen darüber einig, daß die Förderung der Muttersprache an der Schule von großer Bedeutung für die Identität des Kindes ist. Es wurden jedoch Fragen aufgeworfen, auf die keine einheitlichen Antworten möglich waren:
- Warum soll ein Kind seine Muttersprache verpflichtend lernen müssen, wenn die Eltern nur *zufällig* aus diesem Land kommen?
- Wird ein Kind nicht aus seiner Peer-Group ausgeschlossen, wenn es alleine am Unterricht der *dritten Fremdsprache* teilnehmen muß?

- Ist es überhaupt möglich, alle Sprachen zu unterrichten, die aufgrund von Migration in Deutschland vertreten sind?
- Warum bekommen deutsche Kinder so wenig Möglichkeiten, am muttersprachlichen Unterricht der Migrantenkinder teilzunehmen?

Interkulturelle Mädchenarbeit -
Mädchenförderung innerhalb und außerhalb der Schule

Unser Interesse war nun, Mädchenförderung anhand von akutellen Projekten kennenzulernen. Dazu luden wir **Nicole Kraheck** ein, die uns sowohl die Mädchenarbeit in der Schule als auch in einem Mädchenprojekt schildern konnte. Den TeilnehmerInnen gefiel besonders ihr spielerischer Workshop zum Thema *Lebensplanung, Selbstbehauptung, Körperarbeit für Mädchen*, der trotz des ernsten Themas mit viel Gelächter vor sich ging:

Nachdem einige Teilnehmerinnen Situationen aus ihrer täglichen Praxis vorgespielt hatten, näherten wir uns anhand dieser realen Beispiele dem Thema *Selbstbehauptung*. Gemeinsam wurden die notwendigen Inhalte erarbeitet, die für ein erfolgreiches Selbstbehauptungstrainig wichtig sind:

- Körperhaltung,
- laute Stimme,
- Körpersprache,
- Wille zur mündlichen Selbstverteidigung.

Die Bearbeitung dieses Themas führte jedoch schnell und intensiv zu einer Diskussion über Gewalt. Im Mittelpunkt standen dabei die Fragen:

- Wie hoch ist die Gewaltbereitschaft bei den Schülerinnen?
- Sollten die Mädchen schnell zu *Handgreiflichkeiten* übergehen?
- Habe ich selbst Angst davor, mit Gewalt konfrontiert zu werden?
- Habe ich Respekt vor einzelnen Schülerinnen, von denen ich weiß, daß diese eine hohe Gewaltbereitschaft haben?
- Wie gehe ich mit Mädchen um, die eine hohe Gewaltbereitschaft haben?

Für die Mitarbeiterinnen des Modellprojektes war erstaunlich zu hören, daß das Gewaltpotential unter Mädchen generell so groß ist, daß die erfahrenen SeminarteilnehmerInnen ein *Anti-Gewalt-Tranining* für Mädchen als notwendig erachteten.

Eltern- und Familienarbeit
Für das Modellprojekt in der wissenschaftlichen Weiterbildung *Mädchen zwischen den Kulturen* war dies ein zentrales Thema. Es sollte ja zu einer dauernden Einrichtung im Rahmen der Lehrerfortbildung des Landes Rheinland-Pfalz werden. Im wissenschaftlichen Beirat des Projektes wurde über dieses Thema ebenfalls regelmäßig diskutiert, da man hier den Schlüssel zu einer erfolgreichen pädagogischen Arbeit sah.
Zum Thema *Familienarbeit als Bestandteil interkultureller Mädchenarbeit* referierte **Ysil Yönter** aus Sicht einer Familien- und Paartherapeutin, die selbst Migrantin ist, so eindringlich und unvergeßlich mit Beispielen aus ihrer eigenen Entwicklung, daß eine annähernd realistische Wiedergabe nicht möglich ist. Der nachstehend abgedruckte theoretische Aufsatz gibt den persönlichen Eindruck nicht wieder. Für uns war es deshalb ein besonderes Ereignis, als Frau Yönter ihren Vortrag anläßlich des ersten Folgeseminars im Rahmen der Lehrerfort- und -weiterbildung wiederholte.
Ergänzend berichteten **Ikbal Berber** und **Wolf B. Emminghaus** aus ihrer Arbeit. Sie berücksichtigten in ihren Ausführungen zum Thema *Mädchen zwischen Schule und Eltern* neben den ausländischen auch die Mädchen aus Aussiedlerfamilien. Für uns waren insbesondere die Parallelen und Vergleiche interessant, die sie in diesem Zusammenhang darstellten.
Die Seminarteilnehmerinnen waren sich der Notwendigkeit von Eltern- und Familienarbeit vollkommen bewußt, berichteten aber aus der Praxis, daß

diese sich mit Migrantenfamilien aufgrund von Berührungsängsten und Sprachbarrieren äußerst schwierig gestalte. Wir konnten jedoch feststellen, daß die anwesenden LehrerInnen und PädagogInnen bereits viele Ideen, Beispiele und Anregungen für eine erfolgreiche Zusammenarbeit mit dem Elternhaus entwickelt hatten. Aber insbesondere LehrerInnen, die an sozialen Brennpunktschulen tätig waren, fühlten sich überfordert und extrem belastet. Auch die als sehr sinnvoll angesehene Kooperation mit Jugendämtern, schulpsychologischen Diensten, Hausaufgabenhilfen o.ä. wurde als zu zeitintensiv und kaum realisierbar angesehen. Die TeilnehmerInnen wiesen bei der Diskussion über die inhaltliche Gestaltung auf folgende Fragen hin:

- Welche Rechte haben die LehrerInnen überhaupt?
- Wie kann man als LehrerIn an die ausländischen Eltern herantreten bzw. -kommen?
- Welches kulturelle Hintergrundwissen setzt die Eltern- bzw. Familienarbeit voraus?

Einige Ideen zur Eltern- und Familienarbeit möchten wir hier anführen. Im übrigen verweisen wir auf die Zusammenfassung *Empfehlungen und Forderungen* im Anhang hin.

- Als wichtigste Grundlage ist den LehrerInnen zu vermitteln, daß vor allem Vertrauen geschaffen werden muß, wenn Eltern- bzw. Familienarbeit gelingen soll. Dies setzt auch entsprechende Kenntnisse über die jeweilige Kultur voraus.
- Selbstverständlich sollte bei Hausbesuchen sein, daß beide Eltern bzw. alle anwesenden Familienmitglieder einbezogen werden; ein spezieller Besuch ausschließlich der ausländischen Familien würde Stigmatisierung und auch Ausgrenzung bedeuten.
- Selbstverständlich sollte auch sein, daß Hausbesuche - nicht nur bei den ausländischen Eltern - vorher angemeldet werden.
- Die Rahmenbedingungen für Eltern- und Familienarbeit müssen dringend verbessert werden, z.B. durch Freistellungen der LehrerInnen oder durch Gelder für spezielle Angebote.

- So könnten Arbeitsgruppen initiiert und finanziert werden, die neue Wege der zwanglosen Kontaktaufnahme mit den Eltern und mit ihren Kindern aufzeigen und durchführen. Informell findet hier viel - gegenseitige! - interkulturelle Erziehung statt. Z.B. kann ein gemeinsamer Wandertag oder ein Grillfest mit den Eltern, den Kinder und den LehrerInnen zu einem besseren gegenseitigen Verständnis führen. Sinnvollerweise sollten solche Veranstaltungen freitagnachmittags oder samstags durchgeführt werden.
- Problematisch bleibt dennoch, daß viele Eltern berufstätig und daher zeitlich eingeschränkt sind. Auch finanzielle Probleme können dazu führen, daß sich Eltern nicht beteiligen. Bei speziellen Angeboten muß dies bedacht werden.

Das andere Geschlecht

Von Anfang an war es dem Team klar, daß eine Gegenüberstellung *Mädchenarbeit - Jungenarbeit* den Abschluß der Seminarreihe bilden sollte; besser noch eine Darstellung, wie das Umgehen miteinander sinnvoll gestaltet werden kann. Dies hochgesteckte Ziel konnten wir in der Kürze eines Tagesseminars nicht erreichen. Zudem wird Jugenarbeit erst seit wenigen Jahren thematisiert. Experten für interkulturelle Jungenarbeit sind kaum zu finden. So waren wir glücklich, eine Referentin, **Sevdiye Yldiz,** und einen Referenten, **Peter Schlimme,** zu finden, die bereit und fähig waren, jeweils Mädchen- und Jungenarbeit miteinander zu vergleichen bzw. wechselseitig in einer Veranstaltung darzustellen. Leider, liebe LeserInnen, haben wir kein Aufnahmegerät mitlaufen lassen und können Ihnen deshalb dies spannende und unvergeßliche Zwiegespräch nicht wiedergeben. Wir hoffen jedoch, daß Sie anhand der Einzelvorträge einiges davon nachvollziehen können. Allen Interessierten empfehlen wir das einzigartige Literaturverzeichnis zum Thema Jungenarbeit, das **Peter Schlimme** zusammengestellt hat.

Theoretische Diskussion

Für den theoretischen Hintergrund unseres Modellprojektes stand uns die wissenschaftliche Mitarbeiterin des Pädagogischen Instituts, **Dr. Ariane Bentner**, zur Verfügung, die in ihrem Aufsatz *Einige Voraussetzungen einer interkulturellen und geschlechterdifferenten Pädagogik* den aktuellen Forschungsstand sorgfältig darstellt.

Der Pädagogik sind jedoch auf vielerlei Weisen Grenzen gesetzt. **Isabell Diehm** nahm in ihrem Vortrag *Chancen und Grenzen der Interkulturellen Pädagogik* speziell hierzu Stellung. Ihre Thesen zu diesem Thema führten in der Seminarrunde zu einer heftigen Diskussion:

- Gefahr der Kulturalisierung und der Ethnisierung: Durch einen verengten Blick allein auf die Kultur und die ethnische Herkunft besteht die Gefahr von Stereotypisierungen und Bildung von Erklärungsmustern, was durch die interkulturelle Pädagogik gefördert wird.
- Die Kulturdifferenz kann damit als fatale Folge eine Selektionsfunktion nach sich ziehen (z.B. Bildungsselektion in der Schule).
- Kulturelle Differenz wird nicht als ein Merkmal neben anderen begriffen, sondern nimmt in der Pädagogik eine herausragende Stellung ein, dem alle anderen Merkmale untergeordnet werden.
- Interkulturelle Pädagogik als extrem emanzipatorischer Ansatz kann dazu führen, daß Kinder "zwischen den Stühlen hängen".
- Der Schulunterricht und seine Ziele stehen im Gegensatz zur Sozialisation des Kindes (Erziehung = intentionales Handeln, Sozialisation = nicht-intentionales Handeln). Diese Kluft wird dadurch verstärkt, daß sprachliche und äußere Unterschiede nicht in Lehrpersonal, Lehr- und Spielsachen o.ä. repräsentiert sind (heimlicher Lehrplan und damit diskriminatorische Umgebung in der Schule).
- Curriculare Aufbereitung von Rassismus und Fremdenfeindlichkeit durch spezielle Schulprojekte läuft Gefahr, zur "positiven Diskriminierung" zu werden.
- Es besteht die Gefahr von kulturalistischen Stigmatisierungsprozessen, indem der gruppenbezogene Blick der interkulturelle Pädagogik auf Migrantenkinder diese nicht mehr als Individuen wahrnehmen läßt, so daß es zu Zuschreibungsprozessen auf Kollektive kommt. Dies führt zu einer unzulässigen Homogenisierung.

An dieser Stelle, liebe Leserin, lieber Leser, überlassen wir Sie der Lektüre der Originalbeiträge, damit Sie sich ein eigenes Urteil bilden können. Für uns, das Team *Mädchen zwischen den Kulturen*, ist die Diskussion bis heute nicht beendet. *Mädchen zwischen den Kulturen*, das waren auch Frauen aus vielfältigen Kulturen, die miteinander arbeiteten, diskutierten, Erfahrungen austauschten und gemeinsam nach Wegen und Möglichkeiten suchten, sich in einer multikulturellen Gesellschaft zurechtzufinden. Eine Tagungsteilnehmerin drückte es so aus:

> *Ich freue mich bikulturell zu sein. Es ist für mich eine große Bereicherung. Ich weiß' selbst, was für mich gut ist und ich erlaube mir, aus beiden Kulturen das zu nehmen, was mir am meisten entspricht.*

Interkulturelle Mädchenarbeit - "Gefühle auf Umwegen"

Sevdiye Yldiz

Ich bin 1962 in einem kleinen Dorf in der Nordwesttürkei geboren und 1975 in die Bundesrepublik Deutschland zu meiner Familie gereist. Sie lebte und arbeitete schon einige Jahre hier.

Unterschiedliche Lebensentwürfe von Mädchen erlebte ich schon in der Grundschule. Meine beste Freundin, die sehr eigenständig und selbstbewußt auftrat, hatte mir stark imponiert. Ihre Familie stammt aus der ehemaligen Sowjetunion und gehörte der Volksgruppe der Tscherkessen an. Bei ihnen lebten Frauen und Männer nicht voneinander getrennt und Mädchen und Jungen konnten studieren. Auch im Vergleich bei der Verheiratung gab es große Unterschiede. Die Mädchen mußten erstens, nicht so früh heiraten und zweitens, durften sie sich ihren zukünftigen Ehepartner selbst aussuchen. Ich konnte oft nur davon träumen, annähernd solche Freiräume, wie meine Freundin zu haben. Sie durfte beispielsweise sich alleine im ganzen Dorf aufhalten und Freundinnen besuchen.

Diese widersprüchlichen Erfahrungen als kleines Mädchen verstärkten sich in meiner deutschen Umgebung massiv. Als Mädchen spürte ich sehr bald die Grenzen meiner Möglichkeiten und befand mich ständig im Konflikt zwischen den unausgesprochen Erwartungen meiner Eltern und meinen eigenen Wünschen. Meine traditionell-religiöse Erziehung untersagte es mir, diese Wünsche offen anzusprechen, geschweige denn, in die Realität umzusetzen. Nicht einmal heimlich, wie viele Mädchen es taten, traute ich mich über diese Erwartungen und Vorstellungen hinwegzusetzen. Die Angst und der Respekt vor meine Familie wirkten nachhaltig. Ich kann mich heute noch an dieses Gefühl von - ich explodiere gleich - erinnern. Mir wurde sehr bald klar, daß meine Brüdern im Vergleich zu mir durchaus Freiheiten erlaubt bekamen, die mir verboten wurden, *weil* ich ein Mädchen war. Meine Wut und Ohnmacht wuchsen gleichermaßen schnell und fanden keinen Weg. Ich fühlte mich oft einfach sprachlos! Manchmal hatte ich das Gefühl, ich werde verrückt. Der einzige Weg, meine Gefühle auszusprechen, waren die Eintragungen in meinem Tagebuch.

Da ich damals für mich keinen anderen Weg sehen konnte, als meine Eltern zu verlassen, packte ich nach einem heftigen Streit meine Handtasche, ging zu einer Freundin und teilte meinen Eltern am Telefon mit, daß ich nicht mehr zurückkommen würde. Sie können sich möglicherweise vorstellen, was das für Konsequenzen hatte. Ich blieb in derselben Kleinstadt, weil ich mich in keine fremde Stadt zu ziehen traute. Die wenigen Beziehungen zu meinen deutschen Freundinnen und Bekannten gaben mir in dieser Zeit Halt und Mut.

Ich war damals 20 Jahre alt und mußte von einem auf den anderen Tag alle Entscheidungen, die für mein Leben wichtig waren, alleine treffen. Die nächsten Jahre waren sehr schwer. Dieser Prozeß der Selbstfindung war mit immensen Schuldgefühlen behaftet und schmerzhaft. Wenigstens die ökonomische Unabhängigkeit von meinen Eltern hat mir in diesem Bereich Sicherheit gegeben.

Ich erzähle Ihnen das nicht, um Mitleid zu erwecken, oder weil ich mich selbst bemitleidenswert finde, sondern um meine Motivation für die Mädchenarbeit zu verdeutlichen, denn ich habe durch den Prozeß ebenfalls meine Stärken und Fähigkeiten entdecken können.

Ich arbeite heute im Mädchentreff des Internationalen Bundes in Frankfurt/Main. Meine Tätigkeit umfaßt neben offener Arbeit im Cafe auch

Beratung und Bildungsarbeit, ebenfalls die Kooperation mit verschiedenen Institutionen. Neben meiner Arbeit im Mädchentreff organisiere und leite ich Fortbildungen zum Thema Interkulturelle Mädchenarbeit.

Die Besucherinnen unseres Mädchentreffs sind zu 99% nichtdeutsche Mädchen und überwiegend hier geboren. Ihre Eltern kommen meistens aus ländlichen Gebieten der jeweiligen Länder und haben nur teilweise eine Schule besuchen können. Wir arbeiten über mehrere Jahre mit den Mädchen und können so ihre persönliche Entwicklung miterleben und unterstützen.

In der Fachöffentlichkeit werden und wurden die nichtdeutschen Mädchen nach wie vor als defizitäre Mangelwesen dargestellt. Entsprechend wurde und wird in der pädagogischen Arbeit versucht, diese Defizite auszugleichen:

- die Nicht-Beherrschung der deutschen Sprache,
- negative weibliche Verhaltensweisen/depressive Persönlichkeiten,
- Identitätsstörungen,
- keine Motivation.

Die gewünschte Integration versagt oft kläglich. Ich frage Sie an dieser Stelle, wer soll wie und in was integriert werden? Und wer hat einen Nutzen davon?

In den Schulen wird über die nichtdeutschen Jugendlichen seit Jahren diskutiert, aber ernsthafte Bemühungen oder Veränderungen sind mir bis jetzt nicht bekannt. Die wenigen engagierten LehrerInnen geben es schließlich auf, zu kämpfen. Die Kompensationspädagogik scheitert kläglich und die Zahlen der nichtdeutschen Jugendlichen in den Sonderschulen nehmen stetig zu.

Aber es gibt besonders phantasievolle Projekte, in denen z.B. für *einen* besonders schwierigen marokkanischen Jungen ein Pädagoge eingestellt wird. Die beiden reisen dann für viel Geld um die Welt und sind mit einem Handy natürlich ständig erreichbar. Prävention ist im Zeitalter der sozialen Kürzungen ein Fremdwort geworden. Wer es aber schafft aufzufallen, für sie oder ihn gibt es doch noch Hoffnung auf Hilfe und Unterstützung.

Jetzt komme ich wieder zu meiner Arbeit im Mädchentreff zurück. Im Vergleich zu teuren Weltreisen bieten wir den Mädchen im Mädchentreff einfach Räume an, in denen sie frei von äußerer (oft männlich und von deutschen Maßstäben dominierter) Umgebung und Kontrolle heraus finden können, wer sie sind und was sie wollen. Um diesen Prozeß zu erleichtern und zu unterstützen, arbeiten wir mit unterschiedlichen Methoden. Um das zu verdeutlichen, möchte ich Ihnen einen Nachmittag im offenen Treff vorstellen, an dem ich mich mit ca. 15 - 20 Mädchen regelmäßig treffe.

Wir kochen gemeinsam und eines der Mädchen überlegt sich für diesen Nachmittag ein Gericht aus dem Land, aus dem sie oder ihre Eltern stammen. Ebenfalls übernimmt sie es, ein Mädchen, das sie aus diesem Land kennt, vorzustellen. Dabei geht es um das Alltagsleben, sowie persönliche Wünsche und Vorstellungen.

Die Verantwortung für den Einkauf und die Arbeitsverteilung für das Kochen übernimmt das Mädchen mit unserer Unterstützung. Danach sitzen wir am gedeckten Tisch und speisen genüßlich die Köstlichkeiten. Nach dem gemeinsamen Aufräumen hören wir dem Vortrag zu, um anschließend darüber zu diskutieren. Die Diskussion läuft z.T. kontrovers und laut. Wir stellen vorher einige wenige Regeln auf, z.B. die anderen ausreden lassen, andere Meinungen respektieren und nicht abzuwerten.

Ich als Pädagogin lerne in diesen Situationen ständig dazu und muß meine Wahrnehmung und (Vor)-Urteile korrigieren oder verändern. Interkulturelle Mädchenarbeit begreife ich daher als einen beidseitigen Prozeß. Offenheit und die Bereitschaft an sich zu arbeiten, sehe ich in diesem Zusammenhang als wichtigste Voraussetzung für die PädagogInnen an. Für die Mädchen hat so ein Nachmittag verschiedene Bedeutungen:

- Sie treffen sich mit Gleichaltrigen bzw. Freundinnen und können erst einmal Dinge tun, die sie zu Hause oder in der Schule nicht können: Laute Musik hören, austoben, Gespräche ungestört führen, rauchen und albern sein, usw.
- Sie können mit mir über verschiedene Themen reden oder auch Fragen stellen, z.B. Sexualität als ein aktuelles Thema, für das sie sonst kaum erwachsene Ansprechpartnerinnen haben.
- Über den Vergleich mit anderen Mädchen können sie ihre Lebenssituation reflektieren und lernen, daß es Unterschiede aber auch Gemeinsamkeiten gibt.

Es kann nicht hilfreich sein, alles für mich *Fremde* mit Kultur und Tradition zu erklären. Es ist notwendig, sich über die einzelnen Lebenssituationen der Mädchen Klarheit zu verschaffen. Wie es nicht *das deutschen Mädchen* gibt, gibt es auch *das ausländische Mädchen* nicht. Ich weiß, wie zeitaufwendig und mühsam das genaue Hinschauen und Hinhören ist. Aber wenn wir es nicht tun, passieren Situationen wie folgende:

Die deutsche Klassenlehrerin von Ayse (eine sehr verantwortungsbewußte und liebevolle Frau) ruft in der Jugendeinrichtung, in der Ayse ihre Hausaufgaben erledigt an und sagt, wenn Ayse zum Thema Sexualität Fragen stellt, sollen die Pädagoginnen diese nicht beantworten. Irritiert fragt die Pädagogin nach dem Grund und erhält die Antwort: Ayse käme aus einer türkisch-islamischen Familie und würde dadurch Probleme mit ihren Eltern bekommen. Die Unsicherheit im Umgang mit nichtdeutschen Mädchen wird an diesem Beispiel gut sichtbar. Die gutgemeinte Sorge stellt für das Mädchen eine Reglementierung dar. Die Lehrerin vertritt die Ansicht, daß diese Fragen für das Mädchen von Nachteil wären. Aus welchen Quellen gewann sie diese Ansicht und entspricht sie auch der Realität?

Aus verschiedenen Zusammenhängen weiß ich von dem großen Bedarf an Fachaustausch und Fortbildungen zum Thema interkulturelle Mädchenarbeit. Dazu gibt es nach wie vor viel zu wenig Angebote. Warum das so ist, ist eine spannende Frage, mit der ich mich im Moment intensiv beschäftige. Hier stellt sich für mich auch die Frage, wie ist der Austausch zwischen den deutschen und nichtdeutschen Fachkräften möglich? Es gibt immer noch wenige interkulturelle Teams. Besonders in den Institutionen wie Sozialstationen, Jugendämtern und Schulen ist in dieser Hinsicht wenig verändert worden.

Wie ich schon vorher gesagt habe, traten die Mädchen durch dramatische Schicksalsberichte und Krisensituationen in die Fachöffentlichkeit. Natürlich gibt es diese Dramen, zum Glück sind sie aber nicht alltäglich. Was ich daran eher problematisch finde, ist, daß die Mädchen zusätzlich zu dem massiven Druck ihrer Eltern auch noch den Druck der deutschen Umgebung aushalten und ertragen müssen. Deutlicher gesagt, die Eltern erwarten von ihnen ein ganz bestimmtes Verhalten, das tut aber auch die Lehrerin, die Pädagogin, die deutsche Freundin oder die ArbeitgeberIn.

Zuhause sollen die Mädchen zurückhaltend und still sein, in der Schule jedoch offen, kritisch und selbstbewußt. Auch die deutsche Freundin erwartet, daß sie an verschiedenen Aktivitäten teilnehmen. Aufgrund der Vorstellungen ihrer Eltern ist es jedoch oft nicht möglich, alle diese Erwartungen zu erfüllen und so leben diese Mädchen in einem Spannungsverhältnis und reagieren ganz unterschiedlich darauf.

Manche Mädchen akzeptieren die Vorstellungen ihrer Eltern und sagen, ich kann damit leben. Manche Mädchen finden einen Kompromiß zwischen den gegensätzlichen Verhaltenserwartungen und schaffen sich einen Spielraum. Einige der Mädchen leiden unter diesem Spannungsfeld, weil sie es keiner

Seite recht machen können. Diese Mädchen erleben häufig Krisen mit unterschiedlichen Auswirkungen. Andere wiederum versuchen der elterlichen Kontrolle durch Heimlichkeiten auszuweichen. Die Heimlichkeit wird unheimlich, wenn die Eltern dahinter kommen. Ihre größten Befürchtungen gehen in Erfüllung. Sie fühlen sich darin bestätigt, daß sie ihren Töchtern nicht vertrauen dürfen.

Hier möchte ich auf die Notwendigkeit der Elternarbeit hinweisen. Dabei könnte das Beratungszentrum für türkische Mädchen, Frauen und Familien in Kassel ein positives Beispiel sein.

Das Aufwachsen in Deutschland gestaltet sich für die nichtdeutschen Mädchen in verschiedener Hinsicht konflikthaft. Sie werden in dieser generell schwierigen Jugendphase von ihren Eltern allein gelassen, denn es gibt diese Phase in vielen Gesellschaftsstrukturen ursprünglich nicht, weil die Mädchen viel früher große Verantwortung übernehmen, d.h. früher erwachsen werden müssen. Dagegen ist es für die meisten deutschen Eltern selbstverständlich, daß die Jugendlichen diese Phase zum Experementieren brauchen, um eine eigene Persönlichkeit entwickeln zu können.

Kulturelle und religiöse Sozialisation sind eng miteinander verbunden. Das bedeutet oftmals, daß ihre Werte und Vorstellungen widerspruchslos akzeptiert und ausgeführt werden. Die kollektiven Moralvorstellungen und die Handlungsmuster werden von den Mädchen verinnerlicht und entsprechend ist die Loslösung oder die Infragestellung dieser Werte fast unmöglich. Wenn dies doch geschieht, dann ist das mit starken Schuld- und Schamgefühlen verbunden. Dadurch erleben viele Mädchen die Möglichkeit mit zwei oder mehreren Kulturen aufzuwachsen nicht als eine Chance für ihre persönliche Entwicklung.

Die traditionell-religiösen Familienvorstellungen werden in der Migration strenger eingehalten, weil die deutsche Umgebung oftmals als Bedrohung erlebt wird, vor der die Eltern ihre Töchter entsprechend schützen müssen. Hier möchte ich betonen, daß ich nur von einem Teil der Migrantenfamilien spreche. Für viele MigrantInnen der 1. Generation war das Leben in der Fremde eine große Enttäuschung. Ihre Hoffnungen und Träume haben sich nicht erfüllt. In der Zwischenzeit ist über die MigrantInnen und besonders über die türkischen MigrantInnen viel geschrieben und veröffentlicht worden. Dennoch ist es im einzelnen schwer vorstellbar, wie es diesen Menschen tatsächlich ergangen ist.

In den 60er Jahren, bei der gezielten Anwerbung dieser billigen Arbeitskräfte, haben die deutschen Ärzte zwar nach der Vollständigkeit der Zähne geschaut, aber weder die türkische Regierung noch die deutschen Verantwortlichen haben sich für die Lebenszusammenhänge interessiert. Gedacht war an einen 2-jährigen Aufenthalt, d.h. danach sollten neue ArbeiterInnen eingesetzt werden.

Aus diesen zwei Jahren sind inzwischen zwanzig und mehr Jahre geworden und viele werden nicht mehr in ihre Heimatländer zurückkehren. Trotzdem wird heute immer noch über die *Ausländer* gesprochen. Die rechtliche Lage ermöglicht es, sie auszugrenzen und zu diskriminieren.

Ich habe bereits über die nicht erfüllten Hoffnungen und Träume gesprochen. Darauf möchte ich jetzt noch einmal eingehen. Ich habe jahrelang versucht zu verstehen, warum sich diese Menschen gegen die institutionalisierte Diskriminierung und Abwertungen nicht gewehrt haben. Heute weiß ich, daß die hohe Arbeitsbelastung, die Isolation und der Wegfall traditioneller Kommunikationsplätze und -formen sie daran gehindert haben, ihr Leben aktiv mitzugestalten. Sie haben ihre

Zukunftsängste und Verletzungen verdrängt und ignoriert, um das Leben in der Fremde erträglich zu machen. An dieser Stelle möchte ich einen prominenten CDU-Politiker zitieren, der 1983 in Köln bei einem CDU-Parteitag von der Bundesregierung forderte

> ...allen falschen Widerständen zum Trotz, energisch das Problem des weiteren Zustroms von Türken in die Bundesrepublik anzupacken. Wenn Ausländer aus dem christlichen Kulturkreis sich hier niederließen, sei das eine Bereicherung, wenn jedoch Millionen von Menschen aus einer islamischen Hochkultur kämen, berühre dies die nationale und kulturelle Identität des deutschen Volkes und sei nicht akzeptabel.

Hier erübrigt sich jeder Kommentar. Um nicht mißverstanden zu werden, möchte ich verdeutlichen, daß ich Schuldzuweisungen nicht mag und diese uns in der interkulturellen Auseinandersetzung wenig nützlich sind.

Trotzdem beschäftigt mich die Frage, weshalb die Menschen aus den islamischen Ländern besonders stereotyp dargestellt und stigmatisiert werden. Denn nach wie vor ist das wohl die fremdeste MigrantInnengruppe, obwohl mir durchaus ähnliche Konfliktbeschreibungen von Süditalienischen und Südportugiesischen MigrantInnengruppe bekannt sind.

Wie ich schon sagte, haben die Mädchen türkischer und marokkanischer Nationalität in der Fachöffentlichkeit große Aufmerksamkeit erhalten. Sie werden stigmatisiert und stereotyp dargestellt. Auch durch neuere, entgegengesetzte Untersuchungen und Veröffentlichungen lassen sich diese Zuschreibungen nicht einfach auflösen.

Nicht der Islam, sondern die männlich-patriarchale Tradition schaffen für die Mädchen und Frauen eine demütigende, unerträgliche Lebenssituation.

Es ist fraglich ob der Islam und der traditionelle Katholizismus im Hinblick auf ihr Frauenbild soweit entfernt sind, wie aus der Diskussion in Deutschland geschlossen werden könnte"[1]

Problematisch finde ich an diesen Zuschreibungen ebenfalls, daß die eine Gruppe abgewertet wird und dadurch eine andere Gruppe eine Aufwertung erlebt. Helma Lutz sagt dazu:

Die Minderwertigkeit des/der anderen ist somit funktionell für das positive Selbstbild. Im westlichen Kultur-Diskurs beispielsweise definiert sich die westliche Weiblichkeit neben der Abgrenzung zur westlicher Männlichkeit über die Abgrenzung zur fremden Frau.[2]

An dieser Stelle möchte ich noch etwas zum Begriff *interkulturell* ausführen: Sibylle Meyer[3] faßt die Ansichten des Sozialwissenschaftlers Iben zum Thema Interkulturelles Lernen wie folgt zusammen:

- Sich selbst kennenlernen, die eigenen Fähigkeiten, Möglichkeiten, Wünsche und Ziele, einschätzen der eigenen sozialen Position.
- Bewußtsein der eigenen Lebenssituation durch Erkennen von Abhängigkeiten, Interessen und Ursachen durch genaues Beobachten und Analysieren der Umwelt.
- Entwicklung von Kommunikationsfähigkeit, Verbalisierung von Gefühlen, Interessen, Erfahrungen und Beobachtungen (...) Fähigkeit zu Meta-Kommunikation.
- Steigerung der Interaktionsfähigkeit und Handlungskompetenz durch Entwicklung von Ich-Stärke, Frustrationstoleranz, Widerstandsfähigkeit, Kreativität und Neugier.
- sowie Freundschaft und Solidarität unter den TeilnehmerInnen.

Die oben beschriebenen Aspekte verlangen Zeit und Offenheit und verurteilen uns zu lebenslangem Lernen.

Interkulturelle Handlungskompetenz läßt sich nicht mit Hilfe eines Kanons von Lerninhalten beschreiben; sie ist weder allein eine Sender- noch eine Empfängerqualifikation und zeichnet sich nicht

---

[1] URSULA BOOS-NÜNNING 1994, S.165
[2] HELMA LUTZ 1993, S.3
[3] SIBYLLE MEYER 1996, S.5

durch eine bestimmte Zusammensetzung oder Abfolge von Kenntnissen, Einstellungen und Charakterzügen aus. Man kann zusammenfassend sagen, daß die Vermittlung von interkultureller Handlungskompetenz nur im Rahmen eines umfassenden, reflexiven, bewußten, komplexen und andauernden Prozesses von Wissensaneignung und Persönlichkeitsentwicklung zu verwirklichen sein wird.[4]

Zusammengefaßt setzt die Begegnung mit dem *Fremden* voraus, daß die Gründe für meine Irritationen in mir selbst zu suchen sind und nicht nur im Anlaß zu sehen, den der oder die Fremde mir gibt. D.h. ich muß die Bereitschaft mitbringen, in dieser Auseinandersetzung von unterschiedlichen Lebensmodellen und Entwürfen meine eigene Lebenssituation kritisch zu hinterfragen.

Gefühle auf Umwegen heißt mein Untertitel und darauf möchte ich noch kurz eingehen. Ich empfinde die Umwege als eine Möglichkeit, für nicht ausgesprochene und nicht gelebte Träume Türen zu öffnen, die bisher zugeschlossen blieben. Zur Illustration möchte ich Ihnen von der Vielfalt der Lebensbedingungen und Lebensentwürfe der Mädchen, mit den ich arbeite, einige vorstellen:

__Nana__, 20 Jahre alt, kam mit ihrer Mutter aus Ghana. Ihren Vater kennt sie nicht. Sie lebt inzwischen 7 Jahre hier in der Bundesrepublik Deutschland. Ihre Mutter heiratete einen deutschen Mann. Die Beziehung zu ihrem Stiefvater ist sehr schwierig. Er beschimpft sie permanent, sie sei sowieso dumm und es hätte keinen Sinn, für sie auch nur einen Pfennig auszugeben. Ihre Mutter und Nana sind finanziell auf ihn angewiesen. Zwischenzeitlich hatten sie die gemeinsame Wohnung verlassen. Doch aus für mich nicht nachvollziehbaren Gründen wollte Nanas Mutter wieder mit ihrem Ehemann zusammenleben. Nana ist eine sehr ehrgeizige, geduldige und intelligente junge Frau. Sie besucht das Gymnasium und will studieren. Trotz der heftigen Auseinandersetzungen mit ihrem

---

[4] WOLFGANG HINZ-ROMMEL 1994, S.32

Stiefvater und ihrer Mutter kann sich Nana nicht vorstellen, ihre Mutter zu verlassen, da sie sich für sie sehr verantwortlich fühlt. Im Vergleich zu den weißen Mädchen muß Nana zusätzlich die alltäglichen Diskriminierungen wegen ihrer schwarzen Hautfarbe ertragen. Sie will auf jedenfall ihre Lebensvorstellungen von einer emanzipierten Frau realisieren und durch einen qualifizierten Beruf finanziell unabhängig sein. Heute muß sie ihre sexuellen Beziehungen vor ihrer Mutter geheimhalten. Sie möchte auch später ihren Partner selbst aussuchen und kann sich eine Partnerschaft ohne Trauschein vorstellen.

Emine *ist 21 Jahre alt, hier geboren und lebt seit einem Jahr in einer anderen Stadt. Sie hat durch ihr Studium die Ablösung vom traditionell-religiösem Elternhaus geschafft. Ihr Vater, ein sehr religiöser Türke, hat seine Erziehungsvorstellungen, wenn nötig versucht mit Hilfe von körperlicher Züchtigung zu realisieren. Emine hat bewußt auf ihr Fachabitur hingearbeitet, um durch ein Studium und den damit verbundenen Ortswechsel ihren Weggang legitimieren zu können. Zu ihrer Mutter hat sie heute wieder guten Kontakt, wobei der Vater sehr verbittert und bestrafend reagiert. Emine ist trotz ihrer schmerzhaften Erfahrungen eine lebenslustige und mutige junge Frau. Sie kann bei ihren Besuchen zu Hause nicht offen darüber sprechen, wie sie tatsächlich lebt, z.B. sexuelle Freundschaften oder andere normale Aktivitäten, wie z.B. nachts alleine auszugehen. Aber für sie war es sehr wichtig, daß es keinen totalen Abbruch der Beziehungen zu ihren Eltern bzw. zu ihrer Mutter gegeben hat. Sie sagt, ihre Mutter nicht zu sehen, hätte sie nicht aushalten können. Sie ist mit ihrem Kompromiß zufrieden und läßt sich von ihrem Vater nicht mehr so leicht irritieren. Sie wird vielleicht irgendwann auch heiraten, aber der Mann muß sie als eigenständige Frau akzeptieren und respektieren. Vor allem ist ihre ökonomische Unabhängigkeit von großer Bedeutung.*

Semra *ist 18 Jahre alt und Emines Schwester. Semra hat unter der Erwartung ihres Vaters, als jüngste Tochter alles wieder gut machen zu müssen, massiv gelitten. Zeitweise war sie so abgemagert, daß sie wegen Magersucht eine psychologische Beratung in Anspruch nehmen mußte. Im Vergleich zu ihrer Schwester, war sie sehr zurückhaltend und erzählte wenig über ihre Gefühle und Wünsche. Ihr Leitsatz war immer der selbe: Sevdiye, du weißt doch, wie das bei uns ist. Sie war ebenfalls auf dem gymnasialen Zweig, aber ihre* *schulischen Leistungen wurden immer schlechter, da sie sich nicht mehr auf die Unterrichtsinhalte konzentrieren konnte. Sie hat über eine Heirat mit ihrem Freund die Ablösung geschafft. Die Schule hat sie abgebrochen, da sie im Geschäft ihres Ehemannes mitarbeitet. Ihr Vater hatte die Heirat zuerst nicht akzeptiert, weil er schon einen anderen Ehemann für seine Tochter ausgesucht hatte. Semra hat durch ihren Weggang und einige Tage unehelichen Lebens ihren Vater sozusagen gezwungen, sein Jawort zu geben. An ihrer großen Hochzeitfeier hat er nicht teilgenommen, aber ihre Mutter war dabei.*

Selam *ist 19 Jahre alt und kam mit ihrer Familie aus Eritrea als Kriegsflüchtling. Sie ist eine humorvolle, intelligente junge Frau. Sie verdrängt gerne und gut unangenehme Gefühle und Situationen und gerät dadurch immer wieder in kleine und große Krisen. Es ist schwierig mit ihr ernsthaft über ihre Lebensbedingungen zu reden. Sie wiederholt gerade die 12. Klasse eines Wirtschaftsgymnasiums. Ihre persönlichen Kontakte pflegt sie in ihrem eritreischem Bekanntenkreis. Durch ihre Eltern erfährt sie kaum Unterstützung und muß große Verantwortung übernehmen. Für ihr Taschengeld muß sie selber arbeiten, was für sie eine große Belastung neben der Schule ist. Sie möchte gerne frei sein und irgendwann endlich leben können wie sie möchte.*

Ayse *ist 16 Jahre alt und ist vor 4 Jahren in die Bundesrepublik Deutschland zu ihren Eltern gereist. Sie ist in einer mittelanatolischen Kleinstadt groß geworden und hat dort die Grundschule besucht. Das Leben hier ist ihr sehr schwer gefallen. Sie hatte in der Türkei mehr Freiräume und viele Freundinnen. Die neue fremde Sprache hat sie in ihrer Persönlichkeit und ihren Fähigkeiten auf ein Minimum reduziert. Außer im Fach Mathematik konnte sie an keinen Unterrichtsinhalten teilnehmen. Ihre Motivation, sich hier einzuleben, war am Anfang nicht groß. Sie wollte zurück. Da aber ihre Mutter durch lange Krankenhausaufenthalte abwesend war, mußte Ayse die Rolle ihrer Mutter übernehmen. Sie bewältigte mit Leichtigkeit einen Haushalt mit 5 Personen. Seit 2 Jahren ist sie froh, hier leben zu können, weil sie jetzt ihre neuen Freiräume hier schätzt. In der deutschen Gesellschaft werden Frauen respektiert und nicht permanent angemacht, sagt sie. Sie möchte gerne ihren Hauptschulabschluß schaffen und eine Ausbildung anfangen. Mit ihren traditionell-religiösen aber liebevollen Eltern gerät sie immer öfter in Konflikte, weil sie selbstbewußt Rechte und Möglichkeiten für sich* *einfordert. Ihre Versuche sind sehr vorsichtig und sie wird sich ihren Eltern nicht widersetzen. Ihr Vater spricht in letzter Zeit oft von einer Heirat mit ihrem Cousin. Ayse hat aber schon einen Freund in der Türkei, den sie auch heiraten will. Es ist im Moment nicht vorauszusehen, wie sich ihre Lebenssituation verändern wird. Sie will auf keinen Fall so früh heiraten und sicher nicht ihren Cousin.*

Die Liste ließe sich noch endlos fortsetzen. Wie ich schon betont habe, geht es mir in meiner Arbeit darum, über Unterschiede und Gemeinsamkeiten eine Auseinandersetzung in Gang zu setzen, in der sich die Mädchen selbstbestimmt weiterentwickeln, eigene Meinungen und Einstellungen in Frage stellen, sich gegenseitig respektieren und Unterschiede auszuhalten lernen.

SITUATION VON MÄDCHEN IM KULTURVERGLEICH

Mädchen zwischen den Kulturen

Farideh Akashe-Böhme

Das mir gestellte Thema *Mädchen zwischen den Kulturen* enthält ein theoretisches Problem, das ich Ihnen zunächst erläutern möchte, indem ich auf den Begriff der Kultur und die soziale Funktion von Kultur eingehe. Wenn wir versuchen, unbeeinflußt vom gegenwärtigen Gebrauch des Ausdrucks Kultur den Begriff *Kultur* zu bestimmen, so stellen sich als erstes Assoziationen ein wie *Musik, Literatur, bildende Kunst*. Ein Kultusministerium ist hierzulande für diese Bereiche zuständig und darüberhinaus für Museen, Baudenkmäler und Theater. Dieser Gebrauch des Ausdrucks *Kultur* bedeutet gegenüber dem Sinn, der in dem Titel *Mädchen zwischen den Kulturen* angestrebt ist, bereits eine Verengung, die aber nicht nur sprachlicher Art ist, sondern von praktischer Bedeutung. Ich werde gleich noch einmal darauf zurückkommen.

Zunächst aber zum Titel selbst. Der Titel soll auf Probleme hinweisen, die Mädchen erfahren, die beispielsweise in islamischer Kultur aufgewachsen sind und sich nun hier als Migrantinnen mit der christlich-abendländischen Kultur auseinandersetzen müssen. In dieser Verwendungsweise des Ausdrucks *Kultur* umfaßt die Kultur die Wertvorstellungen und impliziten Verhaltensregeln, welche die alltäglichen Lebensregeln bestimmen. Diese Vorstellungen und Verhaltensregeln beziehen sich auf die Geschlechtsrollen, die Kleiderordnung, die Eßgewohnheiten, die Grußregeln, die Festriten, die Geschenkbräuche und vieles andere mehr. Natürlich gehört dazu auch die

Sprache, insofern durch sie viele Vorstellungen geprägt sind und beispielsweise über Sprichwörter, Lebensanschauungen tradiert werden. Wir sehen schon durch diese sehr kurze Skizze, wie prägend eine Kultur für das Alltagsverhalten und die Vorstellungen ist, die man sich von der Welt macht. Nehmen wir hinzu, daß die Kultur gerade für diejenigen, die ihr angehören, zum größten Teil *unbewußt* ist, daß also die Prägung des Verhaltens und der Vorstellungen diesem selbst implizit ist, dann folgt schon, welche weitreichenden Probleme jemand bei einem Wechsel von einer Kultur zu einer anderen zu bewältigen hat. Er muß die neue Umgebung als fremd und befremdlich erfahren und er wird aufgrund seines Verhaltens auch ganz unabhängig von den Problemen eines möglichen Rassismus als fremd und befremdend als Fremder wahrgenommen. Das wird unser eigentliches Thema sein.

Zunächst einmal muß aber noch die Modifikation an dem bisher Gesagten vorgenommen werden, die ich vorhin ankündigte, als ich sagte, daß die Einschränkung des Kulturbegriffs in der Alltagssprache von praktischer Bedeutung sei. Wenn man die Probleme von Mädchen zwischen zwei Kulturen etwa durch die Probleme eines Übergangs von islamischer Kultur zu christlich-abendländischer exemplifiziert, so liegt in diesem Beispiel etwas Schiefes. Denn das Leben hier bzw. überhaupt in den westlichen Industrienationen wird nicht mehr durch die abendländisch-christliche Kultur geprägt, sondern vielmehr durch eine Entwicklung, die man durch die Stichwörter *Aufklärung, Moderne* und *technische Zivilisation* bezeichnen kann.

Was dieser Unterschied im Einzelnen bedeutet, das zu behandeln wäre ein Thema für sich. Ich möchte Ihnen das hier nur stichwortartig andeuten. So gibt es hierzulande beispielsweise keine religiösen oder ständischen

Kleiderordnungen mehr. Das heißt zwar im Prinzip, daß jeder sich so kleiden kann, wie er will. In der Praxis aber gibt es sehr wohl Regeln dafür, wie man sich kleidet, und die können auch sehr rigide sein. Es handelt sich nur um einen anderen Typ von Regeln, also z.B. um das sogenannte Modediktat oder um das Firmenimage oder die Erwartungen der peer group. Um ein anderes Beispiel zu nennen: Produktionsformen und Konsumgewohnheiten sind nicht mehr durch religiöse Vorschriften und Riten bestimmt, sondern vielmehr durch rationale Regelungen wie etwa Zeittakt und Standarisierung. So ist beispielsweise das Schlachten nach islamischer Sitte, d.h. also das Schächten und Ausblutenlassen des geschlachteten Tieres vor der Verarbeitung ein ritueller Vollzug. Aus westlich-moderner Sicht kann man dies nur unter dem Gesichtspunkt der Zweckmäßigkeit betrachten, d.h. also fragen, ob das Schächten unter dem Gesichtspunkt der Hygiene und rationellen Verarbeitung sinnvoll ist.

Nun könnte man sagen, daß die Verhaltensregeln der Moderne und der technischen Zivilisation in den westlichen Industrienationen die neue Kultur sind. Das ist aber nicht der Fall und zwar aus zwei Gründen. Der eine betrifft die Verbindlichkeit: Im Prinzip wird in jeder Moderne jedem freigestellt, sich auch anders zu verhalten, und die Verhaltensregeln und leitenden Vorstellungen können jederzeit kritisch zur Disposition stehen. Der andere Grund betrifft das Weiterbestehen der *christlich-abendländischen Kultur* neben der technischen Zivilisation. Diese Kultur ist nicht tot, sie hat lediglich ihre Allgemeinverbindlichkeit für die Verhaltensregulierung verloren. Das bedeutet einerseits, daß sie zu einer Sache des Feierabends und der festlichen Stunden geworden ist, also Theater, Museum etc. und daß sie andererseits, soweit sie noch für das Alltagsleben bestimmend ist, auf die Mitglieder bestimmter Korporationen, also Kirchen, Sekten und Weltanschauungsgemeinschaften eingeschränkt ist - also gerade nicht das Verhalten der Gesellschaft im ganzen bestimmt. Wenn man von dieser Modifikation des Kulturbegriffs noch einmal auf die Formulierung des Themas *Mädchen zwischen den Kulturen* zurückblickt, so erkennt man, daß es sich in den meisten Fällen von Migration nicht um den Übergang von einer Kultur zu einer anderen, sondern von einer Kultur in die pluralistische Moderne und die technische Zivilisation handelt. Von innereuropäischer Entwicklung her gesehen, kann man dies dann auch als Übergang von *traditionalen* zu *modernen* Lebensformen bezeichnen. Zwar kann es gegenüber dem Begriff der Modernität Vorbehalte geben, und ich teile sie, aber Modernität klingt nach Fortschritt und suggeriert, daß *wir hier* jedenfalls die Spitze des Fortschritts darstellen. In diesem Sinne will ich den Begriff der Modernität nicht verwenden. Ich möchte damit nur ganz nüchtern ein gesellschaftliches Strukturmerkmal bezeichnen, nämlich daß in Gesellschaften wie der, in der wir leben, der Zusammenhalt und das Zusammenwirken nicht mehr durch eine einheitliche Kultur zustande kommen. Soweit meine allgemeinen Überlegungen zum Begriff der Kultur.

Im Folgenden möchte ich zunächst auf die besondere Situation der Jugendlichen, insbesondere der Mädchen in Migrationsfamilien eingehen. Die Probleme der ausländischen Jugendlichen sind schon vielfach behandelt worden. Charakteristisch für fast alle Untersuchungen ist, daß das *Anpassungsmodell* den Interpretationsrahmen vorgibt: D.h. diese Untersuchungen gehen von der Annahme aus, daß die MigrantInnen hier auf eine fremde Welt treffen, an die sie sich anpassen müssen, um erfolgreich zu sein. Das Spannungsverhältnis zwischen den sozialen und kulturellen Normen ihrer Heimatkultur und dem deutschen Wertesystem, unter dem die MigrantInnen leben, wird immer wieder als Hemmnis für die Entfaltung und

Entwicklung von Lebenskonzepten betrachtet. Dies mag im Kontext der ersten Generationen der MigrantInnen zutreffen. Wenn wir aber nun über die Generationen sprechen, die fast durchweg hier geboren und zumindest in Kindergärten und Schulen eine deutsche Sozialisation erhalten haben, so ist es eine reduzierte Sichtweise, die Probleme dieser Personengruppe nur als eine Diskrepanz zwischen zwei verschiedenen Wertesystemen zu sehen. Generationen- und Kulturkonflikte, Konflikte, die mit den Eltern im Bestreben nach Selbständigkeit entstehen, sowie Konflikte, die aus unterschiedlichen Lebenskonzepten der Eltern und der Töchter resultieren, sind nicht wegzuleugnende Probleme, die auch deshalb immer wieder wissenschaftlich untersucht wurden. Ich möchte die Probleme aber als Entwicklungsprobleme betrachten, als Probleme einer Entwicklung, die diese Jugendlichen oder jungen Erwachsenen ohnehin durchmachen müssen, die aber unter den Bedingungen der Migration einen besonderen, im allgemeinen komplizierteren Verlauf nehmen. Damit meine ich die Adoleszenzphase; sie ist der Übergang zum Erwachsenenstatus. Die Adoleszenz wird als Reifungsprozeß verstanden.

Der für die Adoleszenzphase typische Entwicklungsschub ist die Veränderung des Ichs im Verhältnis zu seinen Rollen. Der Adoleszent wird mit einem Bündel von sozialen Rollen und Erwartungen von außen konfrontiert; er muß sich in dieser Phase, die einen krisenhaften Verlauf nimmt, soziale Kompetenzen aneignen und dadurch sein Kompetenzgefüge modifizieren. Um einige Veränderungen zu nennen:

- Die Fähigkeit zu kontinuierlichen heterosexuellen Beziehungen, sowie auch die Fähigkeit zum Objektwechsel.
- Die emotionale Bindung an die Herkunftsfamilie soll gelockert werden und so transformiert werden, daß die neu erworbenen Rollen nicht als Bedrohung erfahren werden, d.h. daß die emotionale Sicherheit sich vom

Elternhaus auf die neuen Bindungen verlagern läßt und das Eingehen neuer Beziehungen erlaubt. Hier dominieren die Auseinandersetzungen mit den Eltern, mit der elterlichen Wertorientierung und anderen Autoritäten, wie z.B. Lehrern (Lösungskrise).
- Die Übernahme einer Berufsrolle.
- Die Übernahme der Staatsbürgerrolle, d.h. die Integration in das politische System.

Die Verlaufsformen der Lösungs- und Identitätskrise sind in Abhängigkeit von präadoleszenter Persönlichkeitsstruktur, Sozialstruktur, intrafamilialem Milieu unterschiedlich. So nimmt die Lösungskrise dann eine heftige Verlaufsform an, wenn die Freiheitsspielräume und die Differenzen in Lebensform und Lebensauffassung in einer intensiven Auseinandersetzung erkämpft werden müssen. Die Lösungskrise nimmt eine schwache Verlaufsform an, wenn keine intensiven Auseinandersetzungen um die Durchsetzung des eigenen Lebensstils und der eigenen Lebensauffassung vorausgehen und die Jugendliche die eigenen Wünsche den Elternwünschen unterordnet.

Die Ablösung vom Elternhaus vollzieht sich bei den jungen Mädchen in Migrantenfamilien mangelhaft, da vermutlich keine intensive Auseinandersetzung mit den Eltern stattfindet. Die Identitätskrise, die in dieser Phase üblicherweise auftreten soll, wird unter den Migrationsbedingungen verstärkt und nimmt eine besondere Form an. Der Prozeß der Selbstdefinition wird dadurch erschwert, daß eine nationale Identität nicht mehr zwanglos gegeben ist, sondern in Auseinandersetzung mit der Umwelt erarbeitet werden muß. Der Wertekonflikt, - und damit meine ich nicht etwa die vielbeschriebene Annahme des *Kulturschocks* -, der bei den gleichaltrigen europäischen Adoleszenten in einer konflikthaften Auseinanderdersetzung *intrakulturell* zwischen Elterngenerationen und den Jugendlichen ausgetragen wird, wird bei den MigrantInnen *transkulturell* ausgetragen. Der Prozeß des Erwachsenwerdens findet im Herkunftsland durch Askription oder einen Inititionsakt statt. Indem der/die Jugendliche verheiratet wird, übernimmt er/sie den Erwachsenenstatus. Daraus ergibt sich, daß die Jugendlichen unter den Migrationsbedingungen in der Regel mit zwei verschiedenen Erwartungen und Zielvorstellungen konfrontiert werden, nämlich der des Elternhauses und der der deutschen Umwelt.

Ich will das Gesagte an einem Beispiel erläutern. Ich nehme das Beispiel der Ablösung vom Elternhaus. Natürlich ist diese Ablösung auch bei hiesigen Familien immer ein Problem und enthält mancherlei Konflikte. Aber deren Bearbeitung geschieht doch im Horizont eines Einverständnisses darüber, daß diese Ablösung sein muß und richtig ist. Bei Mädchen der zweiten und dritten Generation in Migrantenfamilien ist dieses Einverständnis nicht vorauszusetzen. Von seiten des Mädchens ist diese Ablösung eine Notwendigkeit und aufgrund ihrer Sozialisation auch eine Selbstverständlichkeit. Genauer müßte man sagen: aufgrund *ihres Teils* der Sozialisation. Denn die Sozialisation geschieht keineswegs nur durch das Elternhaus, sondern auch beispielsweise durch die Schule und vor allem auch durch die peer group. Unter den Mädchen ist das Thema der Ablösung vom Elternhaus ein zentrales Gesprächs- und Aktionsthema. Was ein Mädchen für Eltern hat, was an ihnen zu kritisieren ist, wie sie sich von ihnen unterscheiden wollen, wird vielfach besprochen. Viele gemeinsame Unternehmungen sind nicht nur durch das Ziel, sagen wir Disco oder Zelten, bestimmt, sondern auch dadurch, daß sie vom Elternhaus wegführen. Auf der Seite der betroffenen Migrationsfamilien ist das alles aber gar nicht selbstverständlich. Vielmehr können die Eltern beispielsweise aufgrund ihrer Sozialisation die

Vorstellung mitbringen, daß die Töchter ohne Begleitung das Elternhaus überhaupt nicht zu eigenen Aktivitäten verlassen und daß schließlich die Ablösung vom Elternhaus durch einen einmaligen Akt, nämlich durch die Heirat geschieht. Das nur als Beispiel. Die Probleme werden sich natürlich je nach Herkunftsland anders stellen. Dieses Beispiel hat uns zugleich zu einem Thema geführt, das die Situation junger Migrantinnen im Übergang zwischen Kulturen zum Problem macht: nämlich die unterschiedliche Auffassung der Rolle der Frau.

Die Rolle der Frau
Ist es möglich, eine einheitliche Aussage über die Rolle der Frauen im Islam zu machen? Diese Frage kann nur negativ beantwortet werden. Ebensowenig kann es eine allgemeine Aussage über die Stellung der Frau im Christentum geben, wenn die vielen verschiedenen Verhältnisse und Lebenssituationen von Frauen in christlichen Ländern damit gemeint sein sollen. Die arme Frau im christlichen Brasilien oder Sizilien ist ebenso unterdrückt und nicht gleichberechtigt wie die arme Frau in Pakistan. Was ich damit sagen möchte ist, daß die Unterdrückung der Frauen nicht nur auf die religiösen Restriktionen zurückzuführen ist. Die gesellschaftlichen Machtverhältnisse und Herrschaftsstrukturen und die Fremdheit der Frauen in einer von Männern geregelten Gesellschaftsordnung sind eher als die Grundvoraussetzungen ihrer Unterdrückung zu sehen. Auch die Religionen sind im Wandel. Die jeweilige besondere geographische, politische, wirtschaftliche Lage, die Geschichte, die Traditionen wirken sich auf die Religionen, ihre Deutung und ihre heutige Praktizierung aus. Die bis in unser Jahrhundert andauernde Vorstellung von dem Leben der islamischen Frauen im Harem, vom türkischen Bad oder Bauchtanz verstellt hierzulande den

Blick für die wirklichen Lebensverhältnisse dieser Frauen. Es gibt in der Diskussion über Mädchen und Frauen aus dem islamischen Kulturkreis vor allem Stereotype. Der Islam durchdringt alle Lebensbereiche und regelt die menschlichen Verhältnisse in rechtlicher Hinsicht. Deswegen befaßt er sich auch mit der Ordnung der Geschlechterbeziehung. Das islamische Wertesystem ist zum größten Teil von traditionellen Strukturen, einer familialistischen und religiösen Orientierung geprägt. Die islamische Erziehung ist geschlechtsspezifisch. Die Familie ist patriarchalisch und hierarchisch strukturiert (wobei Rollenstruktur, Schichtzugehörigkeit, Bildungsstand, städtische oder ländliche Herkunft Faktoren sind, die mit bedacht werden müssen). Es gibt während der frühen Kindheit engere Kontakte zwischen den beiden Geschlechtern. Die *geschlechtsspezifische Erziehung* beginnt etwa im Alter von sechs Jahren. Die Mädchen werden allmählich in ihre späteren Rollen als Mutter und Hausfrau eingeübt, was in Tätigkeiten wie Helfen im Haushalt, Beaufsichtigen der jüngeren Geschwister etc. besteht. Auch in der Immigration ist die Familie das Zentrum sozialen Lebens, auf das jedes einzelne Familienmitglied angewiesen ist.

Diese Feststellungen beziehen sich zunächst nur auf die Mädchen, die in Migrationsfamilien der ersten Generation aufwachsen bzw. aufgewachsen sind. Bereits beim Übergang von der zweiten zur dritten Generation werden sich die Probleme anders stellen. Ob sie aber langfristig verschwinden, ist nicht ausgemacht und hängt sehr weitgehend von den politischen Verhältnissen ab. Dazu gehört beispielsweise die Frage, ob Deutschland sich als Einwanderungsland verstehen wird. Aber auch andere Randbedingungen können dazu führen, daß sich Migrationsgruppen eng zu nationalen Gruppen zusammenschließen, deren Identität an der Tradition ihrer Kultur hängt. Als weiteren Schwerpunkt möchte ich den Bereich Sexualität/Körperlichkeit behandeln.

Sexualität/Körperlichkeit

Im Gegensatz zur christlichen Auffassung, die das Individuum in den Dichotomien von Gut/Böse, Trieb/Vernunft gefangen sieht, hat der Islam eine offene und zustimmende Einstellung zur Sexualität; sie ist eine positive Energie und ein Trieb, dessen Befriedigung für ein harmonisches Dasein im Diesseits legitimes Recht des Mannes wie der Frau ist. Erst im Kontext der sozialen Beziehungen und der sozialen Ordnung erhält die Sexualität ihr normatives Gewicht: Sie kann *schädlich* für das soziale Gefüge sein, wenn das Individuum von der Sexualität dominiert wird, andererseits aber dient die Sexualität der islamischen Gemeinschaft, wenn sie im institutionell vorgegebenen Rahmen, d.h. in der Ehe befriedigt wird. In der erlaubten Form der Ehe gibt die sexuelle Befriedigung dem islamischen Menschen einen Vorgeschmack auf *paradisische* Freuden. Eine lebenslange Keuschheit ist direkt gegen Gottes Gebot gerichtet und zölibatäres Leben wird im islamischen Leben kaum praktiziert. Die Sexualität gewinnt erst im Kontext der sozialen Beziehungen und der gesellschaftlichen Ordnung ihr normatives Gewicht. Die weibliche Sexualität ist nach islamischer Auffassung als destruktiv anzusehen, da sie Chaos und Unordnung schaffen kann. Der Begriff *fitna*, d.h. Rebellion, Verschwörung, meint, daß das orgiastische Ausleben der weiblichen Sexualität dem sozialen Gefüge schaden könnte, wenn Männer von dieser Sexualität dominiert werden. Um die *fitna*, d.h. Chaos einer Gesellschaft zu verhindern, damit die Stabilität der Sozialordnung gewährleistet ist, müssen die Männer vor dieser *aktiven weiblichen Sexualität* geschützt werden, indem die Geschlechter getrennt werden. Die Frauen sollen das Haus am besten nicht verlassen und so wenig wie möglich in Erscheinung treten. Wenn sie dies tun müssen, dann müssen sie ihren Körper verhüllen. Die Zerstörung, die durch die weibliche Verführungskunst versucht wird, kann nur verhindert werden, wenn der Kontakt beider Geschlechter auf das Nötigste minimiert wird. Folglich werden die Frauen auch vom öffentlichen Leben ausgeschlossen. Mit anderen Worten, man(n) grenzt Frauen aus der Öffentlichkeit aus, sperrt sie eng in die begrenzte häusliche Sphäre ein, um sich ihren unwiderstehlichen weiblichen Reizen nicht aussetzen zu müssen. Frauenehre wird definiert durch ihre sexuelle Sittsamkeit und voreheliche Keuschheit. Die Ehre des Mannes ist vor allem dadurch definiert, daß er darauf achtet, daß die Frauen in seiner Verwandtschaft ihren guten Ruf behalten, denn der Verlust der Ehre ist soviel wie öffentlicher Gesichtsverlust und eine Schande nicht nur für die Frauen, sondern für die ganze Familie. Das alles steht in krassem Gegensatz zu dem Phantasma über das Liebesleben im Harem, das hier in Europa herrschte.

Obschon die Sexualität (vor allem die männliche), wenn sie in der Ehe befriedigt wird, keine destruktive Elemente enthält, wird der weiblichen Sexualität doch eine Macht zugeschrieben, die zu Chaos und Unordnung führen kann (*fitna*). Wir können dies in Analogie zum westlichen *Femme-fatale*-Konstrukt sehen. Der Frau wird dabei eine gefährliche Anziehungskraft zugeschrieben, welche die Männer ihre Selbstkontrolle verlieren läßt. Also muß der Mann die Frau auch sexuell befriedigen, d.h. Impotenz des Ehemannes legitimiert eine Scheidung seitens der Frau.

Keuschheit und Unberührtheit werden im Islam als konstitutiv für die weiblichen Tugenden erklärt und sind derart verinnerlicht, daß kaum ein Mädchen es wagen würde, sich über diese Tabus hinwegzusetzen. Da diese

Verbote und moralischen Normen so tiefgehend ins Bewußtsein eingeprägt sind, daß Tabubrüche kaum vorkommen, ist zu fragen, weshalb die Ausgrenzung der Frauen durch Segregation und Kopfbedeckung/ Verschleierung immer noch beziehungsweise wieder vollzogen wird. Im allgemeinen wird als rationaler Grund für die Segregation und Verschleierung der Schutz der Frauen angegeben. Sie sollen vor der Zudringlichkeit von Männern bewahrt werden. Dabei wird den Männer eine immer bereite Potenz und ein allgegenwärtiges Begehren unterstellt. Sicherlich spielt hier aber das patriarchale Eigentumsdenken eine wichtige Rolle. Frauen sollen überhaupt nicht öffentlich werden, weil sie eigentlich zum Haus gehören, nämlich in den Umkreis patriarchaler Verfügung. Noch tiefer scheint aber ein anderes Motiv zu liegen, das die Verhältnisse in der Ökonomie des Begehrens geradezu umkehrt. Es ist zu vermuten, daß das Verschleierungsgebot für die Frauen in einer verschleierten Männerangst sein wahres Motiv hat: die Angst vor den Frauen, die sie begehren könnten, also Angst vor ihrem eigenen Begehren, aber auch die Angst vor der weiblichen Sexualität.

Die eingewanderten islamischen Frauen, also die der ersten Generation, die in diesem Kontext und Wertesystem sozialisiert sind und diese Werte auch internalisiert haben, sind ständig bemüht, eine Brücke zu schlagen zwischen den mitgebrachten verinnerlichten Wertvorstellungen und den hiesigen Normen. Sie müssen lernen, als Fremde in der Fremde zu leben und das Fremde der eigenen Kultur zu integrieren, ohne sich zu assimilieren.

Der häufigste *Kristallisationspunkt von Familienkonflikten* ist die Sorge der Eltern um die Familienehre, die wiederum definiert ist durch die sexuelle Sittsamkeit der Frau, die Keuschheit, d.h. die Virginität des Mädchens bis zur Heirat. Dies bedeutet für die jungen Mädchen, daß sie keine vorehelichen Beziehungen zu dem anderen Geschlecht haben dürfen. Mädchen werden darauf konditioniert, ihre Reputation und die Heiratschancen zu bewahren, indem sie sich nicht in einer Weise anziehen, reden oder verhalten, die als verführerisch betrachtet werden könnte. Dies führt zur Einschränkung ihrer Bewegungsfreiheit und ihrer Handlungsspielräume. Die Lage der Pädagogik angesichts solcher Probleme ist nicht einfach. Pädagogik ist auf erzieherische Wirkung und Veränderung ausgerichtet, aber welche Seite der/die ErzieherIn, seien es nun LehrerInnen oder Eltern, auch ergreifen, sie werden die Konflikte nur verstärken. Es bleibt nur ein sehr behutsames Vorgehen, das die Jugendlichen zum Bewußtsein ihrer Lage bringt und damit ihre Wahlmöglichkeiten in einer Situation zwischen den Kulturen erhöht.

Schluß
Zum Schluß möchte ich noch auf das schwierige Problem der Identitätsbildung zu sprechen kommen. Dabei möchte ich nicht einmal auf den umfassenden Prozeß der Herausbildung einer reifen Persönlichkeit eingehen, wie er sich von Erikson's Identitätsbegriff herleitet. Ich meine mit Identität vielmehr das Bewußtsein der Zugehörigkeit zu einer sozialen Gruppe, also die Antwort auf die Frage: *Wer bin ich?* soweit sie in der Form *ich bin eine Türkin, ich bin eine Deutsche, ich bin eine Muslimin* gegeben werden kann. Die naheliegende Antwort, die sich aus dem Bezug zu der Kultur, in der man aufgewachsen ist, ergibt, ist für die Migrantinnen der zweiten und dritten Generation problematisch. Sie werden in der Regel zu keiner festen Identifizierung kommen, d.h. in einer Situation hin und her gerissen sein, die man mit Erikson auch als Identitätsdiffusion bezeichnen kann. So mag beispielsweise ein junges Mädchen aus türkischer Familie sich

als Deutsche fühlen wollen, weil sie in dieser Sprache aufgewachsen ist, weil ihre peer group aus Deutschen besteht und weil sie ihre Zukunft in einem Leben in Deutschland sieht. Aber selbst bei einer radikalen Lösung von ihrem Elternhaus ließen die Verhältnisse eine solche Identifikation nicht zu. Das liegt hauptsächlich daran, daß ihr die politischen Mitwirkungsrechte vorenthalten werden. Das wirft sie natürlich auf ihr Elternhaus und allgemeiner auf ihre Ethnie zurück. Aber auch hier ist eine volle Identifikation nicht möglich. Sie ist bereits ihrer Herkunft soweit entfremdet, daß sie bei aller Treue zur Tradition und Liebe zur Muttersprache diese Herkunftskultur nicht mehr als hinreichend empfindet. Das Ergebnis ist, daß die heranwachsenden Mädchen aufgrund der Verhältnisse im permanenten Status des Fremdsein gehalten werden.

Wenn wir darüber nachdenken, in welcher Weise die Pädagogik den heranwachsenden Mädchen die Bewältigung dieser Situation erleichtern könnte, so ist auch hier in erster Linie *Behutsamkeit* zu empfehlen. Aber bei aller gebotenen Vermeidung von Eurozentrismus muß es doch darum gehen, in erster Linie die materiellen Lebensmöglichkeiten und sozialen Kompetenzen der Mädchen zu stärken und zu entwickeln. D.h. es geht weniger um Fragen der Kultur als um den sicheren Umgang mit derselben und die Zugehörigkeit zum Arbeitsleben und zur Verkehrswelt. Mit letzterem meine ich nicht nur das, was unter dem Ausdruck öffentlicher und privater Verkehr zusammengefaßt wird, sondern auch den Umgang mit Behörden, Firmen und Institutionen.

Kulturelle und religiöse Normen und
ihre Auswirkungen auf Körperlichkeit bei Mädchen

Filiz Kiral

Nach islamischer Auffassung stellt der Koran das *Wort Gottes* dar, das seinem Gesandten Mohammad offenbart wurde, um die Menschen zum Glauben an Gott und sein Gesetz auf Erden zu führen. Diese für jeden Muslim verbindlichen religiösen Gebote betreffen nicht nur die Beziehung zwischen Mensch und Gott, sondern auch die Beziehung zwischen Menschen in der Gesellschaft.[5] Dabei stehen die Pflichten innerhalb der Familie an erster Stelle. Gerade weil diese religiösen Gebote die Familie und somit die persönliche Identität innerhalb der Gesellschaft prägen, gehören sie zum ethisch-moralischen Selbstverständnis aller Muslime, auch derjenigen, die aus einem säkularisierten Staat wie die Türkei kommen.[6] Fast alle legislativen Offenbarungen des Koran[7] enthalten Gebote, die Respekt und Gehorsam der Kinder gegenüber ihren Eltern vorschreiben:[8] Die im Koran enthaltenen religiösen Vorschriften sind zwar umfassend, gehen aber nicht in Einzelheiten und können zum Teil verschieden interpretiert werden. Daher wird für die Erklärung dieser Gebote die Überlieferung (*Hadith*) von der Handlungsweise des Propheten Mohammads (*Sunna*) herangezogen. Die *Sunna* des Propheten, seine Lebenspraxis, gilt

---

[5] Ausführlicheres zur islamischen Religion s. HARTMANN
[6] Wenn in der Hauptsache von türkischer Familienstruktur, Wertesystem, Tradition die Rede ist, trägt dies der deutschen Situation mit der mehrheitlich türkischen Migrantenfamilien Rechnung. Die Aussagen lassen sich aber ohne weiteres auch auf andere Nationalitäten wie etwa den aus den Mittelmeerländern übertragen.
[7] Zum islamischen Recht siehe JUYNBOLL.

den Muslimen gleich nach dem Koran als die zuverlässigste Quelle religiösen Wissens. Die in der islamischen Religion begründeten familiären Gebote spiegeln sich in der Realität des Alltags türkischer Familiengemeinschaften wider. Der Respekt, der den Eltern gegenüber zu gewähren ist, nimmt eine zentrale Stellung in den islamisch-türkischen Wertvorstellungen ein. Dieser Wert von Respekt (*sayg*) reguliert soziales Handeln zwischen jüngeren und älteren, also in erster Linie zwischen Eltern und Kindern.[9] Die islamische Religion und die türkische Gesellschaftsordnung legt dem einzelnen bestimmte familiäre Pflichten auf, und dies gilt insbesondere für Mädchen.

Durch die ansteigende Verweildauer der ersten Generation der in der BRD lebenden Ausländern und den anhaltenden Familiennachzug haben viele von ihnen inzwischen faktisch den Status von Einwanderern übernommen, selbst wenn die Einwanderungsentscheidung nicht bewußt vollzogen wurde. Erschwerend kommt für die ausländischen Mädchen hinzu, daß der größte Teil der ersten Generation an einer Rückkehr in die Heimat festhält, auch wenn sie immer weiter hinausgeschoben und schließlich nur von wenigen realisiert wird. Untersuchungen ergaben, daß die meisten "Gastarbeiter" der ersten Generation, die jetzt ins Rentenalter kommen, auch im Ruhestand in Deutschland bleiben. Ein Zusammenleben mit Ausländern, insbesondere mit denen, die aus dem islamischen Kulturkreis stammen, setzt eine Auseinandersetzung mit ihrer Lebenssituation, ihrer Kultur und Wertewelt voraus. Traditionelle Muster sind gerade in der ländlichen Bevölkerung der Türkei stark ausgeprägt, also in der Bevölkerungsschicht, aus der die meisten Türken stammen, die als Arbeitnehmer nach Deutschland kamen. Vor allem

---

[8] Siehe insbesondere bei PARET die Suren 29,7; 31,12 ff.; 17,23-24 und 6,122-154.
[9] KEHL/PFLUGER, S. 14 f.

die patriarchaische Familienstruktur und die daraus hervorgegangenen Moralvorstellungen definieren Ehe- und Familienleben. Diese traditionellen Muster werden durch die islamische Rollenverteilung von Mann und Frau gefestigt. Diese Moralvorstellungen sind selbst bei nichtpraktizierenden Muslimen tief verankert. Das Wertesystem der türkischen Tradition unterscheidet sich im Alltag in wesentlichen Punkten durch:

- die zentrale Rolle von Ehe und Familie,
- patriarchisch geprägte Rollenzuweisung von Männern und Frauen, Söhnen und Töchtern,
- damit verbundenen Begriffe von Sittsamkeit und Ehre.

Die traditionelle Familienstruktur stellt in der ländischen Türkei die Großfamilie dar. Zwar wird der Trend zur Kernfamilie erkennbar, doch auch diese bleibt eingebettet in ein enges Gefüge verwandtschaftlicher Beziehungen. Die Bedeutung von Familie und Verwandtschaft liegt in der materiellen und sozialen Sicherheit für den einzelnen, in der gegenseitigen Unterstützung in Notlagen und im Alter. Auch die Ehe als Zweierbeziehung ist im Kern eine wirtschaftliche Verbindung. Die Wahl der Ehepartner wird in der Regel von den Eltern getroffen und das Heiratsalter ist - und dies gilt besonders für Mädchen - sehr niedrig. In der ländlichen Türkei bildet die Großfamilie die wichtigste soziale und ökonomische Einheit. Nicht selten leben mehrere Haushalte (Kernfamilien) zusammen, wonach die Frauen ihren Ehemännern in deren väterliche Haushaltung folgen. Die wichtigsten sozialen Aktivitäten außerhalb des Hauses beruhen auf verwandtschaftlichen Beziehungen. In erster Linie sind es die Verwandten, die einen in Zeiten der Not zur Seite stehen und bei besonderen gesellschaftlichen Ereignissen wie Geburt, Beschneidung, Hochzeit und Todesfall behilflich sind. Die grundsätzliche Trennung der traditionellen türkischen Gesellschaft in zwei voneinander scharf abgegrenzte Bereiche, den privaten inneren Bereich und den öffentlichen äußeren Bereich, wird ein Wert der Ehre widergespiegelt. Ehre, türk. *namus*, und die Werte, die mit ihm aufs Engste verknüpft sind, *eref* (Würde, Ansehen, Prestige) und *sayg* (Achtung, Respekt) bestimmen soziales Handeln und stellen insbesondere im Falle *namus* und *eref*, die entscheidenden Faktoren dar, nach denen Erwachsene bzw. deren Handlungen beurteilt werden. *Ehre* gilt in der traditionellen Gesellschaft als ein abstraktes Gut, über das jede Person verfügt, solange sie es nicht durch regelwidriges Verhalten verliert. Ehre kann also nicht erworben sondern nur verteidigt oder verloren werden. Der innere Bereich wird zunächst durch den eigenen Haushalt verkörpert, deren Ehre als gemeinsames Gut angesehen wird. Jeder Versuch der Verletzung der Grenze zum inneren Bereich fordert ihre Verdeidigung heraus. Für diese aktive Verteidigung der Familienehre sind die ihr angehörigen Männer verantwortlich.

Eine zweite Unterscheidung, die der Trennung eines Bereiches *Innen* von einem Bereich *Außen* zugrundeliegt, ist die zwischen Mann und Frau. Dabei wird die Frau dem inneren, häuslichen Bereich, der Mann dem äußeren, öffentlichen Bereich zugeordnet. Diese Unterscheidung fordert auch, daß die von der Ehre geforderten Verhaltensnormen für beide Geschlechter unterschiedlich sind.

Die Ehre des Mannes hängt wesentlich von seiner Fähigkeit ab, für die Mitglieder seiner Familie bzw. seines Haushaltes ausreichend Sorge zu tragen und diese vor Ehrangriffen zu verteidigen. Eine besondere Aufgabe für den Mann ist es den guten Ruf der weiblichen Familienmitglieder zu garantieren. Dabei verliert er seine Ehre nicht durch die Tatsache eines Angriffs an sich, sondern erst, wenn er es unterläßt, eine Herausforderung unerwidert zu lassen. Eine wirkungsvolle Möglichkeit, sich von vornherein vor Angriffen zu schützen, besteht für den Mann darin, seine Sensibilität in Ehrangelegenheiten in der Öffentlichkeit zu demonstrieren. Dadurch werden andere abgeschreckt, ihn leichtfertig in Ehrsachen zu involvieren.

Die Ehre der Frau hingegen, bezieht sich hauptsächlich auf Regeln zum Schutze ihrer Keuschheit. Für ein unverheiratetes Mädchen bedeutet dies vor allem der Erhalt ihrer Jungfräulichkeit vor der Ehe, für eine verheiratete Frau das Verbot von außerehelichen Beziehungen. Darüberhinaus verlangt die Ehre von der Frau korrekte Bekleidung und korrektes Verhalten mit dem Umgang mit fremden Männern. Dies bedeutet auch, daß sie sich in keine Situation begeben darf, die auch nur den geringsten Zweifel aufkommen lassen könnte, sie würde sich nicht den Verhaltensnormen entsprechend benehmen. Begeht sie aber Ehebruch oder verliert ihre Jungfräulichkeit, so befleckt sie dadurch nicht ihre eigene Ehre, sondern auch die Ehre der ganzen Familie. Hängt die Ehre des Mannes also vom Verhalten seiner Frau, seiner Tochter oder Schwester ab, so ist dagegen der Umkehrschluß nicht gültig. Verliert ein Mann seine Ehre, so beeinträchtigt dies nicht die Ehre der Frauen.[10]

Das Leben dieser Familien in Deutschland führt zu Veränderungen der Familienstruktur. Nicht selten wurden aus finanziellen, kulturellen oder persönlichen Gründen Familienmitglieder in der Türkei zurückgelassen. Als ein Resultat davon kann man die allgemeine Zersplitterung der Familie feststellen. Es war für eine Familie nichts außergewöhnliches mehr, über Jahre hinweg getrennt zu leben. Ein gewichtiges Problem bestand auch darin, ob die Kinder in Deutschland oder in der Türkei aufwachsen sollten. Viele Eltern ließen angesichts geplanter Rückkehr zunächst ihre Kinder bei

---

[10] Näheres zum Ehrkonzept s. KEHL/PFLUGER, 1991 u. SCHIFFAUER, 1983

Verwandten zurück, holten sie dann aber, weil die Rückkehr sich verzögerte. Konnten sich die Kinder dann in der Schule nicht eingewöhnen und kamen durch die lange Trennung bedingte Probleme in der Familie hinzu, wurden sie in die Türkei zurückgeschickt und später, nicht selten kurz vor Erreichen der Altersgrenze, bis zu der der Nachzug erlaubt war, wieder nach Deutschland geholt. Bei diesen *Pendelkindern*, die zu den ältesten der 2. Generation zählen, war der Erfolg ihrer schulischen Laufbahn erheblich beeinträchtigt. In den Familien, in denen alle oder fast alle Kinder in Deutschland lebten, fiel meist den ältesten Töchtern der Familien eine besondere Aufgabe zu. Dadurch, daß die Mütter oftmals auch berufstätig waren, wurden sie sozusagen zu Ersatzmüttern ihrer jüngeren Geschwister, obwohl sie nicht reif genug für diese Aufgabe waren.

Die psychologischen Auswirkungen, der Arbeitsemigration auf die türkischen Familien scheinen meines Erachtens weniger die Folge der Erfahrung einer anderen Kultur - oder das Aufeinandertreffen islamisch geprägter mit nicht-islamisch geprägter Kultur zu sein - als vielmehr die Erfahrung von Fremdheit und Isolation. Die Begegnung mit Anonymität und der Verlust des innigen sozialen Gefüges im Dorf waren Situationen, mit denen sie erstmals konfrontiert wurden. Das Ehrkonzept, nach dem das Handeln bestimmt war, verliert als *Schutzschild* seine Bedeutung. Die Erfahrung von Fremdheit beinhaltet zudem für diese Familien die Erfahrung von innerer Umstrukturierung. Dies wird in der Redewendung "*buras Almanya*" deutlich, die meist dann gebraucht wird, wenn eine traditionelle Verhaltensweise aufgegeben wird. Viele türkische Familien können sich mit Werten der ausländischen Umgebung nicht identifizieren. Nicht selten kapseln sie sich von der hiesigen Gesellschaft ab, damit ihre eigenen Werte nicht tangiert werden, und suchen meist halt in islamischen Institutionen. Sie erhoffen sich durch diese Institutionen den Erhalt nationaler und kultureller Identität in der Fremde. Seit Beginn der achtziger Jahre haben die islamischen Vereine steigende Mitgliederzahlen. Etwa jeder sechste türkische Arbeitnehmer in Deutschland ist Mitglied in einem islamischen Verein. Diese sind nicht vorwiegend religiöse Glaubensgemeinschaften, sondern betreuen ihre Mitglieder in vielen Lebensbereichen; sie unterhalten eigene Kindergärten, Sportclubs, Ladenketten, und werden auch als Ehevermittler tätig. Was die Eheschließungen betrifft, heiraten fast viermal soviele deutsche Frauen einen türkischen Mann, als türkische Frauen einen deutschen Mann (das ergab eine 1990 gemachte Untersuchung). Türken der ersten Generation, die in ihrer Orientierung auf das Heimatland ausgerichtet bleiben, stehen als Eltern einer Anpassung ihrer Kinder in Deutschland ablehnend gegenüber. Werte, Normen und Verhaltensmuster der deutschen Kultur werden von den hier aufgewachsenen Kinder automatisch übernommen. Der daraus resultierende Kulturkonflikt gerät zwangsläufig auch zu einem Generationenkonflikt. Frau Prof. Kappert schreibt in einem Artikel der Frankfurter Allgemeinen Zeitung: "Man schätzt, daß mehr als fünfzig Prozent der türkischen Schulkinder in der BRD in die Korankurse gehen." Die Mädchen besuchen die Koranschulen meist unter starkem Druck ihrer Eltern, die sich dadurch erhoffen, ihre Kinder könnten sich bei einer eventuellen Rückkehr schneller an die heimischen traditionellen Verhältnisse gewöhnen. Der Zusammenprall von verschiedenen Kulturen ruft bei den türkischen Mädchen einen konfusen Eindruck hervor. Zu dem Herkunfsland ihrer Eltern haben sie wenig Bezug und kennen es meist nur aus dem Urlaub. Die Mütter werden durch Sprachschwierigkeiten daran gehindert, ihren Töchtern beispielsweise bei den Hausaufgaben zu helfen. Sie können keinen Kontakt zur Schule oder zu den Lehrern herstellen.

Genausowenig sind sie in der Lage, ihren Kindern die Kultur, Sitten und religiösen Gebräuche und die Sprache ihres Heimatlandes in adäquater Weise zu vermitteln.

Genauso, aber doch anders
Aussiedler-Mädchen zwischen den Kulturen

Monika Kowalczyk

Die erste Generation der Aussiedler, die wegen der politischen Situation nach dem zweiten Weltkrieg infolge ihrer Vertreibung nach Deutschland kam, wurde zwar von den Einheimischen als die *aus der kalten Heimat* oder als die *von wir hatten* bezeichnet, zweifelsohne aber waren es Deutsche, die in Ober- und Niederschlesien, Ostpreußen, in der Posener Gegend und auch im Sudetenland nicht nur ihr Hab und Gut, sondern auch in sehr vielen Fällen Familienangehörige hinterließen. Obwohl die Gebiete an Polen oder die damalige Tschechoslowakei fielen, durften einige Deutschstämmige (vor allem Fachkräfte) bleiben. Es gab aber auch andere, die bleiben wollten, was ihnen auch von den Behörden aus nicht immer nachvollziehbaren Gründen erlaubt wurde. Diese bildeten dann den Stamm für die nächste große Aussiedlerwelle, die in den 80er Jahren aus Polen nach Westdeutschland kam.

Ganz anders gestaltete sich die Situation der Aussiedler aus den jetzigen GUS-Staaten. Zur Zeiten der Zarin Katharina II (einer deutschen Prinzessin, die den russischen Zaren Peter III heiratete) kamen vor über 200 Jahren die ersten deutschen Bauern nach Rußland, die zunächst die Gebiete an der Wolga, am Schwarzen Meer und in den Kaukasus besiedelten. Infolge des Zweiten Weltkrieges wurden sie in die russischen Ostgebiete verschleppt. Erst im Rahmen der Perestroika unter Gorbatschow und infolge des Zerfalles der mächtigen Sowjetunion entstand auch für sie die Möglichkeit, nach Deutschland zu kommen. Eine letzte und wohl auch eine der kleinsten

Aussiedlergruppen bildet die aus Siebenbürgen oder aus dem Banat, dem jetzigen Rumänien.

So bedarf es auf jeden Fall eines fundierten Geschichtswissens, um das Dasein der Aussiedler hier in der Bundesrepublik laut Artikel 116, Absatz 1 des deutschen Grundgesetzes als gerechtfertig anzusehen. Von den Herkunftsländern und den Deutschkenntnissen abgesehen, verbindet sie jedoch eines, was man am deutlichsten mit einem Zitat eines jungen Aussiedlers umschreiben kann:

Wir sind noch in der Mitte. Noch nicht hier, schon nicht mehr dort. Wir haben kein Heimweh mehr, aber auch keine Heimat. Wir sind frei, aber es gibt noch nichts, was uns hier binden würde.

De jure also Deutsche, de facto aber von der Kultur des Herkunftslandes in der 50-jährigen Nachkriegsgeschichte so stark geprägt, daß sie für viele in der Bundesrepublik gar keine Deutsche, sondern *Pollacken* oder *Ivans* sind.

Jetzt, wo so viele rüberkommen, hört und liest man immer wieder mal, die Rußlanddeutschen sollten doch in Rußland bleiben, sie beherrschen ja kaum mehr die deutsche Sprache und sie seien ja sowieso schon halbe Russen. Irgendwie ist das komisch: Dort mochte man uns nicht, weil wir Deutsche waren, und hier fängt man an, uns nicht zu mögen, weil wir 'beinahe Russen' seien![11]

Die Behauptung, dem gleichen mitteleuropäischen Kulturkreis anzugehören, sich auf das gemeinsame philosophische und literarische Erbe, oder letzendlich, so wie es im Falle der Deutschen und Polen ist, sich auf eine teilweise gemeinsame Geschichte zu berufen, ist eine sehr umfangreiche Auffasung von Kultur. Sie sagt wenig aus über die Feinheiten einer Nation, über manchmal auch sehr subtile Unterschiede einer Volksgruppe, die teilweise auch im Herkunftsland wegen der deutschen Abstammung in

---

[11] KARIN KUSTERER/JULIA RICHTER, Von Rußland träum`ich nicht auf deutsch, Hoch-Verlag Stuttgart-Wien 1989, S. 137

Randständigkeit geriet. Ein Mädchen aus Kasachstan stellt in ihrem Buch *Von Rußland träum' ich nicht auf deutsch* folgendes fest:

> *Meine Muttersprache ist Russisch, meine Großmuttersprache ist Deutsch - nur leider habe ich von meinen Großmüttern viel zuwenig Deutsch gelernt.*[12]

Junge deutschstämmige Mädchen erfahren in der polnischen Schule sehr bald, was es bedeutet, eine Polin zu sein, d.h. zu den schönsten Frauen der Welt zu gehören und die charmantesten männlichen Partner um sich zu haben. Sie haben die Gelegenheit, sich mit den besten Eigenschaften der Nation wie Stolz, Tugend und Tapferkeit des Herkunftslandes zu identifizieren. Sie fühlen sich als Teil der Nation. Sie wachsen mit Vorbildern aus der russischen oder polnischen Literatur auf, hören russische oder polnische Musik, Polnisch oder Russisch ist ihre Muttersprache. In Familiengesprächen erfahren sie, daß ihre Vorfahren Deutsche sind, daß die Großeltern sehr gut deutsch sprechen, daß in der Bundesrepublik ein Teil ihrer Familie wohnt und daß das Leben in Deutschland „so schön wäre und daß es dort alles zu kaufen gäbe".

Als sich in Polen Ende der 70er und Anfang der 80er Jahre sowohl die politische als auch die wirtschaftliche Lage sehr verschlechterte und in der Sowjetunion unter Gorbatschow der *eiserne Vorhang* lüftete, trafen die Eltern ungeachtet der mangelnden Deutschkenntnisse und der fremden Umgebung, die sie erwartete, die Entscheidung auszuwandern. Die Kinder sind die ersten, die Bedenken haben und welche die Entscheidung der Eltern gar nicht so richtig nachvollziehen können:

> *Vielleicht wollten die Eltern auch unter anderen Deutschen sein und ihre eigentliche Sprache wieder besser sprechen lernen, aber genau weiß ich das nicht. Ich wollte auch selber zu meiner Oma nach*

---

[12] ebda, S. 60

Deutschland fahren. Aber ich habe ja auch eine Oma in Rußland. Nun sehne ich mich manchmal nach dieser Oma dort, die ich auch sehr gern habe.[13]

So kommen sie in eine idealisierte Welt, auf die vor allem die Eltern mit Enttäuschung, Unsicherheit und Zukunfsängsten reagieren. Da diese zu 90% nicht über ausreichende Deutschkenntnisse verfügen, besuchen sie Sprachkurse, lassen sich umschulen, sind stark belastet und nervös. Die Mädchen ihrerseits verstehen nicht, weshalb die Eltern den ersehnten Aufstieg nicht bewirken können. Ganz im Gegenteil, sie erleben einen sichtbaren beruflichen Abstieg oder gar Arbeitslosigkeit. Da sie sich aber schneller als ihre Eltern anpassen, kommt es bald zwischen den Generationen zu einem Konflikt. Es folgen Diskussionen über Ansichten, Kleidung und Lebensführung. Die Eltern sind nicht mehr die höchste Instanz, da sie ja sehr oft in den Augen der Kinder in der neuen Situation versagt haben. Nach und nach schwindet das Vertrauen an sie, die gewohnte Familienstruktur löst sich auf, ohne das partnerschaftliche Formen des Umgangs an ihre Stelle treten.

Bedenkt man die Tatsache, daß die Mehrzahl der Aussiedler-Familien aus ländlichen Gebieten kommt, wo die gesellschaftlichen Strukturen traditionalistisch-patriarchalisch mit stark religiösen Bindungen geprägt sind, ist das vor allem für die Eltern ein sehr schmerzhafter Prozeß, der nachhaltige Auswirkung für alle Beteiligten (Eltern, Kinder, Sozialarbeiter, Berater und Lehrer) hat. Davon betroffen sind vor allem die Jugendlichen, besonders aber die Mädchen.

Die Entscheidung, in das *gelobte Land* zu kommen, trafen die Eltern. Die Konsequenzen der Entscheidung tragen die Jugendlichen. In der Migration

---

[13] ebda, S. 60

werden sie nämlich mit Lebenssituationen konfrontiert, die sie nicht verstehen, nicht überschauen und demnach nicht lösen können. Sie haben ihre gewohnte Umgebung und Freunde verloren, müssen unbekannte, ungewohnte Rollenerwartungen erfüllen, schnell und gut Deutsch lernen, verlieren ihre Identität durch neue Vornamen, auf die sie in der ersten Zeit gar nicht reagieren (aus Jerzy wird Georg, aus Katarzyna - Katharina um nur einige Beispiele zu nennen) und letztendlich müssen sie auf Schritt und Tritt Zufriedenheit demonstrieren. So schirmen sie sich von den Klassenkameraden ab, wollen unter sich bleiben, um ungestört und ganz leise - da die Sprache des Herkunftslandes ja offiziell nicht gesprochen wird - polnisch oder russisch sprechen zu können, und das noch nicht vorhandene Zugehörigkeitsgefühl zur neuen Heimat läßt sie in Randständigkeit geraten. Aufgrund der vorgenannten soziokulturellen Lebenssituation der Jugendlichen sollte eine möglichst individuelle Förderung praktiziert werden. Sozialarbeit, an erster Stelle *Familienarbeit* kann in der ersten Phase, solange die Deutschkenntnisse noch nicht vorhanden sind, nur dann erfolgreich verlaufen, wenn Sozialarbeiter, Berater und Lehrer der Sprache der Herkunftslandes der Aussiedler mächtig sind.

Dies ist zwar eine sehr hohe Anforderung, die angesichts einer an unseren Schulen kontinuierlich steigenden Zahl von Kinder und Jugendlichen mit nichtdeutscher Erstsprache langfristig fast unerfüllbar, dennoch aus dreierlei Gründen nicht wegzudenken ist, da

- die Beherrschung der Heimatsprache im schulischen Alltag zur Entstehung einer Vertrauensbasis beiträgt,
- die PädagogIn zu einer Kontaktperson zwischen der Schule und dem Elternhaus wird und sie letztendlich
- sowohl für die Kinder als auch für ihre Eltern, als ein Vermittler zwischen den Kulturen fungiert.

Die Bestätigung dafür, daß dies eine unabdingbare Forderung ist, habe nicht nur ich in meiner eigenen pädagogischen Arbeit sowohl mit Aussiedlern als auch mit ausländischen Kindern erfahren, sondern auch meine Kollegen, die an anderen Schulen als Förderlehrer eingesetzt sind.

In ihrem Aufsatz *Lernerfahrungen mit Kindern von Aussiedlern und Asylbewerbern* schreibt Ingeborg Els-Velivassis folgendes:

> *Ich selbst bin Spätaussiedlerin [...] und meine eigenen Erfahrungen mit einer damals für mich fremden Kultur, mit ihrer Reizüberflutung, ihrer vermeintlichen Leichtigkeit des Seins sind mir noch gut in Erinnerung [...] Als ich dann als Grundschullehrerin im Förderunterricht eingesetzt wurde, hatte ich aufgrund meiner eigenen Lernerfahrungen zumindest einige Vorstellungen, wie ich die deutsche Sprache ausländischen Kindern vermitteln könnte.*[14]

Auch in der Arbeit von Ute Sander [15] findet sich die Erfahrung wieder, daß ihr die Russischkenntnisse bei der Arbeit mit russischsprechenden Aussiedlerkindern besonders zugute kamen und daß sie zu einer Kontaktperson zwischen Schülern, Eltern und Lehrern wurde. Die Antwort auf die Frage nach den Formen der Familienarbeit ist ganz einfach:

- Miteinbeziehen der Familie in das Schulgeschehen, ihre Mitarbeit aktivieren, die Dazugehörigkeit präsent machen und das allerwichtigste Prinzip:
- So schnell wie möglich den Eltern zu vermitteln, daß sie von den Kindern nicht sofort verlangen dürfen, die Muttersprache und die damit festgelegten Haltungen und Rollenvarietäten zu verdrängen. Daß sowohl Mehrsprachigkeit als auch Multikulturalität ein großer Gewinn für alle ist und daß die Sprache des Herkunftslandes als ein wichtiger Faktor für die Kontinuität der emotionalen und psychosozialen Weiterentwicklung zu betrachten ist.

---

[14] EDITH GLUMPLER, UWE SANDFUCHS u.a., Mit Aussiedlerkindern lernen, Braunschweig 1992, S. 128
[15] ebda, S. 106

Je schneller die Eltern davon überzeugt werden können, daß Polnisch, Russisch oder Rumänisch keine minderwertigen Sprachen sind, daß die polnischen, russischen oder rumänischen Sitten und Bräuche eine Bereicherung für die deutsche Kultur darstellen, desto erfolgreicher und problemloser gestaltet sich die Arbeit mit den Aussiedlerkindern. Bemerkenswert ist es dabei, daß es einfacher ist das Vertrauen der Eltern, die ja selbst in einer hohen Machttoleranz und Prestigebetontheit aufgewachsen sind, zu gewinnen, als das ihrer Kinder.

Meine eigenen Erfahrungen können dies anschlaulich machen: Anfänglich begegnete mir von der Seite der Aussiedlerschülerinnen Mißtrauen und eine große Zurückhaltung. Ich wurde als eine Spätaussiedlerin in der Rolle einer Förderlehrerin mit großem Argwohn betrachtet und obwohl es bekannt war, daß ich der Sprache des Herkunftslandes mächtig bin, trauten sie sich nicht, mich offiziell in der Schule auf polnisch oder russisch anzusprechen.

Da sie von zu Hause ständig dazu angehalten wurden, nur deutsch zu sprechen, verstanden sie es nicht, wieso sie an einer deutschen Schule plötzlich in der Sprache des Herkunftslandes angesprochen wurden. Die Situation erschien ihnen also recht mysteriös zu sein, zumal sie sich nicht sicher waren, ob meine Position unter den anderen Kollegen gleichberechtigt war. Die erste Zeit verbrachten wir also neben der Vermittlung der deutschen Sprache, mit dem Vertrautmachen von Unterrichtsmethoden, Lernweisen und Disziplinvorstellungen.

Bald erkannte ich aber, wie sehr die Mädchen bemüht waren, ihre Randständigkeit in der Schule aufzuheben. Der Weg, den sie dafür wählten, zeichnete sich durch großen Ehrgeiz, ausgezeichnete Arbeitshaltung und einen buchstäblichen Wissensdurst aus, und versetzte mich in Erstaunen und Bewunderung. Die erste Hürde auf der Vertrauensbasis wurde aber erst überwunden, als ich die Eltern mit ihren Töchtern (die Fördergruppe setzte sich zufälligerweise bis auf 2 Buben nur aus Mädchen im Alter zwischen 13 und 15 Jahren zusammen) zu einem Informationsgespräch mit unserem Schulrektor einlud.

Als ich später dann bei jedem Elterngespräch dabei war und, wenn es möglich war, die Partei meiner Schülerinnen ergriff, schwand auch das ursprüngliche Mißtrauen mir gegenüber entgültig. Wir unterhielten uns über die Schule, über das Leben hier und dort, über die Anforderungen der Gesellschaft und des Elternhauses und auch über die Andersartigkeit der deutschen Mädchen, die für sie freier, unabhängiger, direkter, selbstbewußter und hemmungsloser waren; für die im Vordergrund der berufliche Erfolg, Selbständigkeit und Unabhängigkeit standen und die nicht - so wie sie, die Aussiedlermädchen - vor allem zu guten Hausfrauen und Müttern erzogen wurden. Manche von diesen Eigenschaften billigten sie nicht so ganz, vor allem die Hemmungslosigkeit gefiel ihnen nicht besonders; manche aber fanden sie dagegen *super* und es klang so, als ob sie es schon jetzt, mit ihren 14 Jahren bedauern würden, daß sie es doch nicht so ganz schaffen würden, so wie die deutschen Mädchen zu sein.

MODELLE INTERKULTURELLER PÄDAGOGIK

DAS SIND WIR - Neue interkulturelle Unterrichtsideen aus dem Amsterdamer ANNE-FRANK-HAUS

Lutz van Dijk / Folkert Doedens / **Gudula Mebus** / Els Schellekens

Nicht ohne Grund war in der jüngsten Vergangenheit viel die Rede von Fremdenhaß und Gewalt. Und nicht selten wurde dabei die Schule in die Pflicht genommen - sie sollte ein Lernen gegen diese Entwicklungen initiieren. Das in niederländisch-deutscher Zusammenarbeit entwickelte interkulturelle Unterrichtsprojekt DAS SIND WIR geht von einer anderen Perspektive aus: Nicht Probleme im multikulturellen Zusammenleben stehen im Vordergrund, sondern erfahrungsorientierte Ansätze, die auf positive Perspektiven in zweierlei Hinsicht setzen:

Erstens werden alle Kinder gestärkt im Aufbau ihrer persönlichen positiven Identität des Bildes, das sie gegenwärtig von sich selbst haben und gern anderen vermitteln möchten. Insofern sind die Unterrichtsideen von DAS SIND WIR gleichzeitig auch ein Beitrag zur besseren gegenseitigen Wahrnehmung von SchülerInnen und LehrerInnen.

Zweitens wird erfahren, daß Vielfalt mehr, oft spannende, manchmal schwierige, zuweilen auch lustige und überraschende Anregungen für das Zusammenleben und das Lösen von Konflikten oder Aufgaben bieten kann. Die positive Wahrnehmung von Vielfalt kann auch dort zur Normalität werden, wo andere Kulturen gegenwärtig nicht oder noch nicht im Klassenzimmer präsent sind. Eine positive Perspektive zu zeigen, wie es anders gehen kann, bedeutet nicht zu beschönigen, wohl aber Kinder als Persönlichkeiten anzuerkennen, die auf die eine oder andere Weise gelernt haben, mit ihrer (zum Teil auch schwierigen) individuellen und gesellschaftlichen Lebenswirklichkeit umzugehen.

Wie entstand die Idee?

Erste Initiativen gingen in den achtziger Jahren von einer Gruppe schwarzer Eltern in London aus, die darüber bestürzt waren, daß sich ihre Kinder niemals mit den Inhalten und Hauptfiguren in den gewöhnlichen britischen Unterrichtsbüchern identifizieren konnten - sie kamen schlicht nicht vor. Die vom *Afro Caribean Education Resource Centre* wenig später veröffentlichten Materialien unter dem Titel OURSELVES wurden in den Niederlanden von mehreren pädagogischen Einrichtungen aufgegriffen (darunter das Anne Frank Haus) und 1990 als offizielles Unterrichtsmaterial für niederländische Schulen unter dem Namen DIT ZIJN WIJ publiziert.

Der niederländischen Bearbeitung war eine Untersuchung der bis dahin gebräuchlichen Unterrichtsbücher vorausgegangen. Ihre Kritik konzentrierte sich auf den Befund,

- daß einerseits weiße niederländische Mittelschichtskinder darin bestätigt werden, daß sie der Normalfall sind und daß sie als eigene Gruppe überhaupt bestehen. Sie verstehen sich als die WIR-Gruppe;
- daß Kinder anderer ethnischer Herkunft (aber auch anderer familiärer Zusammensetzungen oder körperlicher Erscheinungen) per se die Gruppe der anderen sind. Sie kommen in der Regel nicht vor, sie kommen als Ausnahme vor: als Problem, als Objekt des Mitleids - oder in der *fortschrittlichen* Variante - als Objekt für die *Bereicherung durch das Fremde*.

Der - in der deutschen Bearbeitung - übernommene Titel DAS SIND WIR signalisiert einen gänzlich anderen Ansatz: Wir alle, alle Kinder einer

Altersgruppe, die hier wohnen und leben, gehören zur WIR-Gruppe, gehören dazu, haben prinzipiell gleiche Rechte und verdienen Respekt vor der jeweiligen Einmaligkeit.

Pädagogische Ausgangspunkte

Folgende Aspekte wurden als pädagogische Ausgangspunkte formuliert:
- Jedes Kind und jeder Jugendliche, der hier lebt, hat das Recht dazu. Dieses Recht ist selbstverständlich und bedarf keiner Begründung.
- Pädagogisch bedeutsam ist, das Gemeinsame von Kindern und Jugendlichen - zum Beispiel einer Altersgruppe - erfahrbar werden zu lassen, ohne die Individualität des einzelnen außer acht zu lassen.
- Individualität bedeutet, jedes Kind und jeden Jugendlichen selbst bestimmen zu lassen, welche Anteile aus welchem kulturellen oder sonstigen Hintergrund er oder sie für sich in welcher Lebenssituation als bedeutsam erkennt und auswählt.
- Weil dies unter den gegebenen Bedingungen nicht selten eine immens schwere Aufgabe ist, besteht der pädagogische Auftrag vor allem darin, Kinder und Jugendliche in ihrer Suche nach einer positiven Identität zu schützen, zu stärken und anzuregen. Jede Form der Festlegung wirkt demgegenüber als zusätzliche und unnötige Erschwernis.

Überlegungen bei der deutschen Bearbeitung

Von Anfang an war klar, daß es bei einer deutschen Fassung nicht allein um eine Übersetzung der niederländischen Materialien gehen könnte: Nicht nur weil in der deutschen Gesellschaft andere ethnische Gruppen vertreten sind, sondern bedeutsamer ist noch, daß es in Deutschland andere geschichtliche Erfahrungen und kulturelle Traditionen im Umgang mit Fremdem gibt.

Nach zahlreichen Anfragen deutscher Lehrerinnen und Lehrer nach einer deutschen Fassung des niederländischen DIT ZIJN WIJ-Materials begann Anfang 1993 auf Initiative des Anne Frank Hauses sowie des Pädagogisch-Theologischen Instituts und des Instituts für Lehrerfortbildung (beide in

Hamburg) eine deutsch-niederländische PädagogInnen-Gruppe mit ersten Planungen. In Hamburg wurde eine Projekt-Entwicklungsgruppe eingerichtet, an der Lehrerinnen und Lehrer aus verschiedenen Schularten teilnahmen. Auch waren Mitglieder aus verschiedenen ethnischen Gruppen eingeladen. Zur Bearbeitung gehörte außerdem eine Erprobung des größten Teils des Materials in Schulklassen, bevor die jetzt veröffentlichte Fassung geschrieben wurde. Diese Erprobung fand sowohl in alten wie neuen Bundesländern statt (Baden-Württemberg, Hamburg, Hessen, Mecklenburg-Vorpommern, Nordrhein-Westfalen und Sachsen), in allen Schularten - von der Förderschule bis zum Gymasium - und sowohl in städtischen wie ländlichen Regionen.

Für welche LehrerInnen?

Das DAS SIND WlR-Projektpaket richtet sich an alle Lehrerinnen und Lehrer, die in den Klassen 4 - 6 aller Schularten im Unterricht (Deutsch, Sozialkunde, Religion, Darstellendes Spiel, Kunst u.a.) oder in Projekten neue interkulturelle Ideen verwirklichen wollen. Gedacht ist daran, das DAS SIND WIR-Projekt über einen längeren Zeitraum (von bis zu zwei Jahren) zu einem regelmäßig wiederkehrenden Bestandteil des Unterrichts werden zu lassen. Es ist aber auch möglich, einzelne Bausteine des Projekts in wenigen Unterrichtsstunden gezielt zu bestimmten Themen einzusetzen. Im Rahmen des LehrerInnen-Handbuchs werden Empfehlungen gegeben für den Einsatz sowohl in Klassen mit vielen als auch mit wenigen oder keinen *ausländischen* Kindern. Es geht hierbei niemals um einen *Super-Lehrer*, der unbegrenzt Zeit hat und alle neuen methodischen Ansätze bereits kennt, sondern um die Ermutigung für alle Kolleginnen und Kollegen. Die kritisch gegenüber traditionellen Wegen des moralischen Warnens und Wertevermittelns oder einem herkömmlichen *Wir und die anderen*-Denken sind.

Für welche Kinder?

Die Suche nach einer positiven Identität ist für alle Kinder von existentieller Bedeutung. Auch Kinder, die in Deutschland geboren sind und Deutsch als Muttersprache sprechen, sind heute mit einer Vielzahl sich widersprechender Erwartungen konfrontiert, die zu tiefen Verunsicherungen führen können. Menschen, die ihre eigenen Möglichkeiten und Grenzen realistisch einzuschätzen vermögen, ohne ihre Sehnsüchte preiszugeben - die sich selbst nicht fremd sind - sind weniger darauf angewiesen, alles Fremde abzuwehren. Eines der zentralen Ziele des DAS SIND WIR-Projekts ist deshalb auch die Verbesserung der Kommunikation in der Klasse. Darunter wird verstanden, möglichst allen Kindern

- ein sicheres Gefühl zu geben, wenn sie sich äußern (aber auch, wenn sie sich nicht äußern) möchten,
- unterschiedliche - verbale und nonverbale - Zugänge zur Kommunikation zu ermöglichen,
- eine Wertschätzung ihrer unterschiedlichen (mutter- und fremdsprachlichen und weltanschaulichen) Äußerungen zu vermitteln.

Die Erfahrung, daß zugehört wird, daß unterschiedliche Äußerungsformen und Sichtweisen nicht nur zulässig, sondern gewünscht sind, kann befreiend wirken: Gewalt als Mittel zur Durchsetzung der eigenen Ansicht oder des eigenen Willens wird dort überflüssig, wo meine Meinung gehört und respektiert wird.

Die Bestandteile des DAS SIND WIR-Projektes

Das DAS SIND WIR-Projektpaket besteht aus einem Handbuch für LehrerInnen, 30 Lesebüchern mit Geschichten für SchülerInnen und einem Videofilm.

Das Lesebuch

Alle im DAS SIND WIR-Lesebuch berichtenden sechs Kinder sind zwischen zehn und zwölf Jahre alt. Sie wohnen in Deutschland und gehen dort zur Schule. Es sind drei Jungen und drei Mädchen, die in den Geschichten von Erlebnissen berichten, die ihnen im Augenblick besonders wichtig sind: Kleidung, Freizeit, Verliebtsein, Umziehen, Familie, Sport... Es sind reale Kinder, die auch in Fotos gezeigt werden. Um welche Kinder geht es? Olivias Eltern kommen aus Ghana; Stefan ist mit seiner Familie innerhalb Deutschlands von einer Großstadt in ein Dorf umgezogen; Gülçihans Eltern kommen aus der Türkei; Irfan ist erst vor wenigen Monaten aus Kurdistan als unbegleiteter jugendlicher Flüchtling eingereist; Sadber, ein Roma-Mädchen, und ihre Familie stammen aus Mazedonien und Filipp, ein jüdischer Junge, ist vor gut einem Jahr mit seiner Familie aus Rußland gekommen. Fraglos hätten es auch mehr und andere Kinder sein können. Entscheidend ist, daß die Kinder gemeinsam Vielfalt illustrieren und unsere Wahrnehmung von Vielfalt geschärft wird. Obwohl die Kinder deutlich unterschiedlicher familiärer, sozialökonomischer, weltanschaulicher und ethnischer Herkunft sind, repräsentieren sie nicht bestimmte Gruppen. Jedes Kind für sich ist einmalig, auch in der Verarbeitung dieser unterschiedlichen Einflüsse. In ihrer Einmaligkeit stehen sie gegen jede Form der Stereotypisierung. Gleichzeitig sind die Geschichten keine Biographien der Kinder. Es werden bestimmte Erlebnisse deutlich, die die

Kinder jetzt beschäftigen - auch: wie sie gesellschaftliche Wirklichkeit aktiv verarbeiten. Dies wird auf altersgemäße Weise und aus der Perspektive der jeweiligen Kinder beschrieben. Andere Kinder werden sich damit identifizieren oder auseinandersetzen können - in jedem Fall wird Neugier geweckt.

Lesenlernen als emanzipatorischer Prozeß
Zweisprachige Alphabetisierung (deutsch/türkisch) an der Nürtingen Grundschule in Berlin-Kreutzberg - Entstehungsgeschichte und Erfahrungsbericht

Karin Birnkott-Rixius

Eine niedliche Maus brachte alles ins Rollen...
Heute sollte das <s> anhand einer niedlichen Maus gelernt werden. Sie hatte ein rosa Näschen, ein Schleifchen zwischen den rundlichen Ohren, und hieß *Elsa* (dem <s> zuliebe). Die Kinder sahen uns skeptisch an: Ahja, eine Maus mit Schleife, ist ja ulkig. Die gelangweilte Reaktion unserer Schüler ließ uns stutzig werden. Als wir nachfragten, platzte die Neuigkeit, das Thema Nr.1 unter den Kindern unserer Schule, in die Unterrichtsstunde: Auf dem Schulhof war ein Kind von einer Ratte gebissen worden! Krasser konnte ein Gegensatz nicht sein: Auf der einen Seite die helle Aufregung der Kinder über den Rattenbiß. Auf der anderen Seite unser Unterricht mit *Elsa*, der harmlosen, niedlichen Maus.
Zugegeben, ein Rattenbiß ist in unseren Breiten ziemlich ungewöhnlich, aber ähnliche Gegensätze von Unterricht und Lebensrealität kommen im Schulalltag ständig vor. Daß die meisten Kinder trotzdem lesen lernen, streiten wir nicht ab. Aber die Kinder lernen auf diese Weise auch, daß ihre Lebenserfahrung in der Schule keinen Platz hat, daß Lesen eine entfremdete Tätigkeit ist. Es ist dann eigentlich nicht verwunderlich, daß auf solche Weise entfremdet alphabetisierte Menschen nicht mehr lesen, sobald sie die Schule verlassen.

Grundsätze unserer pädagogischen Arbeit

Wesentliche Grundsätze für unsere weitere Arbeit fanden wir u.a. bei Paolo Freire und bei dem türkischen Reformpädagogen I. H. Tonguc formuliert.[1] Freires Pädagogik knüpft an die Sprache und Kultur der Unterdrückten an, die nicht lesen und schreiben können. Die ersten Alphabetisierungskampagnen wurden Anfang der 60er Jahre mit brasilianischen Landarbeitern durchgeführt. Das Lesen- und Schreibenlernen wird verbunden mit der sogenannten politischen Alphabetisierung: die Menschen sollen *ihre* gesellschaftlichen und kulturellen Wurzeln erkennen lernen, um langfristig *ihre* Instrumente zur Veränderung ihrer benachteiligten Lage entwickeln zu können. Ein wichtiges Instrument für die politische Alphabetisierung steckt in Freires anthropologischem Konzept der Kultur, weil es die unterdrückten Menschen und ihre Alltagskultur in den Mittelpunkt stellt. Ihnen soll anhand ihres täglichen Tuns ihre kulturelle Bedeutung und Identität bewußt gemacht werden. Durch das Bewußtmachen *ihrer* Alltagskultur werden sie selbstbewußter und lernbereiter. Die Bewußtmachung ist ein zentraler Begriff in Freires Pädagogik, geschieht aber nicht so, daß die Landarbeiter von den Pädagogen belehrt werden, indem diese ihnen die *richtige* Interpretation präsentieren - sie kann erst im Dialog wirksam werden.

Ein wichtiges Anliegen der Freireschen Pädagogik ist es, die negative Kultur des Schweigens bei den Unterdrückten zu überwinden. Dieses Schweigen ist auch Ergebnis von verinnerlichter Unterdrückung der Menschen. Im extremen Fall ist die Kultur des Schweigens das Ergebnis bewußter kultureller Invasion - eine Theorie, die Freire bei seiner Arbeit in den

---

[1] siehe dazu: „Dorfinstitute in der Türkei – Ein Beitrag zur pädagogischen Innovation", von PERIHAN ÜGEÖZ, FU Berlin, 1989 und „Pädagogik der Unterdrückten" von PAOLO FREIRE, Rowolt Taschenbuchverlag, 1973

portugisischen Kolonien entwickelt hat. Auch ein wohlmeinender Pädagoge kann die Kultur des Schweigens durch seine unbewußte kulturelle Invasion verstärken, wenn er den Lernenden seine Normen und Erfahrungen aufdrängt, anstatt *mit ihnen* im Dialog zu lernen. Aus dieser Sicht wird auch das aufwendige Verfahren beim Auffinden des sprachlichen Lernstoffs für die Analphabeten verständlich:

Ein interdisziplinäres Team lebt wochenlang in der Region der Analphabeten und macht sogenannte Situationsrecherchen, d.h. studiert die Lebensbedingungen und versucht, die Schlüsselwörter für die wichtigsten Lebenssituationen zu ermitteln. [2]

Sie haben dann die Schlüsselwörter kodiert, d.h. Bilder daraus entwickelt, und sind mit den Bildern und den dazugehörigen Schlüsselwörtern (das war dann praktisch der Leselehrgang) wieder in das Gebiet zurückgegangen. Hier haben sie gemeinsam mit den Analphabeten erforscht und überprüft, ob sie einerseits wirklich eine Schlüsselsituation getroffen hatten und ob sich andererseits der emanzipatorische Anspruch des Alphabetisierungsansatzes realisieren ließ. Die Menschen in diesem Gebiet sollten nicht nur lesen lernen, sondern beim Lesenlernen bereits die Umwelt reflektieren und gegebenenfalls Handlungsansätze finden, um sie zu verändern.

Wenn Lernen, und somit auch Lesenlernen, sich nicht in der bloßen Rezeption von Wissen erschöpfen, sondern immer die Handlungsfähigkeit des Lernenden erweitern soll, müssen Unterrichtsorganisation und vor allem Unterrichtsthemen den Lernbedürfnissen entsprechend neu gestaltet und überdacht werden.

---

[2] "In zwei Sprachen lesen lernen - geht denn das?",in: Beltz Praxis, Reihe "Interkulturelle Erziehung in der Grundschule" von M. NEHR u. a. , S. 28f

Neu war für uns in dem Freireschen Ansatz vor allem, die Verbindung herzustellen zwischen dem Erwerb der Kulturtechnik *Lesen* und dem Anspruch emanzipatorischen Lernens. Bei einer Übertragung des Konzepts hatten wir folgende Fragen zu klären: Was sind nun Themen und Wörter, an denen die Lesetechnik in zwei Sprachen erworben werden kann und bei deren Erarbeitung die Kinder gleichzeitig lernen, sich an der Gestaltung ihres Lebens, an Veränderungen in ihrer Umgebung, an gesellschaftlichen Prozessen zu beteiligen? Aus welchen Inhalten können sie Kenntnisse und Erkenntnisse gewinnen, die für sie zentrale Bedeutung haben? Es ging uns nicht nur darum, daß die Lesewörter und Texte lebensnah waren, also mit dem Leben der SchülerInnen etwas zu tun hatten. Unser Anspruch ging im Freire'schen Sinne weiter: Die Lesewörter sollten möglichst so gewählt sein, daß sie einen *Nerv* der Lebensumstände türkischer und deutscher Kinder treffen. Sie sollten die Schüler dazu anregen, ihre Lebenswirklichkeit zu vergleichen, um sich und die anderen besser zu verstehen und Handlungs- und Einwirkungsmöglichkeiten entwickeln zu können.

Bei der Durchsicht herkömmlicher Fibelwerke unter diesem inhaltlichen Aspekt fiel uns auf, wie eindeutig sie auf die Vermittlung bestehender Mittelschichtnormen ausgerichtet sind. Da wir es als LehrerInnen ja meistens auch sind, entsprechen solche Inhalte durchaus unseren Normvorstellungen und Erfahrungen. Aber für SchülerInnen aus anderen Ländern oder anderen schichtspezifischen Lebensbedingungen stellen die Inhalte dieser Fibeln oft einen Bruch zu ihren Erfahrungen und Normen dar. Uns fiel auf, daß dies in besonderem Maße auf türkische SchülerInnen zutraf. In herkömmlichen Fibeln kommen ihre Erfahrungen und ihre kulturellen Lebenshintergründe nicht vor. Allenfalls gibt es einen obligatorischen, etwas *zwanghaften* Text unter dem Motto *Das arme türkische Kind*. Meistens

enthalten die Fibeln eine Seite über Behinderte und eine über Ausländer. Auf dieser Seite steht nicht selten ein türkisches Kind in einer Ecke und weint, weil es nicht mitspielen darf.
Mit solchen Unterrichtsinhalten produziert die Schule eine *Kultur des Schweigens* bei denjenigen Schülern, deren Lebenswelt nicht oder völlig verzerrt Gegenstand des Unterrichts ist. Sie nehmen dann nur wahr, daß sie den dargestellten Vorstellungen nicht entsprechen, und entwickeln Bewußtseinsstrukturen, die sie langfristig daran hindern (sollen), sich selbst und die eigene Kultur auch als wertvoll wahrzunehmen.

Themensuche und dialogisches Arbeiten im Unterricht
Nachdem wir uns dazu entschlossen hatten, neue Unterrichtsinhalte in unsere Fibel aufzunehmen, machten wir ein Jahr lang umfangreiche Recherchen, um herauszufinden, welche Themen für unsere SchülerInnen lebensbestimmend sind. Die wichtigste Quelle für unsere Nachforschungen waren natürlich die Kinder selbst. Das, was wir durch sie im Unterricht erfuhren, reflektierten wir noch auf der Ebene unserer langjährigen eigenen Erfahrungen mit der Lebenswelt unserer Schüler und ergänzten diese Recherchen mit Informationen von *Experten*, d.h. von ehemaligen SchülerInnen und kiezbezogen arbeitenden Lebenshilfegruppen. Es dauerte einige Zeit, bis die SchülerInnen und wir lernten, so offen miteinander umzugehen,daß wir aufeinander hören und voneinander lernen konnten. Und es ist einige Arbeit nötig, den Kindern deutlich zu machen, daß sie die Dinge im Unterricht einbringen dürfen, die sie wirklich betreffen. Dabei ging es im Wesentlichen darum, daß wir unsere Rolle als LehrerInnen neu finden mußten. So beobachteten wir häufig, daß wir trotz bester Vorsätze bei der

Bearbeitung wichtiger Themen mit den SchülerInnen *unsere* Vorstellungen von dem, was dabei herauskommen sollte, in den Vordergrund stellten.
Um zu einem wirklichen Dialog zu kommen, mußten wir vor allem unsere Angst vor dem ungewissen Ausgang einmal eingeleiteter Prozesse überwinden, daß wir sie nicht mehr einseitig steuern, sondern unsere Schüler sie mitbestimmen können. An einem Beispiel wollen wir deutlich machen, auf welchen Wegen und Umwegen wir zu den Themen in den Fibeln gekommen sind:
Bei unseren Voruntersuchungen zur sozialen Lage der Arbeitsimmigranten waren wir auf ihre besonders eklatante Wohnmisere aufmerksam geworden.[3] In der Planungsgruppe überlegten wir, daß sich diese Wohnsituation auf das Leben der Kinder auswirken müßte. Ein Berührungspunkt dieses Themas mit der Schule waren die Hausaufgaben. Es gab immer wieder Probleme mit dem Zustand der Schulhefte und Arbeitsbögen, die teilweise nicht ankamen, teilweise schmutzig oder zerknüllt waren. Wir wußten von Hausbesuchen, daß viele Kinder zu Hause, eben wegen der beengten Wohnverhältnisse, keinen Platz hatten, an dem sie in Ruhe ihre Hausaufgaben machen konnten. Als Gesprächsanlaß wählten wir eine Kinderzeichnung aus, die ein Schüler aus der 4. Klasse gemalt hatte. Sie zeigt das Familienleben in beengten Wohnverhältnissen und ein etwas ratlos aussehendes Kind, das Platz für seine Hausaufgaben sucht.
Wir dachten, die SchülerInnen thematisieren nun, daß sie Probleme haben, zuhause ihre Hausaufgaben sauber zu machen. Aber das war gar nicht der Konflikt der Kinder! Sie hatten ein Problem mit den konträren Anforderungen zwischen Schule und Elternhaus. Sie sagten:

---

[3] Siehe dazu: "Soziale Lage der Mieter in SO 36", Eine repräsentative Erhebung der Wohn- und Lebensverhältnisse der Mieter in Kreuzberg SO 36, ersch. Febr. 1986

Da schiebt man auf dem Tisch die Sachen alle zusammen und auf einer Ecke kann man wunderbar die Hausaufgaben machen! Aber Probleme bekomme ich, wenn dann mein kleiner Bruder kommt und meinen Stift haben will oder meinen Arbeitsbogen oder er in meinen Sachen herumkritzelt. Ich darf ihn nicht wegschubsen oder wegscheuchen, denn er darf das!

In türkischen Familien haben die kleinen Kinder nämlich einen gewissen Freiraum, den die größeren tolerieren müssen. Und die Kinder erzählten nun Geschichten von ihren jüngeren Geschwistern und von den Normkonflikten, in die sie gerieten, weil den jüngeren Geschwistern zuhause bestimmte Dinge erlaubt sind, die wir Lehrerinnen in der Schule nicht akzeptieren! Der eigentliche Konflikt der Kinder lag in diesem Fall also auf einer ganz anderen Ebene, als wir vermutet hatten.

Wir haben sehr erfolgreich mit den SchülerInnen daran gearbeitet, wie eine für alle Beteiligten zufriedenstellende Lösung dieses Konfliktes aussehen könnte. Und wir haben sogar eine praktizierbare Lösung gefunden. Das gibt es nicht bei jedem Thema. Es gibt Themen, wie z.B. *Die Arbeit des Vaters*, da können die SchülerInnen keine wirkliche Lösung finden. Sie können höchstens ein Bewußtsein davon bekommen, daß sie mit ihrem Problem nicht alleine stehen oder eine Vorstellung davon bekommen, daß sie nicht immer an allem schuld sind.

Den Konflikt mit den Hausaufgaben und den kleineren Geschwistern wollten sie mit uns aushandeln, denn eine Veränderung im häuslichen Bereich schien ihnen (noch) nicht praktikabel und notwendig.

Jedes Kind bekam in der Klasse ein Fach, wo es alle seine Schulsachen lassen konnte. Wir haben den Unterricht so organisiert, daß die meisten Hausaufgaben in der Schule erledigt werden konnten, (z.B. in Eckstunden, die Teilungsstunden waren). So gab es also eine wirkliche Lösung, mit der wir alle zufrieden waren: Wir Lehrerinnen waren zufrieden, ordentliche Arbeitsbögen zu bekommen. Und wir hatten eine Menge über die Beziehungen und Rollen in türkischen Familien gelernt. Die SchülerInnen waren zufrieden, weil jetzt die Anforderungen für sie erfüllbar waren. Sie hatten verstanden, wodurch der Konflikt ausgelöst wurde, und hatten die Erfahrung gemacht, daß ein Normenkonflikt zwischen Außenwelt und Elternhaus nicht immer durch Anpassung an die Außenwelt gelöst werden muß. Damit bekam das Thema im oben genannten Sinn einen Handlungsaspekt. Die SchülerInnen konnten ein Problem durch Veränderung der Situation für sich lösen.

Wir hatten durch das dialogische Arbeiten mit den Schülern zwar nicht das Problem der engen Wohnverhältnisse thematisieren können, aber andere wichtige Wörter für unseren Leselehrgang gefunden.

Welche Konflikte beengte Wohnverhältnisse für die Kinder bewirken können, wurde erst in Rollenspielen zur Schlüsselsituation *Vater kommt von der Arbeit* deutlich. Der schlafende Vater auf der Kinderzeichnung läßt schon ahnen, was passiert, wenn die Kinder spielen möchten.[4]

Den oben dargestellten Normenkonflikt für türkische Kinder haben wir dann in den türkischen Fibelteil eingearbeitet. Die von Ilhan Dögmeci gestaltete Kodierung führte bei der Evaluation des Erprobungsentwurfs in den meisten Klassen auch zu lebhaften Gesprächen und praktikablen Lösungsstrategien. Aber noch etwas sollte an diesem Beispiel deutlich werden: Wenn die LehrerInnen wirklich offen sind für die Themen ihrer SchülerInnen, werden die Schüler den Gesprächsanlaß nutzen, um ihre spezielle Betroffenheit einzubringen. Deshalb wird es zu den entsprechenden Fibelseiten immer

---

[4] siehe dazu: In zwei Sprachen lesen lernen - geht denn das?, in: Beltz Praxis, Reihe "Interkulturelle Erziehung in der Grundschule" von M. NEHR u. a.

wieder neue Versionen und andere Schwerpunkte geben, als im Fibeltext dargestellt. Der Fibeltext gibt nur eine mögliche Version des Themas, die wir mit unseren Schülern gefunden haben.

Es war unglaublich spannend, den Gesprächen und Überlegungen der Kinder zu folgen und zu sehen, wie kleine Kinder im ersten Schuljahr familiäre und gesellschaftliche Verhältnisse und schulische Probleme bereits relativ bewußt wahrnehmen. Wenn sie dann noch gelernt haben, nachzufragen und nach Einflußmöglichkeiten zu suchen, wird der Leselernprozeß zum Abenteuer für alle Beteiligten. Oft genug waren wir LehrerInnen sprachlos angesichts der Fragen unserer Schüler und auch hilflos in bezug auf Lösungsmöglichkeiten. Manche Fragen konnten wir überhaupt nicht beantworten. Zum Glück! sagen wir uns jetzt, denn für den Prozeß wäre es schlimm gewesen, wenn wir auf alles schon fertige Antworten gehabt hätten! So hatten auch wir Gelegenheit, eine Menge zu lernen.

Einarbeitung der gefundenen Wörter und Themen in einen systematischen zweisprachigen Leselehrgang

Auf diese Weise haben wir also mit den Kindern wichtige Themen gefunden. Wir erstellten eine Liste dieser Themen, die wir Schlüsselthemen nennen. Dann filterten wir einzelne Wörter (Schlüsselwörter) heraus, die für den synthetisch-analytischen Leselernprozeß in zwei Sprachen geeignet erschienen, und überlegten uns, wie wir sie in einen koordinierten Leselehrgang in zwei Sprachen einfügen könnten.

Das dialogische Lernen steht in einem gewissen Widerspruch zur Systematik eines Leselehrgangs. Wir wollten aber auch erreichen, daß die Kinder zweisprachig lesen lernen, weil das auch Teil ihrer Lebensbewältigung und

Teil ihres Bewußtwerdens ist. Durch die synthetisch analytische Leselernmethode sollen sie möglichst früh in die Lage versetzt werden, die Mechanismen der Wortbildung der beiden alphabetisch verschrifteten Sprachen (Deutsch und Türkisch) zu entdecken und aufeinander zu beziehen (frei nach P.Freire).

Daß sie lesen lernen in zwei Sprachen, war die eine Aufgabe. Und diese Aufgabe ist ohne eine gewisse Systematik kaum zu bewältigen. Die andere war eben, daß die Inhalte auf die Lebenssituation der Kinder ausgerichtet sein sollten und in der unterrichtlichen Beschäftigung damit Strategien zur Lebensbewältigung angeregt und entwickelt werden sollten. Dazu bedarf es einer großen Offenheit. Diesen Spagat haben wir mit dem vorliegenden Material gewagt, und mit uns mehr als 60 türkische und deutsche LehrerInnen in den Schulversuchsklassen, in denen der Leselehrgang von 1986 an mit Erfolg erprobt wurde.

Die Frage ist jetzt, wie kann man die vielfältige Aufgabenstellung in einen Leselehrgang integrieren?

- Wir haben nicht jedes Graphem mit einem Schlüsselthema verbunden. Das könnte man machen, aber dann hätten wir für die Alphabetisierung die ganze Grundschulzeit gebraucht. Und das wäre sicherlich nicht akzeptiert worden.
- Es gab Konzessionen an die Vorstellung, daß der Leselehrgang auch woanders benutzbar sein sollte als in Kreuzberg. Kreuzbergspezifische Themen haben wir daher - leider! - wieder aus der Liste der Schlüsselthemen herausgenommen, z.B. "Punk" bei "P" - ein unglaublich spannendes Thema, das jedoch in anderen Berliner Wohnbezirken nicht die gleiche Brisanz hatte.
- Im Laufe der Evaluation haben wir aufgrund der Einwände von KollegInnen Kompromoßlösungen erarbeitet. Wenn Themen von vielen KollegInnen so blockiert wurden, daß sie sie nicht in den Unterricht aufnahmen, nahmen wir sie aus den ersten Fibelentwürfen heraus. So z. B. das Thema "Moschee" und "Kopftuch", sowie "Polizei/Ausweisung",

vor dessen offener Behandlung die meisten KollegInnen zu große Bedenken hatten.

Der vorliegende Leselehrgang enthält nun Wörter, Texte, beschreibt Situationen, die wir folgendermaßen unterteilen:
1. *Schlüsselthemen und Schlüsselwörter* wie z.b. im deutschen Teil: Oma, im türkischen Teil: abla
2. *Interkulturelle Schlüsselwörter* wie z.b. im deutschen Teil: Gast, im türkischen Teil: dede
3. *Lebensnahe Situationen allgemeiner Art* wie z.b. im deutschen Teil: malt, im türkischen Teil: atla
4. *Sinnvolle Wörter* wie z.b. im deutschen: Ball, im türkischen Teil: elma
5. *Arbeit mit den Schlüsselthemen im Unterricht*

Zur besseren Verständlichkeit unseres Vorgehens beim dialogischen Lernen, das wir als Unterrichtsprinzip verstehen, geben wir hier eine Übersicht. Die Phaseneinteilung geschieht zwar in Anlehnung an P. Freires Erziehungsplan, ist aber nicht mit diesem identisch.

1. Phase: Offener Dialog über Probleme und Themen, welche die Schüler beschäftigen

In dieser Phase kommt es vor allem darauf an, das spezielle Thema der Schüler zu finden, ihre besondere Fragestellung aufzunehmen, um sie anschließend zum Unterrichtsgegenstand machen zu können. Gut bewährt haben sich Zeichnungen und Fotos zu Themenkomplexen, wie sie auf den Fibelseiten zu finden sind, sowie das bloße Nennen oder Anschreiben eines Schlüsselwortes. Vor jedem weiteren Medieneinsatz muß die Wirkung des Mediums im Hinblick auf eine mögliche Einengung genau bedacht werden. Dazu ein Beispiel:

In drei ersten Klassen wurden zur Bearbeitung des Schlüsselworts "Mama" verschiedene Einstiege gewählt. In der ersten Gruppe führte die Vorführung

einseitigen Gespräch über Konsumwünsche der Kinder, speziell der Mädchen (auch ein wichtiges, aber ein anderes Thema).

In der zweiten Gruppe führte die Betrachtung inniger Mutter-Kind-Fotos bei einigen Mädchen zu einer geradezu verherrlichenden Mutterbeschreibung; einige Jungen dagegen wurden in ihrem Verhalten aggressiv und zogen sich aus dem Gespräch zurück. Eine weitere Bearbeitung im Unterricht war nicht mehr möglich.

In der dritten Gruppe kam dann durch die Präsentation widersprüchlicher Mutter-Kind-Beziehungen ein lebendiger Dialog zustande, der zu der zentralen Frage führte: „Mama, warum schimpfst du manchmal mit mir?"

2. Phase: Inividuelle Auseinandersetzung mit dem Thema

Immer wieder wird bei der Bearbeitung emotional für die Kinder bedeutsamer Themen deutlich, daß manche Kinder in ihrer großen Not einer direkten Hilfe eines Erwachsenen bedürfen. In den seltensten Fällen haben wir ein solch spezielles Schicksal zum Unterrichtsthema gemacht, weil die Kinder dies auch nicht wollten. Hier hat dann die notwendige Schulsozialarbeit einzusetzen. Für die meisten SchülerInnen führt die Thematisierung und Untersuchung ihrer Lebensbedingungen zu einer Persönlichkeits-Stabilisierung, zu einem neuen Selbstbewußtsein, weil dadurch Hintergründe beleuchtet wurden und sie in der Gruppe die Erfahrung machen konnten, daß sie mit ihren Problemen nicht allein dastehen, auch wenn ihr ganz spezielles Schicksal nicht Unterrichtsgegenstand wurde. Dennoch ist es für die Bewußtwerdung von größter Bedeutung, daß die SchülerInnen ihre ganz besondere Situation überdenken. Für diese individuelle Auseinandersetzung mit dem Thema hat sich das Malen von kommentierten Skizzen bewährt. Zu Beginn des 1. Schuljahrs

sich das Malen von kommentierten Skizzen bewährt. Zu Beginn des 1. Schuljahrs schrieben die LehrerInnen den Schülerkommentar auf. Später, zu individuell sehr verschieden Zeitpunkten und Anlässen, schrieben die SchülerInnen dann selber. Die Schülerarbeiten wurden in Schnellheftern gesammelt, oder in Form von Wandzeitungen zusammengeklebt und waren dann vor allem im 2. Schuljahr beliebtester Lesestoff.

3. Phase: Analyse des Problems

Die exaktere Einkreisung eines Konflikts durch offenes Rollenspiel über die Diskussion von Planspielen bis zur gezielten Aufarbeitung in einem Theaterstück ist eine mögliche Analyseform. Eine andere, von uns am häufigsten angewandte Methode ist die der gezielten Befragung in Form von Einzelinterviews, Gruppenbefragungen, sowie die Fotodokumentation. Je weiter die Lesefähigkeit der SchülerInnen entwickelt ist, umso mehr können auch schriftliche Informationen hinzugezogen werden, wobei es uns wichtig erscheint, darauf hinzuweisen, daß auch in dieser Phase die SchülerInnen möglichst selbständig und nach eigenen Fragestellungen arbeiten sollten.

4. Phase: Auswertung und Reflexion

Bei der Auswertung der Analyseergebnisse müssen die LehrerInnen natürlich Hilfestellung leisten, sowohl beim Übersichtlichmachen des Materials, als auch bei der Zusammenfassung der Ergebnisse. Mit zunehmender Erfahrung mit dieser Unterrichtsform können die SchülerInnen aber auch diese Phase allein oder zumindest mit nur wenigen Hilfestellungen leisten.

Die LehrerInnen müssen vor allem in dieser Phase darauf achten, daß sie in die Ergebnisse nicht ihre Sehweise hineininterpretieren und so die mögliche

Problemlösung einseitig beeinflussen. Das heißt natürlich nicht, daß sie ihre Meinungen nicht einbringen sollen, aber sie soll als eine mögliche und nicht als die Meinung gekennzeichnet werden.

Wenn alles gesichtet und zusammengefaßt ist, ergeben sich entweder neue Fragestellungen, die weiter bearbeitet werden sollten, oder es ergibt sich ein zumindest vorläufiges Ergebnis, das ausführlich besprochen werden muß. Häufig kehren die Kinder selbst zum Ausgangsdialog, oder zu Rollenspielen und Anfangstexten zurück und versuchen, mögliche Lösungswege zu finden, die nicht selten zu einem neuen Unterrichtsprojekt führen.

5. Phase: Veränderung der Situation

Wie schon oben angedeutet, ist es nicht immer möglich, zu einer realen Veränderung der Situation zu kommen. Dazu haben Kinder zu wenig Macht. Aber es gibt oft schulinterne oder auch öffentliche Möglichkeiten für einen Handlungsansatz, wobei auch hier der Spielraum mit zunehmendem Alter der Schüler weiter wird. Wir geben zu bedenken, daß sich SchülerInnen zumindest an der öffentlichen Meinungsbildung beteiligen können durch Plakatierungen, Flugblätter, Straßentheater, Briefe an Verantwortliche und Zeitungen, Gestalten einer Schülerzeitung, Teilnahme an Protestveranstaltungen und vieles mehr. Mit Erst- und Zweitklässlern fanden wir folgende Möglichkeiten der Einflußnahme auf Bedingungen ihrer Umwelt:

- Veränderung der Ausgangsbedingungen, wie beim Thema kleine Geschwister/Hausaufgaben (s.o.)
- Befragung der Eltern, Wandzeitung und Theaterspiel für die Eltern zum Thema *Vater*
- Einübung von Verhaltensweisen im Umgang mit Hunden zum Thema *Hund*
- Kontaktaufnahme mit alten Menschen/ gemeinsame Aktivitäten zum Thema *Oma*

- Ausstellung zum Thema *Was ist Frieden?*
- Schaffung eines Schulgartens, Plakatierung und Flugblattaktion wegen Zerstörung der ersten Aussaat

Zusammenstellung der Schlüsselwörter und Themen beider Fibeln

Abschließend gebe ich einen ersten Überblick über die Schlüsselthemen und interkulturellen Themen der Fibeln, dazugehörige Fibelseiten, Einführungswörter und *Zusatz-* bzw. *Brückentexte:*

Deutsch	Türkisch
	S. 3 *alma* Thema: kleinere Geschwister, familiäre Rollenverteilung, Konflikt mit schulischer Erwartungshaltung und gesellschaftlicher Peergrouporientierung
	S. 4 Vorlesetext *Kardesim Mine* Thema: Kleine Schwester/Mutter
S.4 *Mama* Thema: Mutter-Kind-Beziehung, Ablösungskonflikte, Brüche zwischen Mutterbild und Realität (schimpfende, drogenabhängige, immer gehetzte, nicht anwesende, kranke Mutter) Doppelbelastung der Mütterrolle der Frauen	
S. 6 *Nina* Thema: Freundschaft, speziell zwischen deutschen u. türkischen Kindern, Hindernisse :Verbote der Eltern, beengte Wohnverhältnisse, kulturelle Verschiedenheiten z.B. Feste, Religion, Eßgewohnheiten, Sprachbarriere, Erziehungsnormen, Vorurteile	
	S.7 *Nil* Thema: Freundschaft
S.7 Vorlesetext *Freunde* Thema: Freundschaft zwischen einer Rose und einem Marienkäfer (Schülertext)	
	S.10 *Emine Abla* Thema: Große Schwester, traditionelle Rollenverteilung in der türkischen Familie und ihre Brüche in der vereinzelnden Industriegesellschaft *Abla* als Erziehungsbeauftragte der Eltern, 7-jährige *Abla*, (Ruhm und Fluch), Rollenkonflikt zwischen verantwortungsbewußtem Verhalten zu Hause und Kinderrolle in der Schule.

INTERKULTURELLE MÄDCHENARBEIT –

MÄDCHENFÖRDERUNG INNERHALB UND AUßERHALB DER SCHULE

... wer hätte das gedacht: Mädchen sind nicht gleich Mädchen! – Ausländische Mädchen in deutschen Schulen: Koedukation und der Beitrag der LehrerInnen zu einer bewußten Mädchenförderung

Nicole Kraheck

Alarmstufe Rot!

Koedukation als Zauberformel eines emanzipatorischen Ansatzes hat sich nicht bewährt. Obwohl die Einführung der Koedukation in den 70er Jahren an bundesdeutschen Schulen allgemein die Regel geworden ist[16] und dafür gesorgt hat, daß Mädchen (endlich) gleichberechtigte und gleichartige Bildungsangebote eingeräumt und Mädchen prinzipiell der Zugang zu allen Ausbildungsstätten und beruflichen Bereichen geöffnet wurde, gibt es genügend Anlässe dafür, über die Koedukation neu zu diskutieren bzw. sie kritisch zu hinterfragen. Tatsache ist:

(...), daß trotz der gemeinsamen Unterrichtung von Jungen und Mädchen und (mindestens) gleichen Leistungsstandes der Geschlechter, Mädchen dazu neigen, traditionell Frauen zugeschriebene Fächer und Berufe zu wählen". [17]

Konkret heißt dies: Sobald es in Schulen die Möglichkeit gibt, entweder Fächer zu wählen oder sie auch abzuwählen, zeigen sich deutliche Interessensausprägungen. So liegen die Schwerpunkte der Mädchen-Fächerwahl

---

[16] vgl. LESCHINSKY 1992
[17] MILHOFFER 1991, S. 14

der 6. und 7. Jahrgangsstufen einer Realschule aus Rheinland-Pfalz deutlich auf den Fächern Sprachen, Kurzschrift, Maschinenschreiben und Familienwesen. Die Jungen der o.g. Jahrgangsstufen wählen hingegen Mathematik, Naturwissenschaften oder Technisches Zeichnen. Auch bei den Studienfachwahlen legen Frauen ihre Schwerpunkte auf die Sozial- und Kulturwissenschaften und weniger auf die naturwissenschaftlichen bzw. technischen Fächer. Eine Ausnahme bildet das Fach Biologie, worauf ich aber später noch zu sprechen komme.[18]

D.h., Mädchen/Frauen finden sich in Arbeitsbereichen wieder, die zum einen den sogenannten *Frauenberufen* zuzuordnen sind, die aber zum anderen gekennzeichnet sind durch eine geringere Bezahlung, unzureichend gesicherte soziale Absicherung und nicht selten handelt es sich bei den Anstellungen um Teilzeitjobs. Hierbei möchte ich aber zu bedenken geben, daß die Entscheidung für eine Teilzeit-Anstellung die Tatsache ist, daß die Mädchen/Frauen damit die Vereinbarkeit von Beruf und Familie, als gesichert ansehen. Die geschlechtsspezifische Sozialisation trägt im wesentlichen dazu bei. Die erlebbare Realität der traditionellen Arbeitsteilung in der Familie, verdeutlich den Mädchen sehr schnell, welche Aufgaben von ihnen als *zukünftige Frauen* erwartet werden. Denn Hausarbeit ist nach wie vor Frauensache. Jungen werden zur häuslichen Mitarbeit bzw. zur Übernahme von häuslichen Pflichten weit weniger herangezogen als die Mädchen. Diese erlernte Geschlechtsrolle führt dazu, daß Mädchen sich *(...) in umfassenderer Weise mit der Ausbalancierung der verschiedenen Lebensbereiche (...)* [19] befassen.

---

[18] vgl. FAULSTICH-WIELAND 1991, S.76f
[19] HORSTKEMPER 1990a, S.24

Gleichzeitig wollen sie hiermit aber auch ihrem persönlichen Anspruch gerecht werden, eine Berufstätigkeit auszuüben.

Die Übernahme der Geschlechts- und der Berufsrolle durch die Mädchen als wesentliche Komponente ihrer Lebensplanung stellt die Mädchen vor das Problem der Bewältigung zweier Aufgabenbereiche. Im Bewußtsein von Mädchen und jungen Frauen hat sich hier der Wunsch nach einer qualifizierten Berufsausbildung überhaupt und die Hoffnung auf eine adäquate dauerhafte berufliche Tätigkeit durchgesetzt und fest verankert. [20]

Zu diesem Ergebnis kommt auch die Expertise *Entwicklung und Ausdruck der Identität von Mädchen in Nordrhein-Westfalen* deren Ergebnis ist, daß

- Mädchen in ihre Lebensplanung eine Selbstverwirklichung in Beruf und Familie einbeziehen,
- sie ihre Erwerbstätigkeit als einen kontinuierlichen Bestandteil ihres gesamten Lebens ansehen, die zwar für die Zeit der Kindererziehung entweder reduziert oder aber temporär unterbrochen wird und
- die Mädchen eine Ausbildung absolvieren möchten und in ihrem erlernten Beruf einige Zeit arbeiten möchten, bevor sie eine Familiengründung anstreben.[21]

Dies wiederum heißt aber nichts anderes, als daß auf dem Hintergrund der gesellschaftlichen Arbeitsteilung von Frau und Mann, die Benachteiligung von Frauen im Beruf nur dadurch zu erklären ist, daß Frauen nach wie vor, den Reproduktionsbereich versorgen müssen.[22]

Männer fühlen sich für diesen Bereich nicht zuständig. Zwar sind sie sich bewußt, daß es für Frauen schwieriger ist, Familie und Beruf zu vereinbaren, aber in ihren beruflichen Überlegungen spielt die Übernahme von

---

[20] HOOSE/VORHOLT 1994, S. 79-80
[21] WALLNER 1995
[22] Vgl. 6. JUGENDBERICHT DER BUNDESREGIERUNG, BONN 1984

Erziehungs- und Hausarbeit keine Rolle. Diese ordnen sie nach wie vor den Mädchen/Frauen zu.[23]

Dazu einige Aussagen von Gymnasiasten der Studie von BREHMER[24] u.a.:

wenn ich jetzt 'n Kind hätte, möcht ich auf alle Fälle, daß meine Frau nicht mehr arbeitet
ich fänd's schon ganz gut, wenn - sie - 'n Beruf mitbringt (...) wenn's dann hinterher wirklich fünf Kinder sind, denk'ich mir, brauchen die Kinder irgendwie die Mutter"
Ja, sie eher die Kinder übernimmt, und ich liefer die Arbeit. (...) [25]

Lenken wir nun unseren Blick wieder auf die Schule und damit zur Kritik an der Koedukation von der NYSSEN 1990 behauptete:

Die Schule ist zwar nicht die Verursacherin der geschlechtsspezifischen Arbeitsteilung und der geschlechtsspezifischen Segmentierung, sie trägt aber zu deren Stabilisierung bei.[26]

Bereits 1984 wurde auf offizieller Ebene auf die nachteiligen Wirkungen der Koedukation aufmerksam gemacht. Im 6. Jugendbericht der Bundesregierung zur *Verbesserung der Chancengleichheit von Mädchen in der BRD* heißt es

das Konzept der Koedukation - gedacht als konsequente Einbeziehung der Mädchen in alle Ausbildungsmöglichkeiten - hat (...) die notwendige spezifische Förderung und Berücksichtigung der Mädchen nicht ermöglicht.[27]

Denn, noch immer gilt, was Dale SPENDER 1984 feststellte:

---

[23] Vgl. BREHMER u.a. 1989
[24] Mit Hilfe von qualitativen Interviews und standardisierten Fragebögen versuchten Brehmer u.a. herauszubekommen, welche Motive oder Begründungen seitens der Schülerinnen und Schüler ausschlaggebend sind, für ihre Leistungskurswahl in der reformierten Oberstufe. Die Befragung fand an [12] Bielefelder (NRW) Gymnasien statt.
[25] BREHMER u.a. 1989, S.93
[26] NYSSEN 1990, S.67
[27] 6. JUGENDBERICHT DER BUNDESREGIERUNG, BONN 1984, S. 19

... daß Sexismus so allgemein vorhanden ist und unsere Art, die Dinge zu sehen, so sehr beherrscht, daß wir manchmal gar nicht wahrnehmen, wie sehr unsere Handlungen davon gesteuert werden. Selbst wenn wir meinen, gerecht und fair zu sein oder sogar die Mädchen bevorzugen, kann es sein, daß der empirische Befund das Gegenteil erweist. [28]

Sehen wir uns hierzu Ergebnisse der feministischen Schulforschung an.

Die Situation der ausländischen Mädchen werde ich im Anschluß daran referieren, da in den bisherigen Untersuchungen der feministischen Forschung, der besondere Blick auf die spezifische Situation ausländischer Mädchen nicht näher beleuchtet wurde.

Mädchen bekommen nicht genügend Aufmerksamkeit seitens der Lehrpersonen

Seitens der Lehrerinnen und Lehrer erhalten Mädchen deutlich weniger Aufmerksamkeit und Zuwendung. FRASCH/WAGNER konnten in einer Untersuchung von 35 Schulklassen folgende Ergebnisse nachweisen:

1. Jungen werden signifikant öfter aufgerufen, sowohl relativ zu ihrer Zahl in der Klasse als auch relativ zu der Häufigkeit., mit der sie sich melden...
2. Jungen werden signifikant öfter gelobt als Mädchen, sowohl relativ zur Schülerzahl als auch relativ zur Häufigkeit, mit der sie sich melden und aufgerufen werden..
3. Jungen werden signifikant häufiger getadelt...
4. (...) die Jungen wurden mehr als doppelt so oft wegen mangelnder Disziplin getadelt als Mädchen.
5. Lehrerinnen sprechen bei Einzel- und Gruppenarbeit signifikant öfter Jungen als Mädchen an, vor allem in Sachkunde und Mathematik...
6. Die Hypothese, daß Mädchen von sich aus mehr Kontakt zu den Lehrerinnen/Lehrern suchen, wurde nicht bestätigt...
7. (...)

---

[28] in HOOSE/VORHOLT 1994, S. 2

8. Insgesamt stellt es sich so dar, daß männliche Lehrer noch etwas stärker dazu neigen, männliche Schüler mehr zu beachten, als Lehrerinnen dies tun; dieser Unterschied ist jedoch nicht stark ausgeprägt. Lehrerinnen neigen noch stärker dazu, als ihre männlichen Kollegen dazu, Jungen häufiger als Mädchen aufzurufen, ohne daß diese sich vorher gemeldet haben.
9. Die unterschiedliche Behandlung von Jungen und Mädchen ist in Sachkunde und Mathematik am ausgeprägtesten, während sie in Deutsch am wenigsten zutage tritt.[29]

Die unterschiedliche Aufmerksamkeit seitens der Lehrpersonen führt leider auch dazu, daß in koedukativen Klassen die Lehrerinnen und Lehrer über ihre männlichen Schüler mehr wissen, sie viel lieber mögen und sie auch bewußt wahrnehmen und zu guter letzt auch viel lieber unterrichten. Eine Aussage einer Lehrerin in einem Interview soll dies verdeutlichen:

Das ist eine "(...)" mit 35 Schülern - 8 Jungen und der Rest Mädchen. Und es ist eine ausgesprochen dufte Klasse... Die Mädchen sind wesentlich weiter entwickelt. Sie sind Argumenten wesentlich aufgeschlossener und sie sind eben unheimlich zuverlässig, wenn ich irgendwelche Aufträge gebe. Dann kann ich mich mit tödlicher Sicherheit darauf verlassen, daß der größte Teil das auch so macht und, daß sie auch in bestimmten Verhaltensweisen weiter sind als die Jungen. Aber es ist eben auch eine starke emotionale Beziehung zu den Jungen. Eigentlich sind die Jungen immer diejenigen, die die Auseinandersetzung fordern, die mich inhaltlich fordern,- (längeres nachdenken) die Jungen sind meine Kinder, die Mädchen die Partner - ja, eigentlich kümmere ich mich gern um die Schüler.[30]

Daß Mädchen keine große Beachtung seitens der Lehrpersonen innehaben, mag sicherlich auch damit zusammenhängen, daß sie i.d.R.weniger verhaltensauffällig sind als Jungen, d.h.

- Anweisungen und Arbeitsaufträge von LehrerInnen nehmen Mädchen leichter an, als Jungen,

---

[29] in FAULSTICH-WIELAND 1991, S. 58f
[30] in HOOSE/VORHOLT 1994, S. 102

- sie lassen rücksichtsloses Verhalten oft klaglos über sich ergehen und ersparen somit den LehrerInnen eine direkte Auseinandersetzung mit den Jungen
- Themen, die sich nicht interessieren lassen sie geduldig über sich ergehen, während Jungen LehrerInnen auffordern im Stoff weiterzugehen oder aber ihn interessanter zu gestalten.[31]

Die *Zurücknahme* der Mädchen ermöglicht den Lehrerinnen eine Auseinandersetzung mit den Jungen. Sie führt aber auch dazu, daß Mädchen nicht wahrgenommen werden.

Erfolg heißt nicht gleich Selbstvertrauen - Lob und Tadel und seine paradoxen Botschaften

Mädchen werden häufiger wegen schlechter Leistungen getadelt und nur selten aufgrund guter Leistungen gelobt. Hierbei erhalten sie paradoxe Rückmeldungen in Bezug auf ihre Leistungsfähigkeit: *„Wer fleißig ist, hat es nötig, und kann folglich nicht intelligent sein"* [32]

Positive Aspekte von Ausdauer und Beharrlichkeit werden hierdurch von *negativen Implikationen überlagert.*[33]

Leider kann auch die Studie von Marianne HORSTKEMPER zum Selbstvertrauen der Mädchen in Bezug auf ihren Schulerfolg keine gute Nachrichten verkünden. Sie kommt zum dem Ergebnis:

Obwohl Mädchen schulisch deutlich erfolgreicher sind (sie sitzen häufiger im oberen Leistungsniveau und erhalten tendenziell die besseren Noten) und obwohl für die Mädchen dieser Leistungserfolg eine stärkere Quelle des Selbstvertrauens darstellt, vergrößert sich der Selbstvertrauens-Abstand zwischen den Geschlechtern im Laufe der Sekundarschule sogar noch. Kurz: Trotz Leistungserfolg und Leistungsorientierung können Mädchen ihre Selbstvertrauens-

---

[31] Vgl. WESCHKE-MEIßNER 1990, S.94
[32] KREIENBAUM/METZ-GÖCKEL 1992, S.36
[33] KREIENBAUM/METZ-GÖCKEL 1992, S. 36

Nachteile nicht wettmachen. Auch die graduell unterschiedlichen Bedeutung der Schüler-Schüler-Beziehung kann diesen Selbstvertrauens-Unterschied nicht erklären; denn während sich bei diesem Einflußfaktor eine geschlechtsspezifische Angleichung über die Jahre feststellen läßt, nehmen die Unterschiede im Selbstvertrauen zu. [34]

All diejenigen, die denken, daß dies nur für koedukative Schulen gilt - muß ich leider enttäuschen. In einer Studie von FAULSTCIH-WIELAND/ HORSTKEMPER äußerten die Schülerinnen einer Mädchenschule, daß sie zwar konzentrierter dem Unterricht folgen könnten, da die Jungen als Störfaktor des Unterrichts wegfallen, allerdings entwickelten die Schülerinnen aber auch ein Defizitgefühl hinsichtlich ihrer Leistungen. „Sie sind sich unsicher, inwieweit ihre Kenntnisse, aber auch ihr Auftreten und ihr Selbstvertrauen im Vergleich mit männlicher Konkurrenz bestehen wird".[35/36] Dazu die Aussage einer Schülerin des Mädchengymnasiums:

Als Mädchen/Frau muß man, nach meinen Erfahrungen, mehr als angenehm, die Zähne zeigen. Ich glaube aber auch, daß Mädchen möglichst früh lernen sollten, damit umzugehen und sich nicht unbedingt auf einer reinen Mädchenschule verschanzen sollten; zumindest nicht die ganze Zeit ihres schulischen Werdegangs. Irgendwann im Berufsalltag müssen sie sich ja auch mit männlichen Wesen auseinandersetzen. [37]

Der Sicht der Mädchen entsprechen die Aussagen der Schüler eines Jungengymnasiums. Diese befürchten ein Sinken des fachlichen Niveaus,

---

[34] HORSTKEMPER 1987, S.216
[35] FAULSTICH-WIELAND/HORSTKEMPER 1995, S. 166
[36] Anhand qualitativer Interviews versuchten die Autorinnen Informationen darüber zu erhalten, wie Schülerinnen und Schüler den koeduaktiven Unterricht erleben und ob sie sich für eine Trennung der Geschlechter aussprechen. Befragt wurden Mädchen und Jungen aus koedukativen Schulen, Schüler eines Jungengymnasiums und Schülerinnen eines Mädchengymnasiums. Insgesamt hatten die Autorinnen auf 1.734 Aufsätze zur Auswertung vorliegen.
[37] FAULSTICH-WIELAND/ HORSTKEMPER 1995, S. 159

wenn der Unterricht koedukativ stattfinden würde. Hierzu die Aussage eines Schülers der 13. Jahrgangsstufe :

Durch eine Trennung der Geschlechter im Unterricht kann man diesen in einigen Fächern (in naturwissenschaftliche Kursen) wesentlich interessanter, anspruchsvoller im Hinblick auf einen reinen Jungen-Kurs gestalten bzw. für Mädchen das Niveau in diesen Fächern herunterschrauben, da es allgemein gilt, daß das Verständnis der naturwissenschaftlichen Fächer beim männlichen Geschlecht ausgeprägter ist als beim weiblichen Geschlecht. [38]

Die Unterrichtsinhalte richten sich nicht nach den Mädchen und ihre Erfahrungen

„Ich habe im Koedukationsunterricht immer die Erfahrungen gemacht: Wenn man sich nach den Mädchen richtet, ist es auch für die Junge richtig, umgekehrt aber nicht".[39] Dieses Ergebnis wurde bereits 1970 geäußert, aber leider hat es bis heute noch nicht Eingang in die deutschen Schulen gefunden. Was ist damit gemeint?

Die Interessen und Zugangsweisen von Mädchen an eine mathematische Aufgabe bzw. ein naturwissenschaftliches Phänomen findet keine Berücksichtigung. Dies begründet sich darin, daß z.B. elektrische Geräte (und damit sind nicht die Küchengeräte gemeint) in ihrem Alltag nicht vorkommen. Soll heißen: da die Jungen bereits technische Spielzeuge ihr eigen nennen können, Mädchen dagegen mit Puppen etc. überhäuft werden, haben die Jungen in diesem Bereich einen *Erfahrungs- und Wissensvorsprung*. Zudem möchten die Mädchen die genauen Funktionsweisen eines elektrischen Gerätes genau erklärt haben. Dies steigert ihre eigene Motivation wenn sie Sinn und Zweck erläutert bekommen.

---

[38] FAULSTICH-WIELAND/ HORSTKEMPER 1995, S. 233
[39] WAGENSCHEIN in: HORSTKEMPER 1990b, S. 107

Bevorzugt beschäftigen sich Mädchen mit Themen, die einen direkten Bezug zum Menschen aufweisen oder aber die praktische Anwendbarkeit und die soziale Auswirkung aufzeigen. Würde sich der Physikunterricht bei der Auseinandersetzung mit dem Prinzip der Pumpe z.B. den Bezug zur Anwendung als künstliches Herz, anstelle ihrer Anwendung als Erdölpumpe herstellen, würden sich die Mädchen eher für den Unterricht interessieren. Bei Jungen hingegen finden wir diese Unterschiede bei der Herangehensweise nicht. [40]

In der bereits erwähnten Untersuchung von BREHMER u.a. 1989 wurden u.a. die Schülerinnen und Schüler bzgl. ihrer Motivation bei den Leistungskurswahlen und im nächsten Schritt nach ihren Vorerfahrungen in diesem Bereich befragt. Dabei wurde die unterschiedliche Herangehensweise von Mädchen und Jungen zur *Technik und Naturwissenschaft* bestätigt.

Die Auswertung der Interviews der mathematisch-naturwissenschaftlich orientierten Schülerinnen ergab, daß für die Mädchen bei der Wahl für diese Leistungskurse keine konkreten Vorerfahrungen in ihrem Alltag den Ausschlag gaben. Sie entscheiden sich für diese Fächerkombinationen, da sie

- in diesen Fächern schon immer gute Zensuren erzielen konnten,
- außerschulische Personen ihnen den Zugang zu den Inhalten dieser Fächer vermitteln konnten,
- sie Interesse haben sich genauer mit den Inhalten und mathematischen Arbeits- und Denkmethoden auseinanderzusetzen.

Bei den Schülern mit derselben Fächerkombination waren dagegen

- konkrete technische Vorerfahrungen (Spielzeug, Assistieren dem Vater bei Reparaturen),

---

[40] vgl. HOOSE/VORHOLT 1994, S. 231

- Karrierewünsche, verbunden mit hohem gesellschaftlichem Ansehen, die aussschlagebenden Punkte.[41]

Wir können demnach festhalten, daß Mädchen im naturwissenschaftlichen Unterricht erleben müssen

> (...), daß ihre Problemlösungsstrategien (die von Interaktionspartnern und der jeweiligen Situation abhängig sind und die vorrangig bedacht werden, bevor sie handeln) hier nicht gefragt sind. Ihre Art zu denken, die ja auch eine gelernte ist, und die nur wegen der unterschiedlichen Angebote und Stereotype sich ja so geschlechtsspezifisch ausbilden konnte, wird als nicht funktional abgetan, ja sie gilt als hinderlich.[42]

Hierin mag auch die Erklärung dafür liegen, daß Mädchen sich eher für das Fach Biologie entscheiden, da

> (...) diese Disziplin mit ihren Teilbereichen Tier-, Pflanzen- und Menschenkunde in den unteren Jahrgängen einen ganzheitlichen Ansatz bietet und damit auch für Mädchen Alltagswelt und Erfahrungshintergrund einbezieht.[43]

Auf dem Hintergrund der Herangehensweise von Mädchen läßt sich auch der Umgang der Mädchen mit Computern zusammenfassen:

- Mädchen denken vorher mehr nach, bevor sie an den Computer herangehen. Sie verhalten sich logischer und skeptischer im Unterschied zu den mehr nach Versuch und Irrtum vorgehenden Jungen.
- Mädchen haben ein instrumentelles Verhalten zum Computer, das ausschließlich über die spätere Nutzanwendung im Beruf motiviert ist. Sie fragen nach dem Nutzen dieses Instruments, aber auch nach seiner sozialen Einbettung und den Folgen für die menschliche Kommunikation.
- Mädchen sind ängstlicher, etwas zu zerstören und fragen häufiger um Hilfe.
- Mädchen arbeiten lieber zu zweit bzw. sind kooperativer am Computer [44]

---

[41] vgl. BREHMER u.a. 1989, S.12f
[42] KREIENBAUM/METZ-GÖCKEL 1992, S.35f
[43] KREIENBAUM/METZ-GÖCKEL 1992, S. 18
[44] METZ-GÖCKEL/KAUERMANN-WALTER 1992, S. 79

Angesichts der steigenden Technologisierung auf dem Arbeitsmarkt ist es umso dringlicher, daß die Zugangsweisen von Mädchen endlich Berücksichtigung in der Unterrichtspraxis finden. Denn das Interesse der Männer an kaufmännischen Berufen, bei denen mittlerweile der Umgang mit Technik eine der Grundvoraussetzung für eine Anstellung ist, stellt eine potentielle Gefährdung für die Frauen dar. Zählen doch auch diese Berufe im allgemeinen zu den sogenannten *Frauenberufen*.

Zum Einführungsprozeß der Koedukation

Auf der Suche nach den Ursachen der o.g. Forschungsergebnisse, lenkte die feministische Schulforschung ihr Augenmerk auf den Einführungsprozeß der Koedukation an deutschen Schulen.

So war z.B. die Einführung der Koedukation an den Gymnasien der rheinland-pfälzischen Stadt Neuwied [45] eher ein pragmatischer Entschluß. Ausschlaggebend waren hierfür mangelnde Lehrkräfte und mangelnde Räume, pädagogische Reflexionen wurden kaum angestellt. In den Mittelpunkt rückte eher der *Disziplinierungseffekt* von Jungen durch die Mädchen[46]. Es scheinen

(...) eher Mängel im örtlichen Schulangebot, Mängel an Differenzierungspotential unter den vorhandenen Schulen und schließlich Mängel in den Ressourcen und Kapazitäten zu sein, die der Einführung der Koedukation den Weg ebnen. Koedukation dient (...) in Rheinland-Pfalz seit den fünfziger Jahren dazu, in kommunalpolitischer Pragmatik aktuelle Schulprobleme zu bewältigen. [47]

---

[45] Seit April 1991 wird an der Universität Koblenz-Landau die Einführung der Koedukation in Rheinland-Pfalz untersucht. Dieses DFG-Projekt steht unter der Leitung von Frau Prof. Dr. MARGRET KRAUL.
[46] FAULSTICH-WIELAND 1994, S. 327
[47] WIRRER 1994, S. 58

NYSSEN /MARBURGER befragte ehemalige und jetzige SchulleiterInnen im Ruhrgebiet nach dem Einführungsprozeß in NRW, sie kamen zu dem Ergebnis:

(...) daß die Koeduaktion - außer der Schaffung der sanitären Voraussetzungen - in keinerlei Weise vorbereitet worden sei, weder durch didaktische und curriculare Maßnahmen noch durch Lehrer-Innenweiterbildung. [48]

So lauteten auch die Forderungen der Bundesregierung im 6. Jugendbericht:

Generell muß die Schule (...) in Unterrichtsinhalten und Unterrichtsgestaltung darauf hinwirken, daß Mädchen und Jungen breitere Lebenskonzepte entwickeln. [49]

Umgesetzt werden sollte dies u.a. dadurch, daß

- die Schulbücher dahingehend überarbeitet werden sollten, damit Mädchen/Jungen gleichwertig behandelt werden und ihnen Vorbilder aufzeigen.
- Jungen in dem Fach Hauswirtschaft unterrichtet werden sollten.
- Mädchen stärker an die naturwissenschaftlich-mathematischen Fächer herangeführt werden sollten.
- die Lehrpläne entsprechend den Interessen der Mädchen gestaltet werden
- die Möglichkeit besteht, Mädchen in bestimmten Fächern getrennt zu unterrichten.
- die LehrerInnen und Schullaufbahnberater bereits in ihrer Ausbildung dahingehend sensibilisiert werden, um der Selbst- und Fremdeinschränkung der Schülerinnen entgegen zu wirken.[50]

Obwohl diese Forderungen bereits 1984 formuliert wurden, haben sie an ihrer Aktualität nichts verloren. Die vielfach von Frauenforscherinnen geforderte geschlechtshomogene Unterrichtung in einigen Fächern, trägt allerdings nicht dazu bei, daß die Mädchen ihre Unterlegenheitsgefühle gegenüber der Jungen ablegen können. Wie ich bereits am Anfang meines

---

[48] HOSSE/VORHOLT 1994, S. 98; vgl. auch NYSSEN 1990
[49] 6. JUGENDBERICHT DER BUNDESREGIERUNG, BONN 1984, S. 53

Vortrages erwähnt habe, sind die Mädchen (auch bei einer spezifischen Förderung ihrer Fähigkeiten) nach wie vor der Meinung, daß Jungen kompetenter sind.

Bei getrenntem Unterricht werden (...) die Mädchenkurse als nachrangig, qualitativ weniger wertvoll angesehen. Getrennter Unterricht hat keineswegs nur positive Momente, sondern auch negative Rückwirkung wie die Verstärkung von Vorurteilen.[51]

In Anlehnung an die Ergebnisse von temporärem, geschlechtshomogenem Unterricht und der bereits genannten Forderung der Bundesregierung häuften sich in den letzten Jahren vermehrt die Forderungen, die Lehrerinnen zu sensibilisieren, um die Mädchenförderung an deutschen Schulen zu gewährleisten.

Bevor ich allerdings auf die Fort- und Weiterbildung von LehrerInnen eingehen möchte, möchte ich zuerst auf die spezifische Situation von ausländischen Mädchen eingehen.

Die spezifische Situation ausländischer Mädchen

Ausländische Mädchen sind mehrfach diskriminiert: als Frauen, als Ausländerinnen, als Jugendliche ohne eigenständige Existenzmöglichkeit.[52]
Ihre strukturelle Benachteiligung spitzt sich bei ihnen in besonderer Weise zu.[53]

- Die Mädchen werden durch ihr Leben in der BRD mit zwei völlig unterschiedlichen Kulturkreisen konfrontiert. Die Werte und Normen dieser Kulturkreise sind gegensätzlich und nicht miteinander zu vereinbaren. Dies führt notwendigerweise zu Konflikten, da die Mädchen die traditionellen Werte nicht mehr unhinterfragt hinnehmen.

---

[50] 6. JUGENDBERICHT DER BUNDESREGIERUNG, BONN 1984, S. 53
[51] FAULSTICH-WIELAND 1991, S. 163
[52] ROSEN/STÜWE, 1985, S. 6
[53] vgl. KRAHECK 1994 a und b; KRAHECK 1995

- Dazu gehört auch, daß sich Ruf und Ehre der Familie über das Verhalten der Mädchen und Frauen definiert. Darunter fallen: die Unberührtheit bis zur Eheschließung, das Kontaktverbot zu Männern außerhalb der Familie, das Unterordnen unter die väterliche bzw. männliche Autorität.
- Da viele ausländische Familien wieder in ihr Heimatland zurückkehren wollen, verstärkt sich der Druck an die Mädchen, sich an die traditionellen Werte und Normen der ausländischen Kultur anzupassen, um nicht ehrlos zu gelten.
- Aber auch die von ihnen verlangte Anpassung an deutsche Werte und Normen, bringt für die Mädchen erhebliche Konflikte mit sich.
- Fehlende Auseinandersetzungs- und Handlungsalternativen führen bei vielen ausländischen Mädchen zum Rückzug in die innere Emigration.

Als Ursache für die bei vielen ausländischen Mädchen verbreitete Resignation und Hilflosigkeit ist vor allem zu benennen, daß sie gesellschaftlich verursachte Probleme individuell verarbeiten müssen. Des weiteren wachsen sie in Deutschland häufig isoliert von der deutschen Gesellschaft auf. Viele ausländische Mädchen haben während ihrer Freizeit keinen Kontakt zu gleichaltrigen deutschen Mädchen, wobei ihrerseits aber durchaus das Bedürfnis nach Freundschaft mit deutschen Mädchen besteht. Die ablehnende Haltung von deutschen Mädchen begründet sich u.a. dadurch, daß deutsche Mädchen der Meinung sind, daß ausländische Mädchen als Freundinnen nicht *zu gebrauchen sind,* da sie bedingt durch ihre strenge Erziehung sich völlig konträr zu den Umgangs- und Verhaltensweisen der deutschen Mädchen verhalten. Ausländische Mädchen

(...) erleben, daß sie von deutschen Mädchen ausgegrenzt werden, wenn sie deren Verhaltensweisen nicht annehmen. [54]

Gleichzeitig erleben sie aber auch den Verlust typisch weiblicher Freiräume, wie sie in der ausländischen Gesellschaft möglich sind/waren. So hat das männlich - patriarchale Element kein

---

[54] POPP 1994, S.51

Gegengewicht mehr und die Mädchen erleben Weiblichkeit als wertlos.[55]

Wie wir sehen, gestaltet sich das Leben ausländischer Mädchen anders als das der deutschen. Auf dem Hintergrund der geforderten LehrerInnensensibilisierung stellt sich nun die Frage: Was bedeutet dies für die LehrerInnenfort- und -ausbildung?

Und damit komme ich nun zu dem Modellprojekt, welches ich wissenschaftlich begleite. Im folgenden möchte ich die Konzeption des Projektes und im Anschluß dann unseren Ansatz der LehrerInnenfortbildung vorstellen.

---

[55] KRAHECK 1994a, S.3

Das MABILDA e.V. Mädchenprojekt
Lebensplanung-Körperarbeit-Selbstbehauptung

Nicole Kraheck

Das MABILDA e.v. Mädchenprojekt *Lebensplanung – Körperarbeit - Selbstbehauptung für deutsche und ausländische Mädchen ab 12 Jahren* wird als Praxisforschungsprojekt vom Bundesministerium für Familie, Senioren, Frauen und Jugend finanziert und hat seine Arbeit nach umfangreichen Bauarbeiten im Juni 1992 im Duisburger Norden begonnen. Das Projekt wird finanziert aus dem Förderprogramm *Mädchenarbeit* des Kinder- und Jugendplans des Bundes. Dieses Programm fördert Mädchenprojekte deren Umsetzung der Programmsatz 9.3. KJHG ist, indem es heißt:

> *Bei der Ausgestaltung der Leistungen und Erfüllung der Aufgaben sind die unterschiedlichen Lebenslagen von Mädchen und Jungen zu berücksichtigen, Benachteiligungen abzubauen und die Gleichberechtigung von Mädchen und Jungen zu fördern.*[56]

Das Projekt befindet sich in Duisburg - Marxloh, dem bevölkerungsreichsten Stadtteil des Stadtgebietes Duisburg - Hamborn. Es handelt sich hierbei um eine mit vielfältigen Problemen belastete Region: hoher Ausländeranteil in der Wohnbevölkerung, hohe Arbeitslosigkeit, schlechte Wohnsituation, starke Umweltbelastung. Der Stadtteil ist konfrontiert mit den bekannten Folgen von Arbeitslosigkeit: erhöhte Kriminalität (insbesondere bei Jugendlichen) sowie ansteigende Drogenproblematik. Dies korrespondiert mit einem sinkenden Angebot an Freizeitmöglichkeiten und Beratungsstellen. Insbesondere für Mädchen/Frauen gibt es in diesem

---

[56] KJHG S. 48

Möglichkeiten für eine sinnvolle Freizeitgestaltung oder aber auch Kontaktmöglichkeiten mit den Mädchen und Frauen, die in diesem Stadtteil wohnen.

Konzeption

Ein ganzheitliches und entwicklungsbegleitendes Konzept von Mädchenbildungsarbeit muß unterschiedliche Aspekte der Lebenswelt von Mädchen berücksichtigen. Mädchen sollen dahingehend unterstützt werden, ihr Recht auf freie Lebensgestaltung und eigenständige Entwicklung zu nutzen und zu fordern.

Ansatzpunkt hierfür können aber nur Widersprüche sein, die die Mädchen konkret erleben und zulassen. Erst, wenn gesellschaftliche und individuelle Zusammenhänge durchschaubar und damit hinterfragbar sind, können Widersprüche in der eigenen Lebensplanung wahrgenommen, ihre Ursachen aufgedeckt und bewußt damit umgegangen werden.

Lernziele sind hierfür langfristig angelegte Vermittlung selbstbehauptender Fähigkeiten und die Entwicklung von Lebensbewältigungs- und Konfliktlösungsstrategien. Mädchen werden nicht erst in der Pubertät mit gesellschaftlichen Rollenerwartungen konfrontiert, sondern bereits zu einem sehr viel früheren Zeitpunkt. Deshalb muß u.E. die Auseinandersetzung mit den eigenen Lebensperspektiven schon zu einem möglichst frühen Zeitpunkt beginnen. Das Projekt konzentriert sich in seiner Arbeit auf die Bereiche:

1. Lebensplanung
- Unterstützung bei der Auseinandersetzung mit vorhandenen Wert- und Selbstwertvorstellungen (Wer bin ich ?) und beim Aufbau neuer Wert- und Selbstwertvorstellungen (Wo will ich hin ?).

- Berufswahlorientierung und Erweiterung des Berufsspektrums, Bewerbungstraining.
- Problematik der Vereinbarkeit von Familie und Beruf.
- Möglichkeiten des Nachholens von Schulabschlüssen.

2. Selbstbehauptung

Die Befähigung zur Selbstbehauptung erstreckt sich sowohl auf den Bereich kommunikativer Selbstdarstellung und Konfliktbewältigung als auch auf den Bereich der aktiven Informationsbeschaffung und Inanspruchnahme von Hilfsangeboten. Dabei spielen folgende Lerninhalte eine Rolle, die zum Ziel haben, die Eigeninitiative und Selbstsicherheit zu schulen:

- Wie stelle ich mich dar ? Wie nehme ich mich wahr ?
- Wie lerne ich konstruktiv zu streiten ?
- Wie bewältige ich kommunikative Stressituationen ?
- Wie trage ich Rollenkonflikte aus ?

3. Körperarbeit

Gleichberechtigt neben der Selbstbehauptungsfähigkeit im kommunikativen und selbstbestimmten Handeln steht die Befähigung zur körperlichen Selbstwahrnehmung und Selbstbehauptung. Im Rahmen unserer Angebotsstruktur (Gymnastik, Selbstverteidigung, Theater, Tanz, Sport) wird versucht, den Mädchen ein selbstbestimmtes und selbstbewußtes Körperkonzept zu vermitteln, um der weiblichen Normalbiographie, welches den Mädchen und Frauen ein Gefühl der Unterlegenheit, Objekthaftigkeit und Distanz zu ihrem Körper vermittelt, entgegenzuwirken. Folgende drei Hauptbereiche der Körperarbeit werden in unserer Angebotsstruktur abgedeckt:

- Das Kennenlernen, Wahrnehmen und Experimentieren mit der eigenen Körperlichkeit.
- Das Kennenlernen und die Ausbildung körperlicher Stärke mit Hilfe eines mädchen- und frauenorientierten Sportkonzepts.

- Die körperliche Selbstdarstellung durch das Einsetzen von Körpersprache im kreativkulturellen Bereich.

Durch diese Angebote wird der für Mädchen und Frauen eingeschränkte Bewegungsraum erweitert und eine realistische Einschätzung der eigenen Stärken vermittelt.

Zielsetzung unserer Arbeit

An den o.g. Widersprüchen setzt unsere pädagogische Arbeit mit ausländischen Mädchen an. Im Gegensatz zu anderen Institutionen, in denen Mädchen unterschiedlicher Nationalitäten zusammenkommen, setzt unser Arbeitsansatz **nicht** an den individuellen Defiziten der Mädchen an, sondern lenkt unsere Aufmerksamkeit auf die strukturellen Defizite. Dies beinhaltet die Möglichkeit:

- Vereinzelung und Isolierung der Mädchen aufzubrechen, Konflikte und Widersprüche offenzulegen.
- Gesellschaftlich verursachte Konflikte kollektiv zu bearbeiten.
- Ihre Lebenswelt als Möglichkeitsraum zu erleben, in der sie Handlungsalternativen entdecken und ausprobieren können
- Verknüpfungen herzustellen zwischen der individuellen Lebenssituation und gesellschaftlichen Rahmenbedingungen.
- Öffentlichkeit über gemeinsame Probleme herzustellen.

Zentraler methodischer Ansatzpunkt ist hierbei das Ansetzen an subjektiven Interessen und Bedürfnissen der Mädchen; die von ihnen geäußerten, für sie bedeutsamen Probleme und Konflikte haben dabei Priorität. Dabei gilt es aber auch die Vielzahl der Nationalitäten zu beachten. Unsere Besucherinnen sind Türkinnen, Kurdinnen, Sunnitinnen, Alevetinnen, Polinnen, Marokanerinnen. Dies verlangt von den Mitarbeiterinnen ein hohes Maß an Flexibilität und Einfühlungsvermögen in Hinblick auf die unterschiedlichen Werte und Normen des jeweiligen Herkunftslandes. Dies heißt aber auch, daß es in der pädagogischen Arbeit mit ausländischen Mädchen nicht möglich ist, unhinterfragt auf Konzepte von Mädchenarbeit mit deutschen Mädchen zurückzugreifen denn:

> *die Lebenssituationen ausländischer Mädchen verhindert, daß Konzeptionen und Erfahrungen der sozialpädagogischen Arbeit mit deutschen Mädchen bruchlos auf Sozialarbeit und Sozialpädagogik mit ausländischen Mädchen übertragen werden können.* [57]

Lebensplanung und Berufswahl ausländischer Mädchen

In einer Studie von POPP 1994 zu den Lebensentwürfen von deutschen und ausländischen Schülerinnen und Schülern, ergab sich in Bezug auf die Vereinbarkeit von Familie und Beruf ein ähnliches Bild, wie ich dies schon im ersten Teil meines Referates für die deutschen Mädchen aufgezeigt habe. Die türkischen Mädchen fühlen sich allesamt verantwortlich für den Bereich Familie und Haushalt. Im Falle einer Familiengründung suchen auch sie, nach Möglichkeiten Familie und Beruf unter einen Hut zu bringen. Hierzu die Aussage einer türkischen Schülerin einer Hamburger Gesamtschule aus o.g. Studie:

> *Verheiratet möchte ich auch sein, Kinder auch, aber es ist auch irgendwie schwierig, Kinder und Beruf zusammen (...) sehr schwer stelle ich mir das vor. Ich sehe das ja auch bei Leuten, die (...) jetzt einen Beruf haben und Kinder. Die erzählen ja auch, daß es immer sehr schwer ist (...) das werde ich mir bestimmt überlegen, wenn ich älter bin, wenn mit in dem Moment mein Beruf wichtiger ist, dann kommt es darauf an, ob ich Kinder haben will oder nicht.* [58]

Türkischen Mädchen ist eine schulische Ausbildung, eine gute Berufsausbildung und die sich anschließende Berufstätigkeit ebenso wichtig wie den deutschen Schülern.

---

[57] INFORMATIONSDIENST ZUR AUSLÄNDERARBEIT 1/1981, S. 38
[58] POPP 1994, S.181

Ihre Chancen einen Ausbildungsplatz zu bekommen, schätzen sie aber weit geringer ein, als die deutscher SchülerInnen. Ausländische SchülerInnen sind laut POPP der Ansicht, daß sie gegenüber ihren deutschen MitschülerInnen aufgrund ihrer Nationalität benachteiligt sind, auch wenn sie bessere Schulabschlüsse nachweisen können. Leider ist dies auch in der Realität so. Trotz guter schulischer Voraussetzungen erhält nur ein geringer Prozentsatz ausländischer Mädchen eine Ausbildung bzw. einen Ausbildungsplatz. Nach wie vor treffen ausländische Mädchen bzw. ausländische Jugendliche allgemein, auf eine Distanz bei potentiellen Arbeitgebern. Häufig mag dies auch Ausdruck von Unsicherheit über die eigene Fähigkeit sein, Menschen anderer ethnischer Herkunft ausbilden zu können. Weitaus mehr wiegt jedoch die Tendenz, ausländische Jugendliche zu den *Problemgruppen* zu zählen. *Damit wird die ausländische Herkunft als Kriterium über die Prüfung der individuellen Leistungsfähigkeit gestellt* [59]
Ausländische Jugendliche sind sich dessen bewußt. Bei den ausländischen Mädchen kommt zudem hinzu, daß auch sie sich für die sog. Frauenberufe interessieren. Hierbei spielt - analog zu den deutschen Mädchen - ihre Erziehung eine entscheidende Rolle. Ausländische Mädchen werden noch früher und wesentlich intensiver mit häuslichen Pflichten betraut, die sie auf ihre spätere Rolle als Ehefrau vorbereiten sollen. Zwangsverheiratung von Mädchen - auch wenn sie in Deutschland leben - sind leider noch immer der Fall. Auch wenn ausländische Mädchen für sich eine Berufsausbildung anstreben und auch in diesem Beruf arbeiten wollen, sehen ihre Eltern dies eher als eine weitere Qualifizierung ihrer Tochter für den zukünftigen

---

[59] POPP 1994, S.64

Ehemann an. D.h. ein guter Schulabschluß trägt zur Attraktivität der Tochter bei.[60]

Die Orientierung auf typische Frauenberufe liegt aber auch daran, daß ausländische Eltern, denen eine entscheidende Bedeutung bei der Berufswahl zukommt, nur unzureichend Kenntnisse über die Vielzahl der Ausbildungsberufe besitzen.[61] Auf diesem Hintergrund bemängelt auch der 6. Jugendbericht von NRW, daß die allgemeinen Berufsberatungskonzepte der Arbeitsämter, sich nicht an den besonderen Bedürfnissen der auländischen Mädchen bzw. nach deren Situation richten. Die Landesregierung hält es daher für zwingend notwendig, eine gezielte und frühzeitige Ausbildungsberatung unter Einbeziehung der Eltern anzustreben, um das Berufsspektrum ausländischer Jugendlicher zu erweitern.

Mädchen bei MABILDA

Der hohe Ausländerinnenanteil in der Bevölkerung spiegelt sich aber auch bei unserer Besucherinnenstruktur wieder. Beinahe über die Hälfte unserer Besucherinnen sind Ausländerinnen. Zudem wird unser Zentrum nicht nur von Mädchen genutzt, sondern auch von Frauen, denen sich in Duisburg - Marxloh sonst keine Möglichkeiten zu einem gemeinsamen Austausch oder Beratungsgespräch bieten.

Bei der Arbeit mit ausländischen Mädchen hat es sich als zwingend notwendig erwiesen, regelmäßig Hausbesuche in unserem Einzugsgebiet durchzuführen. Bei den Hausbesuchen spielen folgende Ausgangsüberlegungen und Ziele eine Rolle:

---

[60] vgl. POPP, 1994
[61] vgl. 6. JUGENDBERICHT DER LANDESREGIERUNG NRW 1995, S. 65

- Vorstellung des Projektes, um dadurch den Zugang zum Zentrum zu erleichtern,
- den Eltern die Notwendigkeit zu verdeutlichen, daß man den Wünschen, Interessen etc. der Mädchen gerecht werden muß,
- Lebensgewohnheiten und Lebensbedingungen der Eltern und Mädchen kennenzulernen, sowie
- Eindrücke, Probleme, Wünsche und Interessen der Bevölkerung zu sammeln.

Hausbesuche geben uns zudem die Möglichkeit, die Anforderungen und Erwartungen, welche die Eltern an ihre Töchter stellen, zu korrigieren um dann in einen Auseinandersetzungsprozeß über die Kulturen zu kommen. Sie haben aber auch zum Ziel, daß die Mädchen *gestärkt und unterstützt werden, ihre Interessen durchzusetzen.*

Ziel unserer Arbeit ist es nicht, über Elternbesuche den Mädchen einen Freiraum zu schaffen, sondern die Mädchen zu fördern, selbst den Kontakt, die Auseinandersetzung mit den Eltern zu suchen. [62]

Durch diese Form von gezielter Öffentlichkeitsarbeit bei der Bevölkerung wird gewährleistet, daß ausländische Mädchen und Frauen unser Zentrum besuchen dürfen - nur so konnten wir bei der ausländischen Bevölkerung das notwendige Vertrauen für unsere Arbeit gewinnen. Zudem erhöhte sich durch unsere Bereitschaft, auf Probleme, Wünsche, Ängste etc. der ausländischen Bevölkerung einzugehen, die Akzeptanz unseres Zentrums im Stadtteil.

Lehrerinnenfortbildung

Im Zuge unserer Öffentlichkeits- und Werbungsarbeit für unser Projekt kooperieren wir sehr stark mit Schulen. D.h zum einen haben wir uns die Möglichkeit *erkämpft* regelmäßige Informationsveranstaltungen für

---

[62] ROSEN/STÜWE 1985, S.115

Mädchen an der Schule durchzuführen um zum anderen, unsere Arbeit als auch unser Kursprogramm vorzustellen. Darüberhinaus suchten wir aber auch den Kontakt zu den Lehrerinnen und Lehrer selbst.

Die verstärkte Kooperation mit Schulen beruhte aber auch auf der grundlegenden Überzeugung unsererseits, daß auch Schule auf die spezifischen Konfliktlinien weiblicher Lebensumstände/Lebensplanung eingehen sollte.[63]

Nach mehreren *zähen* Gesprächen mit den SchulleiterInnen konnten wir erreichen, daß wir auch den LehrerInnen unser Projekt vorstellen konnten. Obwohl wir anfangs - vor allem von den männliche Kollegen - belächelt wurden, erreichten wir eine Kooperation mit Schulen. Es wurde sehr schnell deutlich, daß Fortbildungen zum Thema *Mädchenförderung* eine wichtige Voraussetzung für die Lehrerinnen ist, ein mädchenspezifisches Angebot an der Schule einzurichten. Denn diese haben nur Sinn, wenn LehrerInnen die Notwendigkeit von Mädchenförderung erkennen.

> *Sensibilisierung der LehrerInnen für die Ungleichheit von Mädchen und Jungen in der Schule und Stabilisierung von LehrerInnen, die die Potentiale von Mädchen und Jungen gleichermaßen fördern wollen, sind wesentliche Voraussetzungen zur Realisierung von mehr Gleichheit in der Schule.*[64]

Denn

> *Lehrersein heißt nicht nur, die Schule als Institution verkörpern und Unterricht machen, sondern die Schule als männlich geprägte Institution verkörpern und dort mit dem Unterricht eine professionelle Tätigkeit ausüben, die zunächst eine männliche Tätigkeit war, die primär oder ausschließlich Knaben galt.*[65]

---

[63] vgl. KRAHECK, Jahresbericht 1994, S. 29f
[64] NYSSEN 1994, S. 168
[65] NYSSEN 1994, S. 169

Basierend auf unserem Anliegen Mädchenarbeit in Duisburg zu initiieren, auszuweiten und zu etablieren, hat sich seit geraumer Zeit der Bereich der Lehrerinnenfortbildung konstituiert.[66]
Wenn ich von Lehrerinnenfortbildung spreche dann umfaßt dies die Ebenen:

Einstiegsfortbildungen zum Thema Mädchenförderung
Einstiegsveranstaltungen verfolgen mehrere Ziele. Zum einen wollen wir den Lehrerinnen die Möglichkeit geben, für sich zu klären, woher ihr Engagement für Mädchenförderung kommt. Aber auch Strukturen die sie z.B. daran hindern, hierbei Beachtung zu finden. Konkret sind Einstiegsveranstaltungen wie folgt gegliedert:

1. Phase: Kritikphase
Grob umschrieben, setzt sich jede Teilnehmerin in der Kritikphase mit den Fragestellungen auseinander: Was hindert mich daran, konstruktiv und parteilich für Mädchen zu arbeiten?
Dies umfaßt sowohl die eigene Person, als auch die Bereiche Struktur, Mädchen und KollegInnen. Die Teilnehmerin sollen sich hierzu konkrete Situationen aufschreiben, die im Anschluß daran in Kleingruppen vorgestellt werden. Danach werden entsprechend der Teilbereiche, die zu o.g. Fragestellung genannt wurden, Rollenspiele erarbeitet um gemeinsam zu einer Lösung des Problems zu gelangen.

---

[66] Aufgrund unseres feministischen Ansatzes bieten wir Fortbildungen nur für Lehrerinnen an.

2. Phase: Utopiephase

Im Anschluß an die Kritikphase arbeiten wir mit dem Medium Phantasiereise. Jede Teilnehmerin setzt dann die Phantasien, die sie erlebte, in Form eines Bildes um. Dabei lauten die Fragestellungen: Welche Wünsche, Vorstellungen oder auch Träume verbergen sich hinter meinem Engagement für Mädchen? Was verspreche ich mir davon? Was ersehne ich?

Auch hier erfolgt wieder entsprechend der Phantasien der Teilnehmerinnen die Zuordnung zu Kleingruppen. Sie erarbeiten dann *ein gemeinsames Bild ihrer Phantasien*. Dies gibt den Teilnehmerinnen die Möglichkeit, erste Bündnispartnerinnen zu finden, die sie bei ihrem Engagement unterstützen können.

3. Phase: Realisierungsphase

In dieser Phase setzen wir uns dann konkret mit den möglichen Formen von Mädchenförderung auseinander. Hierbei spielen folgende Fragen eine Rolle:

- Was brauche ich für die Umsetzung meiner Ideen?
- Wen muß ich überzeugen?
- Wie setze ich meine Ideen durch? / Wer kann mir helfen?
- Was muß ich beachten?
- Welche Hindernisse muß ich überwinden?
- Was muß ich bei ausländischen Mädchen beachten?
- Was ist Voraussetzung für eine *erfolgreiche* Mädchenarbeit?

Bzgl. der besonderen Situation spielen neben den o.g. Fragestellungen noch folgende Bereiche/-Themen eine wichtige Rolle:

- Hinweis auf die Notwendigkeit von Hausbesuchen um ein Vetrauensverhältnis zwischen den Lehrerinnen und den Eltern aufzubauen.
- Notwendigkeit gezielter Elternarbeit mit ausländischen Eltern (Einladungen müssen in der Heimatsprache verfaßt sein, da die Eltern oft die deutsche Sprache nicht sprechen).

- Informationen über die Bedeutung und Situation der ausländischen Mädchen in Deutschland.
- Bewußte Auseinandersetzung mit der Bedeutung und auch den Folgen dieser bikulturellen Sozialisation.
- Auseinandersetzung mit der eigenen Sichtweise von ausländischen Mädchen.

Themenspezifische Fortbildungen (z.B. Selbstbehauptung, Lebensplanung)

Haben sich die Teilnehmerinnen der Einstiegsveranstaltungen dazu entschlossen, ein mädchenspezifisches Angebot an ihrer Schule einzurichten, schließen wir themenspezifische Fortbildungen an. Das Thema richtet sich nach den Prioritäten und Interessen der Lehrerinnen. Je nachdem stehen dann die Fortbildungen unter einem bestimmten Thema. Unsere Aufgabe ist es dabei, den Lehrerinnen die verschiedenen Möglichkeiten und Ebenen aufzuzeigen, wie dieses Thema mit den Mädchen umgesetzt werden kann (Collagen, Spiele, Rollenspiele, etc.).

Angebote im Rahmen des Unterrichtes in Zusammenarbeit mit einer Lehrerin und Mitarbeiterin unseres Projektes

Entweder begleitend oder aber im Anschluß an eine themenspezifische Fortbildung, führen wir dann zusammen mit den Kolleginnen ein Angebot an der Schule durch. Hierbei kommt uns aber eher eine unterstützende als eine "ausführende" Rolle zu. Durch unsere Anwesenheit stärken wir die Lehrerinnen im Hinblick auf ihre Unsicherheit und können sie auch während des Unterrichts auf mögliche Fehler oder aber auf andere Vorgehensweisen aufmerksam machen. Im Anschluß an den Unterricht besprechen wir dann die Unterrichtsstunde und beschließen gemeinsam die weitere Gestaltung.

Ziel ist es, die Lehrerinnen dahingehend zu stärken bzw. zu unterstützen, weitere Angebote ohne unsere Anwesenheit zu planen.

Forderung an die Schulpraxis aus Sicht von MABILDA e.V.

In meinem Referat, ging es um die Situation von Mädchen an Schulen, wobei auf die spezifische Situation ausländischer Mädchen verwiesen wurde. Gleichzeitig sollte aber auch ein Überblick gegeben werden, welchen Beitrag Jugendhilfeeinrichtungen zu einer Mädchenförderung an Schulen leisten können. Allerdings kann Jugendhilfe nur begrenzt die Mädchenförderung an Schulen sicherstellen.

In der Regel kämpfen Jugendhilfeeinrichtungen mit dem Problem einer zeitlichen Finanzierung. D.h. es kann nicht sicher gestellt werden, daß die Mädchenförderung an Schulen kontinuierlich initiiert oder aber auch übernommen werden kann. Was sie aber leisten kann, ist eine Unterstützung engagierter Lehrerinnen bei der Initiierung und Unterstützung beim Aufbau von mädchenspezifischen Angeboten. Resultierend aus unserer bisherigen Modellarbeit ergeben sich für uns folgende Forderungen an die Schulpraxis:[67]

- Wir schließen uns der Forderung der Bundesregierung an, daß eine Sensibilisierung für die geschlechtspezifische Sozialisation von Mädchen und Jungen bereits in der Ausbildung vorgenommen wird.
- Für LehrerInnen (die bereits im Schuldienst tätig sind) müssen Fortbildungen initiiert werden, die auf folgende Bereiche eingehen sollten.
- Aufdeckung und Sensibilisierung der subtilen Geschlechterdiskriminierung ("heimlicher Lehrplan").
- Auseinandersetzung mit den Ergebnissen der feministischen Schulforschung.
- Fach- und Unterrichtsanalysen.

---

[67] vgl. KRAHECK/MARONA/FÖRSTER/DIRNAGEL 1994

- Es müssen Strukturen geschaffen werden, die es ermöglichen, mit Mädchen zu bestimmten Themen geschlechtshomogen zu arbeiten.
- An Schulen sollte regelmäßig ein sogenannter "Pädagogischer Tag" eingerichtet werden, der sich jeweils mit einem spezifischen Thema der Mädchen- und auch der Jungenarbeit beschäftigen sollte.
- Für LehrerInnen sollte die Möglichkeit von Supervision geschaffen werden.
- Elternarbeit sollte ebenfalls im Schulalltag etabliert werden (über die üblichen Elternabende hinaus).
- Jugendhilfe sollte und kann nicht die Aufgaben von Schule ersetzen, höchstens ergänzen und Anregungen vermitteln.
- Übernimmt Jugendhilfe Aufgaben von Schule, zeigt dies zwingend die Notwendigkeit einer Diskussion über die Möglichkeiten und auch Grenzen einer Bewertung durch Noten.
- Mit Spannung erwarten wir, welche "Verhandlungsspielräume" uns Schulen hier anbieten.
- Des weiteren kann Jugendhilfe Aufgaben der Schule nicht zum Nulltarif übernehmen. Es müssen Gelder bereit gestellt werden, die eine Kooperation mit Jugendhilfe finanziell unterstützen.
- Durch ausländische Kinder und Jugendliche sind unsere Schulen multikulturell geworden. Nicht aber die Schulpraxis. Aus diesem Grunde sollten die Schulbücher dahingehend überprüft werden, ob sie auch die Lebenswelten derjenigen Schülerinnen berücksichtigen, die nicht unserer Kultur angehören. Dies betrifft auch die Unterrichtsinhalte.

ELTERN- UND FAMILIENARBEIT

Familienarbeit
als Bestandteil interkultureller Mädchenarbeit

Isil Yönter

Familienarbeit in der Schule
Bereits um die Jahrhundertwende wurde als eine der schulpsychologischen Maxime die psychologisch-pädagogische Beratung von Schülern diskutiert. In der historischen Betrachtung wird die enge Verknüpfung des Begriffs *Beratung* mit unserem Thema deutlich. Mit der vermehrten Beachtung des Kindes als individuellem und sozialem Wesen wurde offensichtlich, daß Kinder sowie ihre Eltern psychologisch-pädagogisch zu beraten und zu betreuen seien. Verschiedenste Institutionen in den 20er Jahren wurden zur Erfüllung spezifischer Aufgaben installiert (z.b. Fürsorge, Volksbildung). Mit der Neuorientierung in den 50er Jahren und Reformen der Schule in den 70er Jahren als Erziehungs- und Bildungsorganisation wurden neben der Veränderung der Ausbildungsinhalte des Lehrberufs beratende Aufgaben herausgestellt: Schullaufbahnberatung, Einzelfallhilfe bei Lern- und Verhaltensstörungen, Organisations- und Systemberatung (z.B. Schulversuche). Sozial- und berufspädagogische Einrichtungen des Staates und der Kommune entstanden. Auch wurden vermehrt Einrichtungen der freien Verbände gefördert (z.B. Erziehungsberatungen).
Der Beratungsbegriff hat in der pädagogischen Psychologie seinen Platz. Er ist Nachbar- und Ergänzungswissenschaft der Pädagogik und Schulpädagogik. Die Aufgabe der Schule als Institution und wichtiger Soziali-

Sozialisationsagentin, die daneben auch eine wichtige Entlastungsfunktion für die Familie übernimmt, ist eben auch die Intervention im sozialen Feld. Aus pädagogischer, sozialpädagogischer Perspektive ist für diesen Vorgang eine sich partnerschafllich verstehende und am demokratischen Verhaltensstil orientierte Erziehung charakteristisch.

Dem Lehrberuf sind allgemein fünf Tätigkeiten inne: Lehren, Erziehen, Beurteilen, Innovieren und Beraten. Beraten bedeutet, den SchülerInnen Orientierungs-, Beurteilungs- und Beratungshilfen zu geben. Vier Aufgaben sind hierbei beschrieben und in der Sozialwissenschaft auch Forschungsgegenstand: Bildungsberatung, Erziehungsberatung, Schullaufbahnberatung sowie die Berufsberatung. In den Empfehlungen der Bildungskommission des Deutschen Bildungsrats (1970) wird darauf hingewiesen, daß ein Vertrauensverhältnis zu SchülerInnen und den Eltern aufzubauen sei. Die Bemühung um kontinuierliche pädagogische Beratung der SchülerInnen und ihrer Eltern, die Ermittlung ihrer Bedürfnisse, Analyse der Entstehungsgeschichte, Aufschlüsseln der Problemlage, Anstreben von Veränderungen und das Aufzeigen von Alternativen sind Beratungsinhalte, die in Kooperation mit anderen teilbar sind. Beratung als Form des erzieherischen Handelns sucht über bloße Information und Belehrung hinaus, die Situation des/der Ratsuchenden zu klären, Einsicht in dessen/ihre sozialen und individuellen Bedingungen zu vertiefen, die Möglichkeiten des rationellen Verhaltens zu erweitern und den Entscheidungsspielraum des/der einzelnen auszumachen oder zu vergrößern. Das übergeordnete Ziel besteht in der Stärkung der Eigenverantwortlichkeit des Klienten.

Folgende Einstellungen und Fähigkeiten werden bei der beratenden Person vorausgesetzt: Einsicht zur Notwendigkeit der Elternberatung, Akzeptanz der Familie als wichtigem Bezugsrahmen, dem Vertrauen entsprechende

Empathie, Ausgleich von Nähe und Distanz, sprachliche Differenzierung, eigene Affektkontrolle, hohe Frustrationstoleranz, realistische Einschätzung und Sachkompetenz, Selbsterfahrung, Weiterbildung, Supervision und Kooperation mit anderen. Gerade letztere sollte für engagierte LehrerInnen unerläßlich sein, da sie unter einem enormen Erfolgszwang stehen und Unterstützung von außen benötigen. Zunächst bedarf es jedoch vor allem des Bewußtseins über eine Neudefinition der *Familienstruktur*, die sich zusehends von der traditionellen Vater-Mutter-Kind-Triangulation weiterentwickelt hat. Diese beobachtbaren und noch immer in Bewegung befindlichen Veränderungen gelten für deutsche wie für immigrierte ausländische Familien gleichermaßen.

Im Beratungsprozeß ist die Motivation zur Mitarbeit und die Bereitschaft zur Veränderung eine Grundvoraussetzung. Die Bedürfnisse aller Beteiligten sind zu berücksichtigen. Dem eigentlichen Beratungsprozeß sollte sozusagen als Voraussetzung für das Gelingen und als grundlegender Bestandteil von Familienarbeit in der Schule bereits vor dem Auftauchen eines Problems die Kontaktaufnahme zu den einzelnen Familien vorausgegangen sein, welche sich als ein gegenseitiger, möglichst vorurteilsfreier Kennenlernprozeß versteht.

Für unseren Themenbereich gilt, daß vor allem das Anliegen der ausländischen Mädchen im Vordergrund stehen sollte. Ettikettierungen (z.B."...bei den Moslems ist das halt so...") sind unbedingt zu meiden, da sie stigmatisierenden Charakter haben und meist gegenteilige Effekte hervorbringen. Jeder Fall ist individuell zu betrachten. Orientierungshilfen sind keine Entweder-Oder-Schablonen. Die Wahl des Interventionszeitpunktes ist meist entscheidend, die Nutzung von weiteren Kompetenzen oft hilfreich und entlastend. Für Interventionen gilt, daß der Abbau eines

Problems kein neues Problem hervorbringen darf. So sollten beispielsweise vorhandene Strukturen einer Familie nicht vorrangig als das zu bearbeitende Problem einer Beratungssituation betrachtet werden, sondern, auch wenn sie befremdlich erscheinen, zunächst akzeptiert und konkret als gemeinsamer Ausgangspunkt genutzt werden. Ebenso dürfen Modifikationen keine *Negativ*-Folgen für die Bezugspersonen mit sich bringen.

Familienberatung ist immer da angezeigt, wo die elterliche Erziehungsfähigkeit nicht prinzipiell in Frage gestellt ist, sondern nur partiell d.h. die auftretenden Schwierigkeiten durch Familienkontakte wiederherstellbar sind. Wichtig sind kontiniuierliche Angebote, die die Kommunikation verbessern bzw. fördern (Familienarbeit), bevor ein Problem akut zu Tage tritt.

Grenzen

Innerhalb der Schule sind der Familienberatung und Familienarbeit jedoch auch zeitliche und organisatorische Grenzen gesetzt. Die Schuladministration gibt den rechtlichen Rahmen und das Curriculum die Möglichkeiten vor. Neben der nötigen Einwilligung der Erziehungsberechtigten sind Spannungen im Kollegium sowie in der Kooperation mit LehrerInnen-Kollegen alltägliche Erfahrungen.

Das eigene Rollenverständnis, die Divergenzen in Fragen der Schulfunktion, der Lehrinhalte, der Erziehungshaltung, ob fortschrittlich-demokratisch oder konservativ-traditionell sind nur einige Konfliktherde, die emanzipatorisches Arbeiten engagierter LehrerInnen und PädagogInnen erschweren. Daß beispielsweise die selbstverständliche Benutzung der weiblichen Anrede oder das geschlechtsspezifische Arbeiten (Mädchenarbeit/Mädchenprojekte) zu immensen Widerständen oder Ablehnungen führen, sind unglaubliche Wahrheiten. Allerdings stoßen auch immer wieder die LeherInnen selbst an ihre Grenzen, so daß häufig soziales Engagement von einer Art *Müdigkeit* verdrängt wird, die einerseits hervorgerufen wird durch vorhandene Wissenslücken über Kultur und Biographie ihrer ausländischen Schülerinnen, andererseits ist sogar die eigene Akzeptanzbereitschaft der Lehrenden anderern Lebensgestaltungen gegenüber begrenzt. Vor allem können auch durch gesetzliche Sparmaßnahmen und schulische Neuregelungen Motivationen erst gar nicht frei- bzw. umgesetzt werden.

Weitere Problemfelder möchte ich in Stichpunkten aufführen: Schweigepflicht, Weiterbildung, Mehrdimensionalität des Lehrberufs, fehlende Motivation der Zusammenarbeit, eingeschränktes soziales Verhaltensrepertoire und/oder tiefgreifende Persönlichkeitsstörungen bei Eltern und/oder SchülerInnen, die über keine Kompetenzen oder Kräfte zu einer Modifikation verfügen (physische, psychische Krankheiten, Drogen, Alkohol und Tablettenabhängigkeit, Gewalterfahrungen, sexuelle Gewalt, Mißbrauchserfahrungen, konservativ-traditionelles, religiös-fundamentalistisches, rechtsradikal-faschistoides Milieu oder Elterhhaus). Medizinisch-psychologische oder heilpädagogische-logopädische Abklärung bzw. Behandlung sowie außerschulische Orientierung und Kooperation sind zwingend notwendig.

Migration und Interkulturelle Erziehung
Migration
In Deutschland leben derzeit über sechs Millionen Menschen im Ausländer-Innenstatus. Knapp eine Million befindet sich in der Schule bzw. in Bildungsinstitutionen, davon dürfte die Hälfte weiblichen Geschlechts sein. Die Jugendlichen fallen in der Regel durch seelische, schulische und berufliche Probleme auf. Diese entstammen nicht dem Heimatland, sondern

sind durch die Verpflanzung in eine fremde Umgebung entstanden. Ihre ungewollte bzw. nicht selbst entschiedene Migration ging einher mit schmerzlichen Trennungserfahrungen von geliebten Bezugspersonen. Mädchen erleben und erleiden diese Erfahrungen spezifisch. Da häufig Elternteile (meist die Väter) bereits lange Jahre in der BRD lebten, ist ihre Ersterfahrung bei der Ankunft in Deutschland die Fremdheit gegenüber dem Vater/den Eltern.

Ausländische ArbeitnehmerInnen wollen auf ihr traditionelles, kulturelles und religiöses Erbe auch in der BRD nicht verzichten, möchten ihre Sicht der Dinge ihren Kindern vermitteln und durch sie weitergelebt wissen. Meist leben sie im Kreise der eigenen Landsleute. Die entstandene Gemeinde als Subkultur bindet sie, es herrschen starke soziale Kontrollen und Sanktionen. Die Deutschkenntnisse bleiben ungenügend, wenn kein Austausch mit der deutschen Umgebung erfolgt. Das Bild getrennter Wohngebiete, zweier getrennter Sprach- und Kulturkreise ist seit rund 25 Jahren bestimmend und erlebt derzeit durch die Asyldebatte ihre Renaissance. Ein Großteil der Eltern der 1. und auch noch 2. Generation ist in Unkenntnis bezüglich des deutschen Schul- und Bildungssystems. Sie sind nicht in der Lage, ihren Kindern zu helfen oder Anleitung in ihrer Entwicklung zu geben. Kränkungen des Selbstwertgefühls, Unsicherheiten, Ablehnung seitens der Kinder werden in Umkehrung der deutschen Gesellschaft zugeschrieben. Ihre Lebensbedürfnisse erscheinen eingeschränkt auf überspitzte Traditionen und übertriebene Rollenstereotype mit starken Einschränkungen von Selbstbestimmung und Eigenverantwortung aller Beteiligten. Die Verantwortung des Bildungswissens ist an die Schule abgegeben. Wenn es denn nicht klappt, dann hat die Schule... der/die LehrerIn versagt. Das Lernspektrum wird in familiäres und Bildungswissen unterteilt, d.h. was zum gesellschaftlich funktionierenden und was zum familiären funktionierenden Wissen dient. Lerninhalte sind somit oft einander widersprechend oder gar nicht vereinbar. Trotz vielfälltiger Versuche und Bemühungen Schulprojekte zu installieren, sind die Probleme nicht gelöst, sondern erfahren nun eine Zuspitzung: In Dissozialität, Verhaltensauffälligkeiten, psychosomatische Erkrankungen, Identitätskrisen, Orientierungslosigkeit, Interessen- und Antriebslosigkeit der Jugendlichen. Sie erreichen keine Schulabschlüsse, Berufs- und Arbeitslosigkeit (1980: 60% ohne Hauptschulabschluß; Anteil türkischer Kinder in Sonderschulen bis 60%) werden zur aussichtslosen Lebensperspektive. Der Analphabetismus in zwei Sprachen geht mit Generationskonflikten und Kommunikationsstörungen einher. Ungelöste Probleme führen zu Spannungen zwischen MigrantInnen und Deutschen, sowie verschiedenen ethnischen Gruppierungen. Erziehungsfragen werden Innen- und Außenvertretungen zugeschrieben. Der Vater/der Sohn tritt als Repräsentant in die Öffentlichkeit auf, wobei die Rollenverteilung mit der innerfamiliären Dynamik nicht stimmig ist. Den Müttern kommt eine bedeutende Rolle zu, leider auch im Erhalt patriachaler Regeln und der Einforderungen dieser. Häufig sind es gerade die Mütter, die sich gegen Veränderungen sträuben bzw. überkommene Strukturen aufrechterhalten. Entwicklungen, welche die bekannte Ordnung zerstören könnten, werden Widerstände entgegengebracht. Im muslimischen Kulturkreis spricht man/frau von einem heimlichen Matriarchat.

Fakt ist, daß es für benachteiligte ausländische Familien keine angemessenen Therapie- und Beratungsangebote gibt. Nur vereinzelt sind Modellprojekte installiert worden, deren Ergebnisse jedoch nicht in der Regelversorgung berücksichtigt wurden. Zum Verständnis der Familien, die sich im kulturellen Wechsel befinden, sind psychodynamische, familiendynamische

Mechanismen, politische, ökonomische und rechtliche Rahmenbedingungen, wie auch Einflüsse der Sozialisationsstrukturen des Herkunftslandes und des Aufnahmelandes zu berücksichtigen. Individuen gehören gleichzeitig mehreren Gruppen an. So geschieht es, daß Regeln allein dadurch verletzt werden, daß an den Regeln einer Gruppe festgehalten wird. Besondere Schwierigkeiten treffen vor allem die SchülerInnen, da in der familiären Sozialisation andere Normvorstellungen wirksam sein können, als im schulischen Interaktionsprozeß. Scheinbar besonders klar sind Verhaltensregeln und Normen für Mädchen definiert.

Die Familienarbeit beginnt meist an einem Konflikt, d.h. einer *Auffälligkeit* zu einem bestimmten Bezugssystem. Thematisiert wird sie durch engagierte PädagogInnen mit besonderer Zuwendung und Aufmerksamkeit, die auch Hausbesuche nicht scheuen. Begleitet ist die Kontaktaufnahme in der Regel durch erhebliche Sprachschwierigkeiten der Elternteile. Die Beziehungsaufnahme steht gewöhnlich unter Zwang und Druck mächtiger deutscher Institutionen. Eine ganze Reihe von pädagogischen, medizinischen und sozialen Einrichtungen sind zum Ärger der Familie eingeschaltet. Sprach-, Kultur- und Schichtbarrieren erschweren die Verständigung und das Inanspruchnehmen adäquater Hilfs- und Beratungsangebote. Eine große Rolle spielt hierbei der sozio-ökonomische Status der Eltern, die soziale Position, welche die Jugendlichen in ihrer weiteren Umgebung oder zu den Bezugspersonen haben, sowie der Bildungsstand, die Religionszugehörigkeit (Richtung), die Sprache oder der Dialekt. Nicht zuletzt aber auch diskriminierende Sozialisationserfahrungen oder versteckte Kränkungen durch deutsche Behörden. Daraus entstehen Minderwertigkeitsgefühle, Hemmungen, Unterordnungstendenzen oder starke Außenaggressionstendenzen. Kinder und Jugendliche, um die es hier geht, sind zudem gezwungen, als MittlerInnen bzw. VermittlerInnen auch noch auf sprachlicher Ebene für die Eltern zu fungieren. Konfliktkonstellationen im Akkulturations- und Assimilationsprozeß bringen für ausländische Mädchen ganz spezifische Schwierigkeiten mit sich, die innerhalb der Schule und in außerschulischen Einrichtungen (außer speziellen Mädchenberatungsstellen, Mädchenangeboten) nicht berücksichtigt werden. Das lärmende ausagierende Verhalten von Jungen verklärt den pädagogischen und wissenschaftlichen Blick auf das oft stumme Leiden der Mädchen. Die Förderung der Mädchen in sozialer Kompetenz, sozialer Motivation und Ich-Stärke sind zu dringlichen Aufgaben geworden.

Interkulturelle Erziehung
Die Aufgaben der Schule für ausländische Kinder/Jugendliche sind:
1. Einführung in Sprache/Kultur des Aufnahmelandes,
2. Erhalt der Sprache/Kultur des Herkunftlandes und
3. Einführung der einheimischen Schüler in Sprache/Kulturen der MigrantInnenkinder.

Jedoch fehlen noch immer pädagogisch-soziologisch begründete Konzepte innerhalb der Schule und des Bildungsapparats.
Oben genannte Zielsetzungen ergeben in sich schon ein kaum lösbares Spannungsfeld, das Schule ohne Hilfe von außen, d.h. freie Träger, Maßnahmen der außerschulischen Jugendhilfe und der offenen Jugendarbeit nicht zu leisten und zu bewältigen vermag.
Die interkulturelle Hypothese als Erziehungsziel rückt ab von der Vorstellung, daß Schülerinnen einer Klasse eine soziale, sprachlich und kulturell homogene Gesellschaft sind. Vielmehr ist die Heterogenität für den Unterricht konstitutiv. Das Abweichen von der Defizittheorie hin zu der

Prämisse der Gleichwertigkeit der Kulturen ergibt neue Vorgehensweisen, wobei die lebendige MigrantInnenkultur als eigenständiger Ausdruck der Migrationserfahrung von der Herkunftskultur getrennt wird. Die Sichtweise von der Höherwertigkeit der westlich-industriellen Orientierung als Selbstverständlichkeit ist hinfällig, birgt jedoch die intensive Auseinandersetzung (z.B.) mit folgenden Konfliktpotentialen in sich: Neue Geschlechtsrollendefinitionen, Individualität vor Familienorientierung, blinde Orientierung an religiösen Normen über den Privatbereich hinaus. Ziele der interkulturellen Erziehung sollten sein: Fähigkeit zur Wahrnehmung von Kulturunterschieden, kultureller Vielfalt und der Akzeptanz ihrer Gleichwertigkeit; Fähigkeit zu Kritik und gemeinsamer Entwicklung neuer Lebensmöglichkeiten in einer multikulturellen Gesellschaft; Hilfe und Anleitung zur Auseinandersetzung mit Konflikten und Konfliktlösungsstrategien. Mädchenspezifische Themen, wie die historische Betrachtung der feministisch-emanzipatorischen Frauenbewegung des Herkunftslandes, der patriachalen Gesellschaftsstrukturen, der Frage nach Chancengleichheit und Formen der Benachteiligungen sind ebenfalls interkulturelle Arbeitsinhalte. Die Folgeerscheinung von Migration als Zerrissenheit der Betroffenen durch den Wechsel zwischen Heimatland und Deutschland, das Hin- und Hergerissensein zwischen der deutschen und z.B. der türkischen Lebensmöglichkeit beinhaltet Spaltungen wie gut-böse, schwarz-weiss. Die Synthese aus zwei Kulturen zu neuen Lebensformen und eines neuen Kulturbegriffs zu entwickeln und anzustreben, müßte die Zielsetzung sein. Die außerschulische und offene Jugendarbeit hat die notwendigen Maßnahmen erkannt.

Daß schulbezogene Pädagogik die Trennung von Sozialpädagogik und Sozialarbeit überwinden muß, ist bereits in Forschung und Literatur gefordert. Die Sozialpädagogik hat durch den gesellschaftlichen Handlungsbedarf Projekte für benachteiligte Gruppierungen angeregt, Initiativgruppen- und Gemeinwesenarbeit betrieben und sich vielfältig weiterentwickelt. Sie widmet sich Themen der vorschulischen Förderung und der interkulturellen Erziehung von Kindern und Jugendlichen, dem Ausländerrecht und der Sozialberatung, der Lebenssituation von Frauen, der Gesundheits- und politischen Situation von MigrantInnen, der Betreuung von Arbeitslosigkeit bedrohten Jungarbeiterinnen und arbeitslosen Jugendlichen (hier insbesondere Mädchen in BVJ/BGJ-Klassen) und den neuen Technologien, um die wesentlichsten zu nennen. Da Schule ursprünglich als Einrichtung zur Vermittlung und Erziehung von gesellschaftlichen Anforderungen galt, welche die Familie nicht mehr leisten konnte, diese aber nunmehr ihrerseits bestimmte Problemfelder nicht mehr als erfüllbar betrachtet, kommt es zum weiteren Bruch zwischen außerschulischer und schulischer Sozialisation. Weder familiäre noch schulische Sozialisation scheinen zunehmend den gesellschaftlichen Wirklichkeiten gerecht werden zu können. Die Förderung eines autonomen und eigenverantwortlichen Lebens (Fragen der Berufs- und Lebensplanung) bedarf weiterer Sozialisationsinstanzen. Um das Auseinanderklaffen von Leben und Lernen zu beschneiden, erscheint die Verbindung von außerschulischer Bildungs- und Beratungsarbeit geeignet zu sein. Leider ist hierbei die Prophylaxe der Feuerwehrfunktion gewichen. Zum befriedigenden Zusammenwirken von Elternhaus, Schule und Gesellschaft wurden zwar langfristig stabilisierende Hilfen installiert (die Betreuung dauert oft Jahre lang), diese sind jedoch abhängig von politischen Machtverhältnissen und regelmäßig durch Existenzgefahr bedroht. Die Freizeitpädagogik (ursprüngliche Gruppenarbeiten: basteln, handarbeiten, nähen, kochen etc.) wird immer mehr zum

Ort professionellen Handelns und Beratens. SozialpädagogInnen sind damit beauftragt, gegenüber den einzelnen Jugendlichen bzw. deren Familien durch unmittelbare Anleitung, Beratung und Hilfe an der Lösung von Aufgaben der Jugendhilfe mitzuwirken. Eltern sollen durch gemeinwesenorientiertes Arbeiten einbezogen werden (außerschulische Lernerfahrungen der Eltern und der Jugendlichen nutzen), da sonst kein dauerhafter Erfolg zu erwarten ist. Der im Fortgang der Industrialisierung begründete Wandel unseres Lebens hebt bekannte Grundzüge auf und weist neue Tendenzen aus, die es zu bewältigen gilt. Wer, wo und wie pädagogische Arbeit leisten will, muß vorab die Entscheidung treffen, welches seine Zielgruppe ist, und ob familienorientierte oder parteiliche Konzepte (z.B. Mädchenarbeil) der eigenen Person entsprechen. Fort- und Weiterbildung sind Grundvoraussetzung professioneller Arbeit und ich meine, daß unsere Wertschätzung des Klientels diese auch fordert.

Erfolgreiche Familienarbeit...
beginnt mit dem Schaffen eines Systems formeller und informeller außerfamiliärer Freizeit- und Bildungsangebote. Integrative Hilfestellungen, die ein besseres Gemeinschaftsleben in der Freizeit fördern, wie Feste feiern, Kinderprojekte, Kontakte über Vereine/Sportverbände, Austausch der Partnerstädte, gesellige Elternabende, Infoveranstaltungen, Hausbesuche, Nachbarschaftshilfe u.a. sind sicherlich ein Anfang. Konstruktive Elternarbeit bemüht sich aber auch um Wissen und Kenntnisse der Arbeits- und Wohnverhältnisse, Rechtsverhältnisse, außerfamiliäres Kommunikationsverhalten, Normvorstellungen, Erziehungsverhalten und die religiöse Gebundenheit der jeweiligen Familie. Das Motto: Je früher, desto besser (Kindergarten, Elementarbereich).

Fazit

Eine umfassende Analyse von gesellschaftlichen Bildungsformen ist erforderlich und voranzutreiben. Die Ergebnisse von Ursache/Wirkung-Zusammenhängen müssen möglichst schnell auf breiter Basis in die Praxis umgesetzt werden und dem Menschen Zukunftsperspektiven bieten. Nicht zu vergessen, und das erscheint mir das wichtigste, sind Erkenntnisse politisch einzuklagen bzw. einzufordern; denn ohne Finanzierung und Absicherung des Wissens und ihrer Umsetzung in die Praxis erklärt sich ein Staat für geistig-wissenschaftlich und sozial bankrott.

Themenvorschläge zu interkultureller Mädchenarbeit :

- Wissen um Kulturenvielfalt (positive Identifikationsmöglichkeiten bieten),
- kritische Reflexion der eigenen Kultur,
- Erlernen unbekannter Kulturtechniken, Kognitive Grundlagen für demokratische Einstellungen, Regeln sozialer Umgangsformen (Respekt, Achtung),
- Auseinandersetzung mit egozentrischer, eurozentrischer Haltung,
- Mädchenspezifische Themen (Liebe, Sexualität, Partnerschaft, Familie),
- Historische Betrachtung der feministisch-emanzipatorischen Frauenbewegung der Herkunftsländer,
- Kritik patriachaler Gesellschaftsstrukturen (Chancengleichheit vs. Formen der Benachteiligung),
- Generations-und Kulturkonflikte,
- Sexualität/Aufklärung, sexualpädagogische Inhalte,
- Suche nach internationaler Begegnung,
- Tochter-Mutter-Beziehung (auch mehrere Generationen),
- Suche nach Frauen-Vorbildern,
- Individuelle Biographiestudien,
- Bekannte und unbekannte Frauen in der Geschichte, Naturwissenschaften u.ä.,
- Ausbildungs-, Bildungs- und Arbeitsmarktsituation für Frauen, Mädchen, Nichtdeutsche,
- Übungen, Selbstbehauptung (Ich-Findung, Ich-Stärkung),

- Vergleichende Definitionen/Bedeutungen von Selbstständigkeit, Unabhängigkeit, Attraktivität, modern-sein, altmodisch-sein,
- Weltreligionen,
- sprachliche, sozialkundliche, religiöse und musische, fächerübergreifende und projektorientierte Unterrichtsformen-und Methoden,
- gleichberechtigte Zusammenarbeit im bi-nationalen Team (Modellcharakter in Projektarbeiten).

Eltern und Familienarbeit:
Mädchen zwischen Schule und Eltern

Ikbal Berber / Wolf B.Emminghaus

Einführung

Die Fragestellung *Mädchen zwischen den Kulturen* verweist auf die Problematik von Interkulturalität überhaupt. Im folgenden werden einige Aspekte von Kulturwissenschaft und insbesondere der kulturvergleichenden Psychologie dargestellt sowie Überlegungen zur interkulturellen Begegnung. Solche Kenntnisse im Grundlagenwissen verhelfen zu einem besseren Verständnis der individuellen Situation und ermöglichen eine andere Sichtweise von *Mädchen in zwei Kulturen*.

Der allgemeine Text ist als Arbeitsanleitung gedacht. Er führt hin zu konkreten Arbeitsschritten von Seminarteilnehmerinnen und bereitet anschließende Workshops vor. Arbeitsaufträge sind im Text benannt, aber nicht ausgeführt.

Die interkulturelle Familienarbeit ist ein Teil der Erziehung, aber nicht im Sinne von Fachvermittlung und Wissensvermittlung. Erziehung ist in diesem Fall, mehr noch als in anderen Bereichen, Beziehung und umfaßt beide, den Pädagogen und den zu Erziehenden. Interkulturelle Familienarbeit ist somit ein Teil der interkulturellen Kommunikation. Im folgenden werden deshalb Grundfragen der interkulturellen Kommunikation behandelt.

Der Fremde

In der interkulturellen Familienarbeit haben wir es mit Fremden zu tun. Der Fremde wird von dem Soziologen Georg Simmel als *der Gast, der bleibt* bezeichnet.[68] Als solches umfaßt der Begriff eine *Einheit von Nähe und Entferntheit:*

> *die Distanz innerhalb des Verhältnisses bedeutet, daß der Nahe fern ist, das Fremdsein aber, daß der Ferne nah ist. Denn das Fremdsein ist natürlich eine ganz positive Beziehung, eine besondere Wechselwirkungsform.*[69]

Das Fremdsein, das Unbekannte des Anderen ruft (bei den Einheimischen) Angst hervor; es kann aber auch vom Unbekannten, das der Fremde repräsentiert, eine Faszination ausgehen. Und das dem Fremden gegenüber gezeigte Verhalten ist dann von Abwehr und Verlangen zugleich bestimmt.[70] Simmel weist unter anderem darauf hin, daß der Fremde aufgrund seiner Unbefangenheit als Richter herangezogen werden kann und führt als historisches Beispiel italienische Städte an, die ihre Richter von auswärts holen.

Bekannt ist der Ausspruch von Karl Valentin: "Fremd ist der Fremde nur in der Fremde." Auch hier wird der Bezug des Fremden zu seiner Umgebung betont, durch den er erst zum Fremden wird. Dies gilt allerdings umgekehrt auch für den Einheimischen, wenn er/sie mit Fremden zu tun hat. Wir können deshalb sagen, daß wir selbst als Einheimische in der Beratung von Fremden Fremde sind. Wir fühlen uns fremd und wir drohen auch, uns selber fremd zu werden in der Auseinandersetzung mit dem Fremden. Der Kontakt mit einer fremden Kultur wird in diesem Sinne oftmals damit verglichen, daß wir als Landbewohner plötzlich im Wasser leben müßten. Unsere eigene Kultur fehlt uns so wie die Luft zum Atmen. Wir werden uns fremd in der Auseinandersetzung mit den Fremden, und Befremdliches gibt es auch in uns

---

[68] s.a. LOYCKE 1992.
[69] SIMMEL 1908, cf. LOYCKE 1992, S.9
[70] LOYCKE 1992, S.104

selbst. In diesem Sinne hat Sigmund Freud vom Unbewußten als dem *inneren Ausland* gesprochen. Aus all dem folgt, daß wir uns bei der Beschäftigung mit fremden Familien mit uns selbst, mit den Fremden und mit der Beziehung zueinander beschäftigen müssen.

Interkulturelle Komunikation
Schon im Begriff der interkulturellen Kommunikation sind zwei Aspekte enthalten, nämlich Verschiedenheit einerseits und Gemeinsamkeit andererseits: Der Begriff *interkulturell* impliziert, daß es zwei unterschiedliche (kulturell geprägte) Denkweisen gibt: diese bilden den Ausgangspunkt. Der Begriff *Kommunikation* impliziert, daß eine gemeinsame Ebene der Verständigung hergestellt werden kann: diese bildet den Zielpunkt. Im Rahmen des Zusammentreffens von Angehörigen verschiedener Kulturen ("Kulturen treffen sich nicht, aber Menschen können sich begegnen") können grundsätzlich mindestens drei Zugänge unterschieden werden. Bei allen besteht die Absicht, den Fremden zu verstehen und seine Interessen zu berücksichtigen.

Der individualistische Standpunkt
Es besteht die Vorstellung, daß jeder anders ist, daß sich jeder von jedem anderen unterscheidet. Die kulturellen Unterschiede werden akzeptiert, die Toleranz für Andersartigkeit wird sogar noch ausgeweitet: So wie sich Angehörige verschiedener Kulturen voneinander unterscheiden, so unterscheiden sich auch die Angehörigen ein und derselben Kultur voneinander. Wird eine solche Sichtweise in einem Training vermittelt, dann wird das allgemeine Ziel verfolgt, die *prinzipielle* Andersartigkeit bzw. Unverwechselbarkeit der Menschen hervorzuheben und damit die

augenfällige Andersartigkeit der Kulturfremdheit und deren beängstigenden Aspekt in ihrem Ausmaß zu reduzieren. Wenn ohnehin jeder anders ist als der andere, muß sich die kulturelle Fremdheit als normal ausnehmen, die eigene kulturelle Zugehörigkeit als zufällig und unwichtig. Damit ist das Verständnis für den fremden Menschen als Mensch gewährleistet, allerdings nicht für den fremden Menschen. Der Fremde wird allein gelassen in seiner Fremdheit, und der Einheimische entzieht sich der Notwendigkeit, sich der Auseinandersetzung mit der kulturgebundenen Fremdheit zu stellen. Diese Fremdheit gilt nur als akzidentiell, sie wird geleugnet bzw. aufgelöst in der allgemeinen Andersartigkeit. Gemeinsamkeiten als Ausgangspunkt der Kommunikation und als zu entwickelnde Ziele werden nicht systematisch angegangen. An deren Stelle tritt ein allgemeiner Relativismus: das einzig Gemeinsame besteht darin, daß jeder anders ist als der andere.

Der egalitäre Standpunkt
Hier geht man von der Vorstellung aus, daß alle gleich sind. In diesem Fall werden die kulturellen Unterschiede, und darüber hinaus alle Unterschiede zwischen Menschen geleugnet. Alle bei Fremden zu beobachtenden Andersartigkeiten werden als oberflächlich angesehen. Es wird darauf verweisen, daß es bei uns genauso ist. Auch bei uns gibt es Schwierigkeiten in der Kommunikation, Probleme in ehelichen Beziehungen und bei der Kindererziehung. Auch bei uns geht es im wesentlichen darum, daß man essen und trinken muß und sein Geld zu verdienen hat und dergleichen mehr. Das Aufzeigen der *prinzipiellen* Gleichheit hat die Funktion, sich über die Beängstigungen hinwegzuhelfen, die mit der prima facie erfahrenden Andersartigkeit verbunden ist. Unterschiede als Ausgangspunkt für die Bewertung des anderen werden geleugnet. Zugleich wird die Gleichheit

nicht als Ziel konstituiert, das man erst gemeinsam zu erreichen versucht. Die Gleichheit wird vielmehr als gegeben vorausgesetzt.

Interkulturelle Kommunikation
Im Fall der *interkulturellen Kommunikation* wird beides gemeinsam gesehen, die Andersartigkeit und die Gleichheit. Bei der *interkulturellen Kommunikation* geht es darum, den anderen und sich selbst zunächst zu ermutigen, sich in seinem Anderssein auszudrücken und auf Akzeptanz rechnen zu können. Anstelle der Gleichheit tritt die Gleichberechtigung beim Ausdrücken der Andersartigkeit. Dieser Schritt führt zu einem wechselseitigen Verstehen. In einem zweiten Schritt, wenn die Beteiligten der interkulturellen Kommunikation ihre Anschauungen und Zielsetzungen ausgedrückt haben, bemühen sich beide Seiten, Gemeinsames aufzufinden bzw. Gemeinsamkeiten zu entwickeln, falls Widersprüche oder Unverträglichen in der Kommunikation stehen geblieben sind. Dieser Schritt dient der Verständigung. An die Stelle von Gleichheit tritt Gleichberechtigung, an die Stelle von Unterschiedlichkeit tritt Anspruch auf Anerkennung der Individualität.

Menschen in der Kultur-Kontakt-Situation
Die interkulturelle Kommunikation muß die kulturelle Andersartigkeit als systematischen Faktor in der Kommunikation berücksichtigen. Dabei gilt es jedoch, weitere Differenzierungen der beteiligten Gruppen zu berücksichtigen. Diese betreffen den Rechtsstatus, die Motive des interkulturellen Zusammentreffens und Verarbeitungsformen, um nur einige Aspekt zu benennen.

Man kann zum einen die *Mobilität* und die *Freiwilligkeit* als Bezugspunkte von Gruppen im interkulturellen Kontakt heranziehen und kommt dann auf vier unterschiedliche Gruppen. Es sind dies die *Migranten*, die freiwillig zu uns gekommen sind (ausländische Arbeitnehmer), die *Flüchtlinge*, die ihr Land verlassen mußten (unfreiwillig gezwungene Migranten). Daneben sind *Einheimische* (Seßhafte) freiwillig mit Kulturfremden in Kontakt, etwa in einer sich multikulturell verstehenden Gesellschaft (Belgien, Schweiz) oder unfreiwillig, wenn sie sich als Opfer einer Invasion verstehen. Wir wissen aus unserer eigenen Erfahrung, zu welcher Gruppe wir uns zählen. Dies hängt unter anderem auch davon ab, an welche Fremden wir denken. Ich möchte Sie im folgenden ermutigen, einmal für sich nachzudenken, wann Sie sich selbst (gezwungen oder freiwillig) als Migrant/in empfunden haben und wann und mit welchen Fremden Sie sich als bedroht oder bereichert gefühlt haben.

Bei der vorhergehenden Differenzierung sind wir schon auf verschiedene Gruppen gestoßen. Es ergaben sich Unterschiede und Ähnlichkeiten zwischen uns und den Fremden. Als Einheimische haben wir uns von den Ausländern differenziert. Doch diese Differenzierung ist nicht so einfach. Sind hier geborene Menschen mit ausländischem Paß Ausländer oder Deutsche? Ist ein im Ausland geborener Abkömmling deutscher Eltern ein Ausländer oder ein Deutscher? Wir wollen im folgenden von der Situation der Migranten ausgehen, und kommen bei einer einfachen Gegenüberstellung zu vier Gruppen.

Es gibt *Ausländer* und *Deutsche,* und unter beiden Gruppen Flüchtlinge und Nicht-Flüchtlinge. Deutsche Flüchtlinge sind Vertriebene/Aussiedler und DDR-Flüchtlinge, ausländische Flüchtlinge sind Asylbewerber, Kriegsflüchtlinge u.a. Unter den Ausländern sind aber auch Nichtflüchtlinge wie

Arbeitnehmer, ausländische Soldaten etc. Und wie steht es mit uns selbst? Sind wir alle Deutsche und nicht geflohen? In der Bundesrepublik leben 16 Millionen Flüchtlinge und Vertriebene, sicher auch einige unter uns. Es stellt sich nun die Frage, ab wann man dann ein wirklich einheimischer Deutscher ist. Wann hört man auf Flüchtling oder Zuwanderer zu sein?

In der Kultur-Kontakt-Situation, die uns alle betrifft, Einheimische und Zuwanderer, kommen wir in einen interkulturellen Konflikt, der von einer allgemeinen Irritation bis zum Kulturschock reichen kann. Idealtypisch gibt es *vier verschiedene Verarbeitungsmuster* zur Bewältigung des Konfliktes: Bei der *Assimilation* wird die Herkunftskultur zugunsten der Aufnahmekultur aufgegeben. Bei der *Separation* behält man seine Herkunftskultur bei und lehnt die der Aufnahmekultur ab. Im Kulturkonflikt können Herkunfts- und Aufnahmekultur an Wert verlieren: eine *Marginaliserung* ist das Ergebnis. Eine eigentliche Konfliktlösung, im Gegensatz zur Konfliktbewältigung, bei der immer ein Teil auf der Strecke bleibt, besteht in der *Integration* von Herkunfts- und Aufnahmekultur, die zu einer neuen Verknüpfung führt, die u.U. sehr individuell sein kann. Die oben genannten Verarbeitungsmuster können unter Umständen in verschiedenen Bereichen unterschiedlich angewandt werden. Zeitweilige *Doppelidentitäten* sind fast die Regel; kulturelle Rückzugsräume werden meistens beibehalten. Ausländer können zum Beispiel im öffentlichen Leben *deutsch* sein, im Familienleben ihre eigene Kultur weiterleben. Aussiedler können entsprechend halb russisch gelebt haben, dennoch deutsch sein. Wir haben selbst eigene Erfahrungen mit uns selbst (was übernehmen wir von Ausländern, was nicht?) und mit den Fremden, die wir aus unserer Arbeit kennen.

Die Verarbeitungsmuster des Kultur-Kontakts sind immer auch dynamisch *aufgeladen* und es gibt vielfache Wechsel verschiedener Muster. Das Gefühl drohender Marginalisierung kann zu Überreaktionen der Assimilation oder Separation führen; letztere können in einem raschen Wechsel aufeinander folgen.

Es gibt je nach Sichtweise verschiedene *Arten von Fremdheit.* Die allgemeine politische Diskussion mischt diese häufig. Wenn man sich selbst in der Kultur-Kontakt-Situation befindet, wird man den Wechsel von Bezugspunkten selbst erleben können. Im folgenden werden vier Sichtweisen aufgeführt:

1. *Psychologisch* ist Fremdheit eigentlich ein neutraler Begriff. Fremdsein steht in diesem Sinne zwischen erlebter Akzeptierung und (häufiger) erlebter Zurückweisung. Man kann hier von Fremdenfeindlichkeit und Fremdenfreundlichkeit sprechen.

2. *Soziologisch* ist Fremdheit eine Frage der Partizipation am Gemeinwesen. Hier stellt sich im wesentlichen die Frage der Staatsangehörigkeit, die verbunden ist mit Rechten und Pflichten.

3. *Ökonomisch* ist Fremdheit eine Frage der Einbeziehung bzw. des Ausschlusses vom Wohlstand. Auch in einer multikulturellen Gesellschaft kann es ökonomische Ungerechtigkeit geben. Ausländer machen die schlecht bezahlten Jobs; das interkulturelle Mosaik wird ein vertiakles Mosaik. Wir alle kennen Beispiele.

4. *Politisch* im Sinne der Charta der Menschenrechte und der Grundrechte unseres Grundgesetzes ist jeder Ausländer Mit-Mensch und hat teil an der Weltbürgerschaft.

Bei unserer interkulturellen Arbeit müssen wir immer wissen, auf welcher Ebene wir uns befinden. Man muß zum Beispiel nicht immer gut Freund sein mit jemandem, der Ansprüche auf seine Rechte hat usw..

Eltern- und Familienarbeit

Alle Begriffe und alle Institutionen sind kulturell geprägt. Das gilt auch für die Begriffe Eltern, Familie, Mädchen, Schule und deren Verhältnis zueinander. Eltern sind in der Regel definiert als biologische Erzeuger. Und doch ist das nicht alles. Die Vaterschaft zum Beispiel muß erst anerkannt werden oder wird in einem zivilrechtlichen Verfahren erst nachgewiesen. In einigen Kulturen ist es klar, daß das Kind (nach der Anfangsphase der biologischen Abhängigkeit) zum Vater gehört, der ihm erst eine Position in der Gesellschaft ermöglichen kann,[71] in anderen Kulturen leitet sich ein bevorzugter Anspruch der Mutter aus der biologischen Abhängigkeit ab. Die Dauer der Elternschaft unterscheidet sich von Kultur zu Kultur, ebenso ob es neben den Eltern institutionell noch andere Erziehungspersonen gibt (Großeltern, Onkel, Paten).

Es stellt sich zudem die Frage, ob die Beziehung eines Ehepaares zueinander sich ändert, wenn sie Eltern werden. Sagen die Eltern etwa *Papa* bzw. *Mama* zueinander? Auch ist es kulturell unterschiedlich, ob eine Familie als eine durch Liebe verbundene Intimgemeinschaft ist oder eine kulturelle Institution oder eine Wirtschaftsgemeinschaft. Damit verbunden stellt sich die Frage der Anforderungen aneinander. Welche Forderungen kann zum Beispiel die kleinere Schwester an ihren größeren Bruder stellen, welche Verantwortung hat die ältere Schwester für die kleineren Geschwister etc..

---

[71] BETTY MAHMOODY: Nicht ohne meine Tochter

Familie/Elternhaus sind in der Regel definiert als eine Gemeinschaft von Verwandten beiderlei Geschlechts und mehrerer Generationen. Das gilt nicht überall. Es gibt Mehrgenerationenfamilien; die Kernfamilie beschränkt sich auf zwei Generationen. Es gibt auch Alleinerziehende. Sind das unvollständige Familien oder eigene Einheiten? Und wo wohnt die Familie; bei der Großfamilie der Mutter oder des Vaters? In vielen Kulturen gibt es positionale Bezeichnungen der Geschwisterposition. Außerdem werden auch Kinder der Geschwister der Eltern als Brüder bzw. Schwestern bezeichnet. Als Mädchen können Kinder weiblichen Geschlechts bis zur Pubertät gelten oder bis zur Eheschließung oder bis zu einem rituellen Fest, das die Menarche markiert. In Deutschland gibt es Konventionen darüber, wann man ein Fräulein Frau nennen soll (ab 18 Jahre), in USA gibt es die Bezeichnung Ms. (statt differenzierend Miss, Mrs.). In einigen Kulturen gilt es als peinlich, in anderen als Ehre, sich als Jungfrau erkennen zu geben.

Die Bedeutung der *Schule* kann ebenfalls kulturunterschiedlich gesehen werden. In einigen Kulturen gehört die Schule zum öffentlichen Sektor der Erziehung, der von der privaten Erziehung ganz getrennt ist. Es gibt auch eine klare Aufgabenteilung: Die Wissensvermittlung und die Integration in die Gesellschaft obliegt der Schule, das soziale Lernen bleibt dem Elternhaus überlassen. Daneben gab es in der sog. ersten und zweiten Welt eine Verflechtung von Schule und Elternhaus. Im Westen als Kooperation von Eltern und Lehrerinnen, im Osten als Ausdehnung des Staatsbereichs in das Privatleben. Das Zusammentreffen verschiedener Vorstellungen kann dazu führen, daß ausländische Eltern der Meinung sind, die deutschen Lehrerinnen würden *ihren Job nicht tun*, während die deutschen Lehrerinnen die Meinung haben, die ausländischen Eltern seien an ihren Kindern nicht interessiert. Auch wir müssen uns hier über unsere Grundlagen erst sicher sein. Und uns selber vergegenwärtigen, welche kulturellen Grundlagen bei uns Familie und Schule haben.

Kommunikative Grundlagen

Kommunikative Grundlagen der interkulturellen Kommunikation lassen sich unter anderem aus dem Vorgehen von Anthropologie und kulturvergleichender Psychologie ableiten.[72] Hier ist insbesondere die *emig-etic*-Unterscheidung bedeutsam geworden und die Prozesse, die dazu führen, daß man aus dem Verständnis einer Kultur aus sich selbst zu einem universellen Verständnis gelangt. Ein Hilfsmittel zu einem solchen Verständnis besteht darin, manifeste kulturelle Erscheinungen auf ihre zugrundeliegende Bedeutung zu überprüfen. Das kann man mit kulturfremden Interaktionspartnern direkt tun. Immer geht es darum, hinter den Unterschieden in der Erscheinung, Gleichwertigkeit (*Äquivalenz*) in der Bedeutung zu entdecken bzw. zu erarbeiten. Der (Kultur-) Relativismus wird damit auf etwas Gemeinsames zurückgeführt, zu dem das Relative relativ ist.

Konflikt und Verständigung

Konflikte können aus Mißverständnissen entstehen. Sie können aber auch Gegensätze von Interessen von Weltanschauungen etc. betreffen. Entsprechend sind Kulturkenntnisse eine vielleicht (!) notwendige, aber nicht hinreichende Bedingung für interkulturelle Kommunikation. Hinzukommen müssen gemeinsame Ziele. Gemeinsamkeiten finden und/oder zu entwickeln, ist deshalb der Motor der interkulturellen Kommunikation. Diese Gemeinsamkeiten können bestehen im persönlich-affektiven (Freundschaft), im Wunsch, gemeinsame Ziele zu erreichen (Kooperation), in der gesellschaftlichen Teilhabe oder in der gemeinsamen Arbeit an dem Projekt Mensch und Umwelt.

Verständigungsprozesse
Bei der Verständigung spielen viele Faktoren zusammen. Es mag den Willen zum Verstehen geben und zu gemeinsamen Zielen. Man ist aber nicht gefeit gegen dynamische Prozesse wie Projektionen. Wenn einerseits Empathie in die kulturelle Fremdheit gefordert ist, ist nicht zu vermeiden, daß man etwas von seinen Wünschen und Vorstellungen mitnimmt bei dem Verständnis des anderen. Negative Einstellungen können Folge von negativen Projektionen eigener Wünsche sein (die Araber nutzen ihre Frauen aus); Wünsche positive Projektionen widerspiegeln (gäbe es doch auch einen Harem bei uns).
Im systemischen Denken werden Neutralität und Allparteilichkeit gefordert. Im Vorgehen des zirkulären Fragens denke ich darüber nach, welche Sichtweise wohl der andere haben mag. Erst dann tritt die affektive Bewertung ein, die dadurch abgemildert wird, daß (allparteilich) in allen Positionen etwas Positives gesehen wird.

Pädagogik: deskriptiv, präskriptiv und normativ
Die praktische Pädagogik muß sich allgemein, und erst recht in der interkulturellen Kommunikation, drei Fragen stellen. Zum einen:
Was finde ich vor? Hier geht es um eine Bestandsaufnahme der Situation, in unserem Falle um das adäquate Verstehen von mindestens zwei Kulturen, der eigenen und der fremden. Daneben muß die Frage gestellt werden:

Wo wollen wir hin? Einige Aspekte sind genannt, etwa bei den Verarbeitungsformen (wollen wir assimilieren, separieren, marginalisieren?). Interkulturelle Kommunikation will integrieren. Aber auf welcher Ebene? Freundschaft, Kooperation etc.? Dann erst müssen in der Präskription *Wie kommen wir dahin?* Maßnahmen überlegt werden, etwa gemeinsame Aktionen außerhalb der Schule oder fächerübergreifender Unterricht oder kulturelle Unterschiede als Bestandteil des normalen Unterrichts (Heimatkunde betrifft dann die jetzige Heimat und die frühere Heimat der Zuwanderer, in Mathematik wird die Herkunft der arabischen Zahlen diskutiert, in Geschichte die deutsche Verantwortung für deutsche Volksgruppen in Südosteuropa etc.). Wie durch das *wir* schon angedeutet, müssen diese Schritte gemeinsam von Einheimischen und Ausländern/ Zuwanderern gemacht werden, von Lehrerinnen und Eltern.

Lehrerverhalten und die Dimension Femininität/Maskulinität
(nach Hofstede 1984)

Feminine Gesellschaften	Maskuline Gesellschaften
• Lehrer vermeiden es, die Schüler offen zu loben	• Lehrer loben offen ihre guten Schüler
• Lehrer verwenden den Durchschnittsschüler als Norm	• Lehrer nehmen die besten Schüler als Norm
• das System belohnt die soziale Adaptation der Schüler	• das System belohnt die akademische Leistung des Schülers
• ein Mißerfolg in der Schule ist für den Schüler ein relativ belangloses Ereignis	• ein Mißerfolg in der Schule ist für den Schüler ein schwerer Schlag für sein/ihr Selbstbild und kann in extremen Fällen bis zum Selbstmord führen
• die Schüler bewundern an ihren Lehrern deren Freundlichkeit	• die Schüler bewundern an ihren Lehrern deren fachliche Brillanz
• die Schüler praktizieren wechselseitige Solidarität	• im Unterricht stehen die Schüler miteinander im Wettbewerb
• die Schüler versuchen, sich bescheiden zu verhalten	• die Schüler versuchen, sich hervorzuheben
• körperliche Strafe wird entschieden abgelehnt	• körperliche Strafen werden in Einzelfällen als heilsam angesehen
• die Schüler wählen ihre Schulfächer nach intrinsischem Interesse	• die Schüler wählen ihre Schulfächer nach dem Gesichtspunkt der Karrieremöglichkeiten
• männliche Schüler wählen auch mal traditionell weibliche Schulfächer	• männliche Schüler vermeiden traditionell weibliche Schulfächer

DAS ANDERE GESCHLECHT

Mädchen und Jungen aus türkischen und marokkanischen Herkunftsfamilien in der Migration

Sevdiye Yildiz

Ein Schulsozialarbeiter bearbeitete mit einer Jungengruppe, die sich regelmäßig trifft, das Thema: *Prügel als Erziehungsmaßnahme.* Der Jungenarbeiter stellte folgende Frage in den Raum: „Seid ihr von euren Eltern schon einmal geschlagen worden und wie habt ihr Euch danach gefühlt?" Ein afrikanischer Junge erzählte, daß er, nachdem sein Vater ihn veprügelt hatte, abgehauen ist. Der Pädagoge fragte nach, wie er sich denn in dieser Situation gefühlt hätte. Er antwortete: „Normal". Auch die nächsten Fragen beantwortete der Junge mit „ist halt normal". Daraufhin fragte der Pädagoge die anderen Jungen in der Gruppe. Alle zählten auf, was sie in dieser Situation empfunden hätten. Danach wurde der afrikanische Junge gefragt, ob eine der Antworten, eines seiner Gefühle ausdrückt. Der Junge antwortete daraufhin: „*Alles*".

Mit „alles normal" versuchen sowohl die Mädchen als auch die Jungen viele Gefühle und Situationen, die sie tagtäglich erleben und aushalten müssen, zu beschreiben. Ohne das Hintergrundwissen über die erste Generation, ohne ihre herrschenden Normen und Wertvorstellungen ist nach meinen Erfahrungen eine pädagogische Arbeit mit der zweiten Generation kaum realisierbar. An dieser Stelle möchte ich darauf hinweisen, daß die von mir beschriebene Problematik nur auf einen Teil der Migrantenfamilien zutrifft und eine differenzierte Betrachtung der Lebenszusammenhänge von großer Bedeutung ist.

Die Arbeit mit den Mädchen und Jungen verlangt von uns eine kritische Auseinandersetzung mit unseren eigenen Erwartungen, Normen und Wertvorstellungen als „Mann und Frau", wenn wir den Jugendlichen in ihrer komplizierten Lebenssituation nicht noch zusätzliche Konflikte schaffen wollen.

Wenn die Kenntnisse über die kulturellen Lebenszusammenhänge und Hintergründe nicht ausreichend sind oder keine Reflektion stattfindet, ist eine emotionale Verstrickung in die Konflikte der Jugendlichen vorprogrammiert. Eine professionelle Unterstützung kann dann nicht angeboten werden, da hier die Gefahr besteht, daß den Jugendlichen „nur" eigene Vorstellungen und Werte übergestülpt werden. Gerade bei der Suche der Jugendlichen nach Orientierung und Identitätssuche zwischen modernen und traditionellen Werten ist aber eine professionelle Unterstützung von großer Wichtigkeit. Ich werde mich bemühen, die wichtigsten Bereiche zu verdeutlichen, die den Mädchen und Jungen in ihrem Alltag häufig massive Konflikte bereiten.

Situation und Hintergründe der türkischen und marokkanischen Familien in der Migration

Die Enttäuschung über die nicht erfüllten Hoffnungen und die Diskriminierung in der deutschen Gesellschaft verletzen das Selbstwertgefühl der MigrantInnen massiv. Sie sind nicht besonders motiviert, ihr Leben aktiv zu gestalten, um sich nicht als Opfer zu erleben. Die Zukunftsängste und Verletzungen werden verdrängt und ignoriert, um ihr Leben hier erträglich zu machen. Die Heimat wird in der Fremde idealisiert und die traditionelle Kultur bietet Sicherheit in dieser unsicheren Umgebung. Religion und Koranschulen bieten hier vielen MigrantInnen eine große

Sicherheit mit klaren Orientierungsmustern und eine Ablehnung gegen alles „Deutsche". Besonders die Männer werden in ihrer Rolle als Beschützer und Ernährer bestätigt und nicht in Frage gestellt. Trotz dieser positiven Bestätigung, bietet der Rückzug zum Islam keine Möglichkeit zur echten Auseinandersetzung mit der jetzigen Lebensrealität. Die notwendigen Diskussionen über die unterschiedlichen Normen und Moralvorstellungen werden nicht zugelassen und somit besteht keine Chance für eine Verarbeitung bzw. für eine Veränderung. Da die Eltern ofmals ihre Religion selbst nicht reflektieren können, bestehen sie starr auf die Einhaltung der Regeln, ohne sie erklären zu können. Die religiösen Gelehrten (Hocas) gewinnen immer mehr an Autorität und lehren unkontrolliert unter Prügelstrafe, daß Mädchen und Jungen von Natur aus verschieden seien und nicht nebeneinander sitzen dürfen. Weiter lehren sie, daß Frauen ein Stück hinter ihren Männer laufen müssen, um auch in der Öffentlichkeit zu dokumentieren, daß sie minderwertiger sind und sich dem Mann unterzuordnen haben. „Der Mann ist der Vorstand des Haushaltes, Hausvater und Vertreter der Familie im öffentlichen Leben".[1] „Oberster Grundsatz ist, daß dem Mann die Vormundschaft über die Frau zusteht, ihm Gehorsam gebührt und die Frau die Pflicht zum absoluten Gehorsam ihm gegenüber hat, da er auch für ihren Unterhalt sorgen muß. Weigert sie sich z.B. seinen Forderungen nachzukommen, kann er sie züchtigen".[2]

In der traditionell strukturierten Familie sind die Rollen und Aufgaben klar definiert. Der Vater als oberste Autorität hat die Verantwortung in der Außenwelt und die Mutter dominiert im Innenbereich, und hat hier eine wichtige Rolle und Aufgabe als Mutter und Hausfrau. Sie trägt die

---

[1] HAIDAPUR 1986, S. 100
[2] ebd.

emotionale Verantwortung auf ihren Schultern. Der Vater ist streng und darf strafen. Im Vergleich dazu ist die Mutter tröstend, nachsichtig und liebevoll. Für die Migrantenfamilien aus Marokko und der Türkei spielen diese islamisch geprägten Wertvorstellungen nach wie vor eine besonders wichtige Rolle in ihrem Alltag und definieren das männliche und weibliche Rollenverhalten.Diese Sicherheit bietenden Orientierungsmuster werden durch die unsichere Perspektive in der BRD starr eingehalten. Nicht selten unterstützen Rückkehrphantasien und die extreme Angst vor Entfremdung diese Verhaltensmuster.

Die meisten Familien sind aus ihrer dörflichen Gemeinschaft, d.h. aus einer Agrargesellschaft unvorbereitet in eine Industriegesellschaft „hineingeworfen" worden. Sie fühlten sich hier in der Gesellschaft wenig geachtet und diskriminiert. Deshalb haben sie keine Auseinandersetzung mit ihrer neuen Umgebung und ihren Normen und Wertesystemen zulassen können. Hier spielt die Isolation, die durch die hohe Arbeitsbelastung und der Wegfall traditioneller Kommunikationsformen- und plätze entstand, eine wichtige Rolle. Firat (1991, S. 44) bezeichnet diesen Umstand als einen „Zustand psychischer Verarmung".

Der durch die Migration bedingte Wandel der Familienstrukturen und das Leben in der Industriegesellschaft in Deutschland und die alltägliche „deutsche Realität" erzeugen extreme Verunsicherungen, weil diese „neue Realität" durch die eigene traditionelle Sichtweise wahrgenommen wird und oft Widersprüche entstehen läßt (eigene Normen und Werte sind nicht mehr selbstverständlich). Die neue, fremde Umgebung scheint besonders die Männer extrem in ihrer Rolle zu verunsichern. Der Wert der Ehre, mit dem ihm implizierten Unterscheidungen von Mann und Frau, Innen und Außen kann in der neuen Welt nicht ohne weiteres funktionieren.[3]

Erziehungsziele der Eltern in der Migration

In traditionellen gesellschaftlichen Strukturen (unter welchen die meisten Eltern aufwuchsen) scheint eine Zeit des Übergangs vom Kind zum Erwachsenenstatus nicht vorgesehen zu sein. In modernen Gesellschaften hingegen ist für Heranwachsende eine Art psychosoziales Moratorium definiert,[4] in dem die Identitätsfindung zu einer bedeutsamen Aufgabe wird. Die oder der Jugendliche ist damit beschäftigt, die eigenen sozialen Rollen zu finden und bisherige Identifikationen umzustrukturieren.[5]

Im Vergleich zu den Heimatländern versuchen die Eltern hier in Deutschland ihre Kinder besonders streng und rigide zu erziehen, da sie sich durch den „deutschen Einfluß" massiv bedroht fühlen. Die islamisch-traditionell geprägten Erziehungsziele sind klar definiert und haben ihre Gültigkeit auch in den Heimatländern:

- Absoluter Gehorsam gegenüber Eltern, Autoritäten und älteren Personen (Altershierarchie),
- Familienbindung und Einordnung in die Rollenstruktur der Familie,
- Kontrolle der Ehre,
- Keine voreheliche Sexualität,
- Nationale Identität,
- Jungen müssen früh männliche Rollen übernehmen, um die Familienehre zu beschützen.

Die türkischen und die marokkanischen Eltern stehen den deutschen Erziehungszielen ablehnend gegenüber. Besonders die Förderung der Individualität, Eigenentscheidung, Selbständigkeit, vorehelichen Sexualität und partnerschaftlichen bzw. gleichwertigen Beziehungen zwischen Frauen

---

[3] SCHIFFAUER 1983, S. 102
[4] vgl. ERIKSON 1970, S. 137

Männern stellt die verinnerlichten traditionellen Werte massiv in Frage. Besonders bedrohlich in dieser Hinsicht wird auch die deutsche Schule erlebt, da die Eltern generell das Gefühl haben, daß mit ihren Kindern etwas geschieht, das sie nicht mehr beeinflussen können. So eine Türkin:

> *Leider fragen uns die Schulen nie,... wie sie unsere Kinder erziehen sollen, sie entfremden unsere Kinder... und erzeugen Konflikte zwischen Eltern und Kinder, obwohl es eigentlich umgekehrt sein sollte.*[6]

Trotz dieser Ängste in Bezug auf deutsche Schulen hat die schulische Bildung bei den meisten Eltern einen hohen Stellenwert. Die Kommunikation zwischen den Eltern und Kindern ist durch Respekt und Scham gekennzeichnet. Somit werden viele Bereiche nicht angesprochen und diskutiert. In der Regel bemühen sich die Kinder um ein gutes Verhältnis zu ihren Eltern. Da kein Widerspruch erlaubt ist, findet kein offener Austausch zwischen den Generationen statt, wenn ja, werden nur oberflächliche Themen besprochen. Die älteren Kinder haben die oben beschriebenen Verhaltensregeln schon so stark verinnerlicht, so daß sie unfähig sind, ihre Eltern zu kritisieren. Wenn sie es trotzdem tun, dann unter massiven Schuld- und Schamgefühlen. Die Wut, die oftmals dabei entsteht, wird unterdrückt und sucht sich einen anderen Weg. Die Kinder vermeiden jegliche Gründe für den elterlichen Fluch. Der/die Verfluchte wird nur durch das Verzeihen der Eltern erneut in die Gemeinschaft aufgenommen. Da den Kindern eine starke emotionale Zuwendung entgegengebracht wird, findet der notwendige Abgrenzungs- und Ablöseprozeß nicht statt und die Entwicklung vom eigenen Willen wird dadurch verhindert. Durch Heimlichkeiten und Notlügen versuchen sich die Jugendlichen Freiräume zu schaffen, wobei

---

[5] SELL 1994, S. 156

Kontrolle durch die Gemeinschaft in der Migration ausgeübt wird und somit die Angst des Ausgestoßenwerdens die Mädchen und Jungen handlungsunfähig macht. Flucht oder Unterordnung bleiben als Alternativen. Obwohl vor Gott beide Geschlechter gleich sind, sind ihre Rollen in der realen Lebenssituation vollkommen ungleichwertig. Söhne haben als Nachfolger einen höheren Status und dürfen bzw. sollen ihre Schwestern kontrollieren und beaufsichtigen. Die Mädchen müssen Jungfrauen bleiben und werden möglichst frühzeitig verheiratet, weil man(n) davon ausgeht, daß Frauen die sexuell aktivere Kraft in sich tragen und die Männer somit Gefahr laufen, dieser Kraft nicht widerstehen zu können. Deshalb schützen sich die Männer auch, in dem sie die Frauen aus der Öffentlichkeit verbannen oder nur in bestimmter Verhüllung sehen dürfen. Auch der Koran beschreibt den hohen Stellenwert der Jungfräulichkeit, weshalb dieser „höchste Wert" bis heute für Dramen im Alltag der Mädchen und Jungen sorgt. Die massive Angst der Männer vor Gesichts- oder Ehrverlust wird durch die Ansicht, Frauen sind unwiderstehliche, aktive Sexualwesen extrem verstärkt. Damit wird die strenge Kontrolle legitimiert, die sie auf ihre Töchter und Frauen ausüben. Den Jungen wird vorehelicher Geschlechtsverkehr wegen den „Schmerzen, die von unbefriedigter Sexualität rühren"[7] zugestanden, obwohl für beide Geschlechter voreheliche Sexualität untersagt ist. Nach dem Koran haben beide Geschlechter ein Recht auf sexuelle Befriedigung, allerdings nicht zügellos, sondern nur in der ehelichen Gemeinschaft. Die Frau soll dem Mann dienen, ihn jederzeit sexuell befriedigen, ihn von Hausarbeit befreien. Dadurch soll er ein anerkanntes Mitglied in der muslimischen Gemeinde der Männer sein können. „Der Einzelne als Solcher ist beinahe ohne Eigenwert,

---

[6] zit. n. HAIDAPUR 1986, S. 185

wichtig ist vor allem seine Funktion für die Dauer und Bestand des Ganzen".[8] Jedes Familienmitglied erhält uneingeschränkte Solidarität, muß sich aber dafür den Vorstellungen der Gemeinschaft bzw. Familie unterordnen. Damit ist eine individuelle Lebensplanung sowohl für die Mädchen als auch für die Jungen fast unvorstellbar, wenn doch, dann mit totaler Verlust der sozialen Sicherheit, die die Gemeinschaft bietet. Dabei ist durch die Migration „nichts mehr wie es früher einmal war!" sagen öfters die Männer.

Ehre und das traditionelle Männerbild. „Was hat die Ehre der Männer mit den Frauen zu tun?"

Es gibt für einen Mann nichts Schlimmeres, als wenn die Ehre seiner Frau oder Tochter öffentlich in Frage gestellt wird. Eine sexuelle Beleidigung der Frauen der Familie ist die größte Beleidigung überhaupt und bedarf einer äußerst entschiedenen Antwort. Wird die Ehre verletzt und eine Frau „berührt", führt das oft auch zu drastischen Strafen für die betrogene Frau bis hin zu Gewaltanwendung und zum Verstoß aus der Familie, in einzelnen Fällen sogar bis zum Mord, um die Ehre der Familie wiederherzustellen.[9]

Die Vorstellung vom „richtigen Mann" in islamisch geprägten Kulturkreisen ist dadurch geprägt, daß er seine Schwächen und Gefühle in der Öffentlichkeit zu kontrollieren hat. Auf der anderen Seite soll er aber seine Triebe durchaus ausleben, ohne von ihnen abhängig zu werden. Die Ehre wird nur den Männern zugestanden, und funktioniert nur über die Kontrolle der weiblichen Sexualität. Somit bezahlen die Mädchen und Frauen den höchsten Preis, weil sie sich in der Öffentlichkeit nicht frei bewegen, und ihr

---

[7] AYDIN; zit.n.SCHIFFAUER 1983, S. 85
[8] STRUNK; zit.n. HAIDAPUR 1986, S. 47

Leben selbständig gestalten können. Mokhtar Fretes spricht in seiner Diplomarbeit vom „System der Ehre" das einen Absolutsheitsanspruch der eigenen Normen und Werte mit sich bringt und jeglichen Dialog oder Kritik untersagt. Relativierung oder Veränderung dieser Werte scheint so unmöglich zu werden.

Die Mädchen und Jungen haben keine Möglichkeit, sich diesen Werten zu entziehen oder sie zu hinterfragen, da sie als selbstverständlich und notwendig gelten. Beide Geschlechter wachsen in ihre vorgesehenen traditionellen Rollen hinein und erlernen die Regeln, Werte und Normen „sprachlos und implizit"[10].

Ich möchte noch einmal die höhere Wertschätzung der Jungen verdeutlichen, weil dadurch die Unterdrückung und Benachteiligung der Mädchen sichtbarer wird.

Der Vater hatte keine Chance; er war überzeugt, daß eine lange und schwere Verwünschung auf seinem Leben lastete: auf sieben Geburten hatte er sieben Mädchen. Das Haus besetzt von 10 Frauen... Er lebte im Haus, als hätte er gar keine Nachkommenschaft.[11]

Die Höhere Wertschätzung der Jungen beginnt schon bei der Geburt und gilt als Gott oder naturgegeben. Alleine durch den Freudenschrei der Mütter wird die Kluft zwischen Mädchen und Jungen für immer festgelegt und verfestigt. Für Jungen gibt es drei und für die Mädchen nur einen Freudenschrei. Auch die Mütter genießen das höhere Ansehen in der männlich orientierten Gesellschaft, wenn sie Söhne gebären. Während die Mädchen frühzeitig lernen müssen, ihre Geschlechtsorgane zu verstecken,

---

[9] SAURENHAUS 1993, S. 77
[10] SCHIFFAUER 1983, S. 101
[11] JELLOUN 1985, S. 17

steht der Penis der Jungen im Mittelpunkt. Besonders die weiblichen Familienmitglieder küssen und sprechen bei jeder sich bietenden Gelegenheit über den kleinen Penis des Jungen. „Am liebsten spielen die Frauen mit dem Kleinen das Spiel: Sidi (Herr) und htewta. Hada sidhum (das der Herr) sagen sie und zeigen auf den Penis des Kindes".[12] So wird ein Junge von frühester Kindheit an dazu erzogen, stolz auf seine Männlichkeit zu sein. Meistens bekommen die Jungen jeden Wunsch erfüllt und seine Launen werden von den Müttern akzeptiert. Dadurch können sich die Jungen gegenüber ihren Schwestern und auch ihren Müttern ein anmaßendes und aggressives Verhalten erlauben, ohne zur Rechenschaft gezogen zu werden. Aggressives Verhalten ist erlaubt und auch erwünscht, da es als männlich gilt. Denn ein Mann „muß den anderen Angst einjagen können, wie ein wütender Löwe soll er seine Umgebung in die Knie zwingen, selbst vor seinem Schatten soll sie zittern".[13]

Die Mütter garantieren durch ihre Verhaltensweisen und ihre Solidarität mit den Jungen ebenfalls die Unterdrückung und Versklavung der Mädchen. Die Mädchen als auch die Jungen entwickeln sich unter diesen Voraussetzungen zu hervorragenden SchauspielerInnen. Ihre Reaktionsmuster unterscheiden sich allerdings stark voneinander. Wie bekannt erscheinen die Mädchen oftmals mit psychosomatischen Symptomen und fallen durch ihre eher depressiven Verhaltensweisen in den Beratungsstellen oder Schulen auf. Die Jungen scheinen ihre Ohnmachtsgefühle eher in körperlichen Auseinandersetzungen auszudrücken und fallen durch aggressive, frauenverachtende Reaktionen auf.

---

[12] MERNISSI 1989, S. 185
[13] GENOVOIS, zit. n. LACOSTE-DUJARDIN, 1990, S.102

In den letzten Jahren wird intensiv und oft über die Lebenszusammenhänge und Konflikte der Jugendlichen aus dem islamisch geprägten Kulturkreis diskutiert und notwendigerweise über neue Konzepte nachgedacht.

Extrem auffällig werden die Mädchen und Jungen in der Adoleszenz, weil in dieser Phase, die Suche nach einer eigenen Identität, nach neuen Normen und Werten die Mädchen und Jungen am meisten beschäftigen. In dieser wichtigen und schwierigen Phase sind sie vollkommen auf sich alleine gestellt. Im Vergleich zu deutschen Jugendlichen kommen erschwerend die alltägliche Diskriminierung und die Stigmatisierung in der „fremden", d.h. deutschen Gesellschaft hinzu. Die rigiden und starren Rollen und Verhaltensvorschriften der Eltern stürzen die Mädchen und Jungen in kaum lösbare Konflikte.

Die pädagogische Arbeit mit ihnen ist nicht zu trennen von einer inter- oder bikulturellen Ich-Identitätsarbeit. Ihre Lebenssituation, die vielfältigen Konflikte und Verunsicherungen müssen berücksichtigt und die Ziele und Methoden müssen vorsichtig und realistisch formuliert werden, wenn die PädagogInnen sie nicht mit überzogenen Ansprüchen überfordern wollen.

Ey Mann, bei mir ist es genauso - vom Stelzenlauf zum freien Gehen. Herleitung, Ansatzpunkte und Ziele einer bewußten Jungenarbeit

Peter Schlimme

Es wird sehr häufig von der Jungenarbeit gesagt, sie sei eine sehr junge und neue Entwicklung oder Sichtweise. Dem möchte ich zumindest zum Teil widersprechen. Es gibt zwar seit einem wesentlich längerem Zeitraum Mädchenarbeit, seit etwa 20 Jahren, aber auch die Jungenarbeit kann von ihren Anfängen auf eine über zehnjährige Entwicklung zurückschauen. Erste Versuche und, immer zeitversetzt auch Veröffentlichungen und Praxisbeschreibungen, gab es z.b. in England bereits Mitte der 80er Jahre, in der BRD spätestens ab 1985.[14] Dann gab es den Modellversuch HVHS Frille (86 - 88 dokumentiert) und weitere umfassende Konzepte und Praxisansätze von Sielert 1989, Spoden 1990 und viele andere mehr, die weniger aufwendig veröffentlicht wurden.

Einen kleinen "Schub" für eine neue Sicht auf Jungen löste das Buch von Schnack/Neutzling: *Kleine Helden in Not*, 1990 aus. Zudem gibt es seit etwa 10 Jahren Männerzentren und -initiativen, die sich mit dem Thema "Männlichkeit" kritisch auseinandersetzen, wie z.B. Männerarbeit gegen Gewalt, sexuelle Gewalt und sexuellen Mißbrauch. Dort wird sehr häufig auch präventive Jungenarbeit geleistet, auch Pro FAMILIA hat sich vielerorten des Themas angenommen.

Inzwischen gibt es sehr unterschiedliche Hintergründe bzw. Ansätze von Jungenarbeit, die sich m.E. in der Praxis oft nur wenig unterscheiden. Eine

---

[14] TEUTER: *Da machen die Typen nicht mit*

Vernetzung der Jungenarbeit gibt es erst in Ansätzen, z.B. durch Kontakte innerhalb spezifischer Institutionen wie Jugendbildungswerke, durch regionale Arbeitskreise oder durch das Männernetz Hessen. Folgende unterschiedliche Handlungs- und Theorieansätze in der Jungenarbeit gibt es: eher rollenorientierte, eher machtorientierte (antisexistische, patriarchatskritische) und eher identitätsorientierte (reflektierte, bewußte) Jungenarbeit. Den rollenorientierten Ansätzen wird der Vorwurf gemacht, zu generalisierend zu sein und mit der Idee bipolarer Geschlechtscharaktere beizutragen, Geschlechtsrollenteilung fortzuschreiben, obwohl Unterschiede zwischen Frauen und Männern zum Teil nicht größer als zwischen Frauen untereinander oder Männern untereinander sind. Die Kritik an machtorientierten Konzepten stützt sich auf Probleme der Motivation und provozierten Abwehrhaltung bei Jungen und darauf, daß sie ebenfalls zu generalisierend seien: Männer seien machtorientiert oder Teil einer männerdominierten Gesellschaft. Die Kritik an identitätsorientierten Ansätzen schließlich ist, daß sie zu unpolitisch, nicht patriarchatskritisch genug seien.[15]

Meines Erachtens sollte sich Jungenarbeit aller drei theoretischen Grundlagen bedienen und auch die Ungleichverteilung von Macht zwischen Jungen und Männern in der Gesellschaft berücksichtigen. Für mich steht der Motivationsaspekt im Vordergrund: Warum sollten sich Jungen ändern? Was bringt Jungen eine bewußte Jungenarbeit? Welches Gewinnversprechen habe ich?

Mit diesen Fragen komme ich unweigerlich zu einer parteilichen Grundhaltung, die auch meiner persönlichen Eigenmotivation entspricht. Sie

---

[15] vgl. KINDLER 1993, S. 15 ff.

läßt Nähe zu Jungen zu, ohne deshalb Kritik am Sexismus zu verhindern. Wer sich einmal intensiv, offen und persönlich mit dem Thema Jungenarbeit beschäftigt hat, wird diesen sensibilisierten Blick in allen Situationen und Arbeitsfeldern mit Jungen nicht mehr verlieren. Einen Warnhinweis möchte ich geben: Manche (vor allem Männer sind hier angesprochen) verlieren durch die Auseinandersetzung mit diesem Thema vorübergehend die (unerträgliche) *Leichtigkeit des Seins* oder auch *Seichtigkeit des Scheins*.

Daß Jungenarbeit eine neue Entwicklung ist, kann also nicht behauptet werden. Angesichts der Tatsache, daß es solch unterschiedliche Gewichtungen und heftige Auseinandersetzungen in der Theorie gibt, die Praxis der Jungenarbeit aber bei weitem nicht flächendeckend um sich greift, kann man(n) folgender Behauptung nicht gänzlich widersprechen. Der Stand der Jungenarbeit ist dem eines Dreiecks vergleichbar, das auf der Spitze steht: Wenig Praxis und sehr viel theoretischer Überbau. Dies gilt auch für einzelne Jungenarbeiter (die aber oft mit großen Widerständen zu kämpfen haben).

Folgendes ist mir sehr wichtig: Es gibt nicht **die** Jungen und auch nicht **die** Männer, sondern sehr unterschiedliche männliche Individuen. Es ist jedoch für einem Problemaufriß notwendig zu übertreiben und zu pauschalisieren, damit die Sache verständlich wird. Es soll nicht der Eindruck entstehen, daß alle Männer *Sexisten* oder *arm dran* sind. Ausgangspunkt für die Jungenarbeit ist folgende Rechtslage:

> *1.* **Artikel 3 GG, neuer Satz**: *Der Staat fördert die tatsächliche Gleichberechtigung von Frauen und Männern und wirkt auf die Beseitigung der Benachteiligung hin* **und**
> *2.* **§ 9 KJHG**: *Grundrichtung der Erziehung, Gleichberechtigung von Mädchen und Jungen bei der Ausgestaltung der Leistungen und der Erfüllung der Aufgaben sind*

3. die unterschiedlichen Lebenslagen von Mädchen und Jungen zu berücksichtigen, Benachteiligungen abzubauen und die Gleichberechtigung von Mädchen und Jungen zu fördern

Geschlechtsspezifische Erziehung (traditionell verstanden) hilft den Zielen nach dem GG, Art. 3 und KJHG 9.3 allerdings nicht, denn traditionelle Geschlechtererziehung trägt dazu bei, durch Rollenteilung in der Familie, gelebten Sexismus und andauernde strukturelle Benachteiligung von Frauen, Gleichberechtigung zu verhindern und läßt eine positive Veränderung in der männlichen Sozialisation nicht zu. Ich behaupte deshalb, daß bei allen Bemühungen von Mädchen und Frauen, Gleichberechtigung in den verschiedensten Lebensbereichen zu verwirklichen, dies nicht befriedigend erreicht werden kann, ohne massive Veränderungen auf Seiten der Jungen und Männer und in der geschlechtsspezifischen Erziehung.[16] Dabei gibt es zu bedenken, daß Männer heute schon z.T. tief verunsichert auf Emanzipation der Frauen reagieren, verstärkt an traditionellen Rollenbildern festhalten und es sogar zu "Gegenbewegungen" kommt oder kommen wird. Dies letzlich vor allem, weil erst einmal nur von Männern die negativen Seiten des Machtverlustes gesehen werden und sie deshalb diese Veränderungen als Angriff abwehren.

Zudem hat Jungenarbeit für die Jugendhilfe genauso wie die Mädchenarbeit einen innovativen Stellenwert - nicht nur in pädagogischen Zielsetzungen, sondern auch in (sozial-)politischen Zielsetzungen. Das Ziel der Gleichwertigkeit der Geschlechter in ihrer Differenz ist ein gemeinsames Ziel mit hohem Anspruch - letzlich, so drückt es Anita Heiliger aus - ist der Weg dorthin auch ein umwälzender Demokratisierungsprozess (und somit *hochpolitisch* wie ich meine).

---

[16] vgl. Dr. A. HEILIGER

Bevor man die geschlechtsspezifische Erziehung von Jungen verändert, bedarf es einer kritischen Betrachtung, die zu der Erkenntnis führt, daß auch Jungen durch traditionelle Geschlechtersozialisation und durch traditionelle Geschlechtsrollenzuschreibungen, -teilungen und -beschneidungen, Rollenzwänge und Rollendruck erfahren. Wir haben bereits am heutigen Vormittag festgestellt, daß zwar die Frauenrolle mit der Erweiterung auf "öffentliche/ berufliche" Eigenschaften und Fähigkeiten eine Veränderung hin zu mehr Ganzheitlichkeit und Emanzipation, nicht aber die Männerrolle im Gegenzug eine Erweiterung in Richtung *privater, familiärer, zwischenmenschlichsozialer* Eigenschaften und Fähigkeiten erfahren hat.

Der *Profit* für die Männer, der sich u.a. in einer bevorzugten Machtverteilungen manifestiert, ist individuell gesehen höchst zweifelhaft und der gezahlte Preis dafür ist hoch. Daß auch Männer unter traditioneller *Männlichkeit* leiden können, wird z.B. anhand von Gewaltstatistiken sichtbar.

Die Statistiken zu Gewaltdelikten zeigen, daß in fast allen Strafkategorien Männer in der Regel zwischen 80 und 100 % als Täter in Erscheinung treten. Dies gilt für Mord, Sexualmord, Totschlag, Körperverletzung mit Todesfolge, schwere Körperverletzung, Raub, Vergewaltigung, sexueller Mißbrauch u.a.m.. Dabei sind Männer oder Jungen aber auch zu etwa 70% Opfer dieser Gewaltdelikte. Nur bei sexueller Gewalt sind Frauen überwiegend die Opfer.[17]

Auch bei psychischen und psychosomatischen Störungen haben die Jungen die Nase vorn. Einige Beispiele: Hyperaktives Syndrom, sogenannte Zappelphillippe (Jungen/Mädchen 8:1), Stottern (4:1), Bettnässen (2:1), Einkoten (3:1), Geschwürerkrankungen des

---

[17] vgl. Dr. J. HOFFMANN

Magens und Zwölffingerdarms (6:1). Bedeutendste Ausnahme: Anorexia nervosa: (1:20). Von Geburt an und in jeder weiteren Altersgruppe sterben mehr Jungen als Mädchen. Das Geschlechterverhältnis 1,4 Jungen zu 1 Mädchen (Geburt) verschlechtert sich zuungunsten der Jungen kontinuierlich bis zu 2,9:1 (20-25 Jahre), bleibt so unproportional bis zur Gruppe der Sechzigjährigen und kehrt sich erst bei den Siebzigjährigen um. Woran und wodurch soviel mehr Jungen sterben, darüber geben Statistiken über Todesursachen Auskunft: an infektiösen Krankheiten, Krebs, Blutkrankheiten, Erkrankungen der inneren Organe, Unfälle im Straßenverkehr, durch Sturz, Ertrinken und Selbstmord. Mehr als dreimal soviel Jungen wie Mädchen bringen sich im Alter von zehn bis zwanzig Jahren um. ...[18]

Dieser kritische Blick auf männliche Sozialisation ist eine wichtige Grundhaltung in der bewußten, parteilichen Arbeit mit Jungen und Männern. Jungenspezifische Ansätze zu entwickeln, heißt aber nicht, den Blick auf andere pädagogische Modelle und Theorien aufzugeben, d.h. auf soziale Schichten, kulturelle Unterschiede, gesellschaftliche Entwicklungen etc. Eine bewußte, geschlechtsspezifische Erziehung darf auch kein Abschied von der Koedukation sein, sondern ist deren notwendige Ergänzung.

Männliche Sozialisation, Geschlechtsrolle und Identität.

Warum ist es so schwer, Männlichkeit ganzheitlicher zu gestalten und die Männerrolle zu erweitern? Wie wird Mann ein Mann?

- Jungen identifizieren sich zuerst mit der Mutter und übernehmen damit auch traditionell *weibliche* Eigenschaften.
- Jungen stellen fest, daß sie ein anderes Geschlecht haben und wollen sich am Vater, an Männern orientieren.[19]
- Jungen sind durch die abwesenden oder nicht authentischen Väter, die sich nicht emotional einlassen oder Väter, die selbst versuchen Männlich-

---

[18] NEUTZLING/SCHNACK S.20/21 Sozialmagazin 7/8 1990

[19] Zeitpunkt der Individuation: vergl. M. MAHLER

keit darzustellen bzw. zu inszenieren, auf gesellschaftliche Klischees von Männlichkeit angewiesen.
- Jungen erfahren Weiblichkeit als minderwertig, Weiblichkeit im Patriarchat = nicht Männlichkeit. Jungen versuchen nicht-nicht-männlich zu sein.
- Jungen grenzen sich von Weiblichkeit ab und vermeiden alles an sich, was als weiblich erachtet werden könnte. (Problem des Versuchs, Identität durch Abgrenzung zu erlangen).
- Jungen leben im als ob, stellen dar, konkurrieren, werden *hart*.

Ein spezifischer Aspekt ist zudem das Phänomen der Abwertung von Vätern innerhalb der Familie. Für türkische Jungen z.B. bedeutet dies, daß der Vater in der Migration seiner traditionellen Rolle als Wahrer der Normen, der Tradition und Ehre sowie als Vertreter der Familie für die Außenwelt in der Migration kaum noch gerecht werden kann. Muß er darüber hinaus auch noch einen sozialen Abstieg hinnehmen, gerät insgesamt die Autorität des Vaters ins Wanken und er büßt damit sowohl die Achtung seiner Söhne ein als auch seine Funktion als männliche Identifikationsfigur.

Jungen lernen Männlichkeit über Schablonen statt lebendige Beispiele! Jungen haben Schwierigkeiten, Beziehungen aufzunehmen und lebendig zu halten. Um eine männliche Identität zu erwerben, müssen sie sich relativ früh aus der intimen Relation zur Mutter lösen, ohne daß eine enge soziale und emotionale, alltäglich gelebte Beziehung zum Vater möglich wäre. Es sind überwiegend Frauen, die erziehen. ... Das Kleinkind lernt seine Rolle als Junge weniger durch Miterleben, durch anschauliche Nachahmung männlicher Beispiele aus der direkten Umgebung, sondern eher durch abstrakte Erwartungen weiblicher Erziehungspersonen. Väter verschwinden in einer für das Kind undurchsichtigen Berufswelt, das Männerbild bleibt undeutlich und wird zunehmend gefüllt durch Phantasien und Medienvorbilder. Jungen suchen begierig nach lebendigen Vorbildern, begegnen jedoch weitgehend männlichen Schablonen.[20]

---

[20] SIELERT, UWE, S.97 "...und daß Jungen nicht zu Tätern werden". Zur Notwendigkeit reflektierter (antisexistischer) Jungenarbeit. In: Sexueller Mißbrauch von Kindern und Jugendlichen. Beiträge zu Ursachen und Prävention. Essen 1991

Bei gleichzeitiger Abwesenheit von Männern im pädagogischen Alltag - von der Krabbelstube bis zur Grundschule und im Hortbereich fehlen sie fast gänzlich - wird dies durch die öffentliche Erziehung kaum gemildert. Dies spiegelt die *Definitionsmacht in einer männlich dominierten Kultur der Zweigeschlechtlichkeit* wider.

Frau ist, wer kein Mann sein kann. Eine Frau ist Nicht-Mann. Dem Jungen aber wird seine Männlichkeit zunächst durch Abgrenzung von der Mutter vermittelt.; und diese ihm am nächsten stehende Erwachsene ist das, was er nicht sein darf, um ein Mann zu werden. So wird sein Geschlecht als Nicht-Nicht-Mann bestimmt. ... Positives Aneignen von Männlichkeit würde erfordern, daß der Junge sich an einen Mann anlehnt, der ihm deutlich Männliches (was immer wir darunter verstehen mögen) vorlebt.[21]

Auch dies führt, gepaart mit dem damit implizierten Überlegenheitsanspruch, zu einem enormen Druck. Leistungsdefizite werden in der Schule oft durch ein eher problematisches Verhalten der Jungen kompensiert :

Jungen bekommen in der Schule, so beweist die feministische Schulforschung, zwei Drittel der Aufmerksamkeit. Nur: Ist es wirklich ein Zuckerschlecken, ständig Aufmerksamkeit einzufordern? Was sind das für Kinder, die enttäuscht sind, wenn sie nicht doppelt so oft drangekommen sind wie die anderen? Wie unsicher müssen Jungen in der Konfrontation mit dem anderen Geschlecht sein, wenn sie es nicht ertragen können, daß nicht immer "ihre" Themen drangenommen werden? Wie unterlegen fühlt sich jemand, der von morgens bis abends seine Überlegenheit demonstriert?[22]

Was Mann ist, wird mehr in der Phantasie und in der Erfüllung von vermuteten oder konkreten Verhaltensanforderungen entwickelt. Damit ist aber nicht nur das Entstehen eines Bildes von Männlichkeit gestört, sondern auch die Herausbildung eines adäquten Selbstbildes, weil wesentliche Teile der Realität überhaupt nicht real wahrgenommen werden können und sich zumindestens Teile der Identität nur durch Ab- und Ausgrenzungsprozesse bilden. Da

---

[21] C. HAGEMANN-WHITE, Sozialisation: weiblich-männlich? S.92 , 1984
[22] SCHNACK/NEUTZLING 1990, S.19

Weiblichkeit in unserer Kultur vielfach als defizitär definiert wird, ist es "Ziel" der Jungen, die das gesellschaftlich geringgeschätzte Weibliche für sich selbst als fürsorglich und übermächtig erleben, alle Spuren von Weiblichkeit abzuwehren.[23]

Hier ist im übrigen auch ein Anknüpfungspunkt für männliche Beziehungsgewalt: Schlagende Männer beschreiben ihre Frauen (das Wort Partnerinnen will mir hier bewußt nicht passen) als manipulierend. Ursache dafür ist ihr eigenes Defizit, sich selbst (auch emotional) zu versorgen. Daraus folgen Abhängigkeits- und Ohnmachtsgefühle, die durch Machtausübung in Form von Gewalt kaschiert werden, weil diese Gefühle die eigene "Männlichkeit" bedrohen.

An dieser Stelle möchte Peter Ogrzall zitieren:

Der Preis der definitorischen männlichen Autonomie und Überlegenheit ist die permanente Abwehr schon der harmlosesten Spuren des Weiblichen (...) d.h. in der Sozialisation werden Jungen auf Selbstbehauptung und vor allem Abwertung alles Weiblichen ausgerichtet, sie lernen damit Hierarchisierung und Dominanzverhalten im Rahmen des Geschlechterverhältnisses. So wird die ungleiche Bewertung des Weiblichen zur Folie für andere gesellschaftliche Hierarchisierungsprozesse. Hier wird sehr schnell deutlich, daß es sich für Männer keineswegs um eine Ideologie der Ungleichheit handelt, sondern vielmehr um die Beschreibung ihrer alltäglichen Lebensrealität. Bereits seit den frühesten Erfahrungen in Erziehung und Sozialisation "wissen" sie, daß es unterschiedliche Menschen - Männer und Frauen - gibt, und daß es nicht nur unterschiedliche, sondern auch ungleiche Menschen sind, ungleich im Sinne von wichtiger und unwichtiger, von mehr und weniger akzeptiert, von mehr oder weniger wert.[24]

---

[23] P. OGRZALL, "Echt recht(s) männlich" in: Außerschulische Bildung S.170, 2/93

[24] P.OGRZALL in der Studie von ENDERS-DRAGÄSSER,U/FUCHS, C.: Jungensozialisation in der Schule, Darmstadt 1988, S. 35/36

Die so erlernte *Folie* für gesellschaftliche Hierarchisierungsprozesse dient als gefährlicher Nährboden für Rassismus. So betrachtet stehen Sexismus und Rassismus in einem Zusammenhang. Das Erlernen, Akzeptieren, Verinnerlichen und Leben von Gleichberechtigung der Geschlechter (in ihrer Differenz) kann daher im Umkehrschluß zum präventiven Beispiel oder zur *Folie* für das Leben in einer multikulturellen Gesellschaft in Toleranz und Gleichberichtigung werden.

> *Aus diesen Gründen müssen Jungen und Männer ihr Mannsein herstellen, sich als Mann produzieren. Sie sind darauf angewiesen. Denn jeder Mensch braucht in unserer Gesellschaft auch eine Geschlechtsidentität. ... Die gesellschaftlichen Ideologien der Männlichkeit bieten sich den Jungen und Männern zum Basteln am eigenen Mannsein an. Aus diesen Ideologien können Jungen und Männer sich bedienen. Über die Männlichkeit sollen die Kränkungen geheilt und die innere Leere soll gefüllt werden. Für die Herstellung der eigenen Männlichkeit gibt es verschiedene Strategien und Lösungsmuster: Vor allem Leistung ... Abwertung von Frauen, Ausländern, Homosexualität, ... Über-Identifikation mit starken Männern ... Unter diesen Bedingungen ist es erklärbar, daß Jungen unter einem hohen Bewältigungsdruck mit der Tendenz zur permanenten Überforderung stehen.[25]*

In Gruppen führt dies zu einem enormen Selbstdarstellungszwang und zu starker Konkurrenz untereinander; auch in geschlechts-homogenen Jungengruppen wird dies beobachtet, allerdings nicht ganz so stark, weil keine Mädchen dabei sind. Einzeln sind Jungen viel *netter*, lockerer, authentischer; in Gruppen sind sie oft unausstehlich. Nach meinen Erfahrungen gilt dies etwa ab dem Alter besonders, in dem das *Interesse* am anderen Geschlecht wächst, Verliebtheiten sich häufen (aber selten gezeigt werden), d.h. etwa ab der 5. Klasse.

---

[25] R. WINTER, Männliche Sozialisation und Jungenarbeit in: Deutsche Jugend 4/93, S.157

Zu diesem Zeitpunkt kommt erschwerend hinzu, daß die Klassen beim Übergang in eine weiterführende Schule neu zusammengesetzt werden und sich oben Beschriebenes mit einer Neugier auf die *neuen* Jungen und Mädchen paart und die Gruppenhierarchie noch nicht klar "gecheckt" ist. Bei einem gemeinsamen Spaziergang in Gruppen oder auf dem Schulweg ist vorne dort, wo alle einen (hier ist bewußt nur die männliche Form "einen" gewählt) sehen können. Wenn derselbe Junge mit demselben Mädchen am Ende der Gruppe geht, sind behutsame Annäherungen zu beobachten.

Die Gruppe ist die äußere Hülle, die das Eindringen ungebetener Einflüsse abwehren hilft. Daß dabei auch nützliche Einflüsse wirksam abgeschottet werden, liegt in der Natur der Sache und stellt den schützenden Mantel nicht grundsätzlich in Frage. Hier finden Jugendliche die kollektive Ich-Stärke, die ihnen als Einzelnen abgeht. "Sei doch nicht so zimperlich" ist einer der Sprüche, die das Energiefeld kollektiver Ich-Stärke bewahren hilft oder soll. Damit ist die Gruppenmaxime definiert. Hier ist also nicht die Stätte, wo Schwächen und Empfindlichkeiten Raum haben. So kann man dieselben Jungen auf zweierlei Weise erfahren: nett, zuvorkommend, aufgeschlossen, vielleicht ein bißchen spröde einerseits und großspurig, unnahbar und aggressiv andererseits. Ersterer Ausdrucksform begegnet man in quantitativ kleinen Kontexten, wenn also ein direkter persönlicher Kontakt möglich ist. Zweiterer begegnet man, wenn der Einzelne das Gefühl hat, Teil einer Gruppe, gleich welcher Größe zu sein, in der er sich verstecken kann, aus der heraus er Stärke bezieht und der gegenüber er ein bestimmtes Image zu pflegen hat.[26]

M.E. gilt dies für alle Gruppen, also auch für gemischt-geschlechtliche Gruppen oder geschlechtshomogene Mädchengruppen, wenn kein besonderer Anlaß oder Rahmen dieses Verhalten beeinflußt, bzw. andere Regeln und Werte in der Gruppe zählen. Bei Jungengruppen kommt allerdings oft noch eine Ritualisierung von Verhalten und besonderes

---

[26] MANFRED MENZEL, 1993: Jungen lieben anders, S. 22/23

strategischem Verhalten und ausgeprägter Konkurrenz verstärkend hinzu. Dies führt u.a. zu einer jungentypischen *Sprachlosigkeit*, zu dem Versäumnis insbesondere über Befindlichkeiten, Gefühle, Bedürfnisse, Schwächen und Träume nicht reden zu können.[27]
Ein Kreislauf ist entstanden: Selbstbild - Fremdbild – Rollenbild. Männlichkeit braucht Beweise, ist bedroht, wird nur auf Zeit verliehen.

Jungen lernen männliche Identität also durch ein Spiel und sich ausprobieren im Als-ob der abstrakten Rolle. Sie lernen, Frauen zu übergehen, kämpfen um Positionen in der Freundschaftsgruppe, um ihr Bild, das andere von ihnen haben und damit auch gegen Stimmen und Bedürfnisse in sich selbst. Jungen rufen dadurch wiederum bei anderen Erwartungen wach, die sie letztendlich nicht erfüllen, die sie nur durch Bluff oder Kompensation aufrechterhalten können. Die Selbstüberschätzung und der Größenwahn nähren gleichzeitig den Selbstzweifel und das Minderwertigkeitsgefühl. Jungen entwickeln auf diese Art zwei Selbstbilder, zwischen denen sie hin und herpendeln. Das eine entspricht dem äußeren Rollenbild, dem sie nachstreben. Das andere nährt sich aus der ehrlichen Selbsteinschätzung, einem meist negativen Noch-nicht-können.[28]

Dieser Kreislauf besteht nicht nur für (verunsicherte) männliche Jugendliche, sondern ebenso für erwachsene Männer. Das Prinzip ist einfach. Wer sich als Mann an einem Männerbild orientiert, dessen Erwartungen nicht erfüllbar sind, schon gar nicht, ohne dabei Gewalt gegen sich selbst oder andere zu richten, meint oft, nicht toll genug zu sein. Innerhalb der nach außen gerichteten Männerkonkurrenz heißt das, nicht so toll wie der andere Mann zu sein. Fassadenspiel und Maskentragen ist die Strategie, sich vor Anzweiflungen zu schützen. Dazu zählt auch die Unfähigkeit, Verunsiche-

---

[27] vergl. dazu: P. WAHL, "Einige Aspekte männlicher Sozialisation" in: WILLEMS/WINTER: "...damit du groß und stark wirst" 1990 - und bei WILLEMS/WINTER dazu die Beschreibungen zu dem Phänomen der "Externalisierung" in: deutsche Jugend
[28] SIELERT 1991, S.98

rungen sich selbst zugestehen zu können, Probleme zu haben, Hilfe zu benötigen oder etwas nicht zu können oder zu wissen. Zu dieser Strategie gehört auch das Infragestellen der Männlichkeit anderer Männer, was wiederum vermehrt *Männlichkeitsbeweise* nach sich zieht. Dieses System ist rigide, weil Männlichkeit auf die Erfüllung einer konstruierten Männerrolle angewiesen ist, zuwenig über Identifizierung mit authentischen Männern erworben wird und daher die Geschlechtsidentität nicht gefestigt genug ist. Zwanghaftes Verhalten kann die Folge sein. Wie z.B.: riskante Überholmanöver auf der Straße, Karriere als Lebensziel. Stillstand wird schon als Niederlage interpretiert, Selbstdarstellung über Konsumgüter, wie schnelle Autos oder coole Klamotten, Sport über die eigenen Körpergrenzen hinaus, Gewalt als Selbstdarstellung, exzessiver Konsum *legaler* Drogen, Kampftrinken.Obwohl durch die Beschreibungen sicher schon das überzogene Bild einer *Männerkarikatur* entstanden ist, mag ich noch eine provokante These zitieren:

> *Offenbar fällt es nicht nur den Vätern, sondern auch den in der öffentlichen Erziehung tätigen Männern schwer, sich für die Probleme der Jungen zu öffnen. Das "Kind im Mann", das Auskunft darüber geben könnte, wie es Jungen und männlichen Jugendlichen geht, scheint ausbruchsicher eingebunkert zu sein. Nur zu oft sind die Beziehungen zwischen Sozialarbeitern und männlichen Jugendlichen vor allem oder nur kumpelig. Der eine macht sich ein bißchen jünger, und der andere ein bißchen älter. Die Probleme der Jungen bleiben auf der Strecke, ebenso wie die Frage an den Sozialarbeiter: Was bin ich eigentlich für ein Mann?*[29]

Daß die Männerrolle sich dabei zumindest in der Mittelschicht zu wandeln beginnt und individueller ausgeformt wird, ist zugleich Chance als auch

---

[29] SCHNACK/NEUTZLING, 1990, S. 19

zusätzlicher Risikofaktor der Verunsicherung mancher Jungen (und Männer).[30]

Ebensolche Verunsicherungen sind bei Jungen aus islamischen Herkunftsfamilien zu beobachten. Sie müssen der überlegene Beschützer sein (z.b. der Ehre der Schwester und der Familie)) sein, erleben aber in der Schule Unterlegenheit und teilweise aufgehobene, sich wandelnde Geschlechtsrollenzuschreibungen. Kompensationsverhalten wie Aggression, Sexismus oder sexuelle Gewalt gegen Mädchen ist nicht selten die Folge. Auch Mädchen aus islamischer Herkunft nutzen den außer-familiären Freiraum, um Verhaltens-alternativen zu erproben - was immer wieder zu Konflikten führt.

Häufig höre ich von männlichen Kollegen, daß Mädchen - besonders türkische - sexuelle Tändeleien provozierten. Sie würden schreien und sich beschweren, sich aber sofort wieder in die gleiche Situation begeben, in der sie belästigt wurden. Das ist zum Teil richtig beobachtet. Allerdings wird dabei vergessen, daß gerade türkische Mädchen lediglich in der Schule einen Schonraum haben, erotisch gefärbte Annäherungsversuche zu probieren. Die türkischen Jungen können mit der Situation kaum umgehen. Es kommt immer wieder zu Grenzüberschreitungen wie gewaltsames Festhalten oder Bedrängen in Fluren oder auf der Toilette. Obwohl es in unserer Schule zwischen deutschen und ausländischen Jungen kaum zu intensiven freundschaftlichen Kontakten kommt, gibt es in der Vorstellung, wie man mit Mädchen umzugehen hat, große Übereinstimmung.[31]

Anknüpfungspunkt Angst:

(...) Das Problem des Jungen ist es im Grunde, daß er versucht, seine Gefühle und Ängste zu verbergen. Der Junge hat Angst vor seiner Angst. ... Jungen haben Angst:

---

[30] vergl. dazu auch U. BECK: Risikogesellschaft 1986
[31] FRAUKE HOMANN in: Gewalt gegen Mädchen an Schulen, S.64, Senatsverwaltung für Arbeit und Frauen, Berlin 3. Aufl. 1993

- *nicht als "richtiger Junge" angesehen zu werden, unmännlich, mädchenhaft zu wirken oder zu sein,*
- *vor Niederlagen und Versagen,*
- *vor körperlicher Gewalt,*
- *vor Schmerz und Kummer,*
- *vor Zärtlichkeit,*
- *vor Sexualität,*
- *vor Rührung,*
- *vor dem Urteil der Mädchen und Frauen.*[32]

Ziele einer bewußten Jungenarbeit.

An dieser Stelle möchte ich zuerst den meines Erachtens wichtigsten Ansatzpunkt in der Jungenarbeit herausgreifen, der auch ein Ziel beinhaltet: den oben beschriebenen Kreislauf von Selbst- Fremd- und Rollenbild.

Wir setzen in der bewußten Jungenarbeit dort an, weil dies der Ansatzpunkt ist, aus dem sich ein Gewinn für die Jungen ableitet. Dies geschieht einerseits, durch das Ermöglichen hinter die Fassade der anderen blicken zu können - also die Fremdbilder zu relativieren -, was einem Druckabbau gleichkommt.[33] Fassadenspiel wird gegenseitig erkannt und kommt nicht mehr so gut an. Daraus folgt Konkurrenzabbau. Andererseits ist es wichtig, Verhaltensalternativen zu vermitteln und somit zu erlauben, nach den eigenen Bedürfnissen ganzheitlicheres Mann-Sein leben zu können - dabei ist gegenseitige Achtung und Anerkennung angesagt z.B. für Ehrlichkeit.

Das Erkennen gesellschaftlicher Klischees und ihrer Unerfüllbarkeit sowie ihrer Ungerechtigkeiten, das Wahrnehmen von persönlichem und gesellschaftlichem Sexismus, sowie die Unterdrückung bzw. Benachteiligung eines Geschlechts gegenüber dem anderen und letztendlich der

---

[32] SCHNACK/NEUTZLING: "Wir fürchten weder Tod noch Teufel." S. 133 ff, in: Brave Mädchen, böse Buben? C.BÜTTNER/M. DITTMANN (Hrsg.) Weinheim u. Basel 1992

[33] Den anderen geht es ja ganz genauso (siehe Comic "Alles easy" aus dem Band: Ey Mann, bei mir ist es genauso" NEUTZLING/FRITSCHE

Transfer zum eigenen Rollenbild, sind weitere Ansatzpunkte, die aber viel weiter von den Bedürfnissen der Jungen weg sind, es sei denn, sie befinden sich augenblicklich in einer Situation, in der sie selbst gerade durch das *männliche Prinzip* der Hierarchisierung und Unterwerfung handhabbar gemacht werden und darunter leiden.

Grundlegende Ziele sind:

- Thematisierung und Förderung der Wahrnehmung von Verhaltensmöglichkeiten und Verhaltensweisen von Jungen untereinander; diese sind oft sowohl von Konkurrenz und von Profilierungsdruck, als auch von Solidarität geprägt.
- Thematisierung und Förderung der Wahrnehmung und Achtung von eigenen Bedürfnissen und Grenzen und von Bedürfnissen und Grenzen anderer.
- Bearbeitung des Kreislaufs zwischen dem Selbstbild der Jungen, dem Fremdbild das sie untereinander vermitteln und wahrnehmen und dem männlichen Rollenbild in der Gesellschaft; damit wird Profilierungs- und Verhaltensdruck abgebaut und den Jungen die Möglichkeit gegeben, bisher nicht gezeigte Eigenschaften und Fähigkeiten zu erproben und für sich anzunehmen und ihre Verhaltensmöglichkeiten zu erweitern.
- Förderung sozialer Kompetenzen, der Konflikt- und der Kommunikationsfähigkeit insbesondere im persönlichen Bereich; dazu gehört auch die Förderung der Wahrnehmung und der Ausdrucksmöglichkeit von Gefühlen und Befindlichkeiten in der Sprache der Jungen, aber auch durch eine Erweiterung des Sprachschatzes.
- Förderung von Selbstverantwortlichkeit und von Verantwortungsbereitschaft gegenüber anderen und in den verschiedenen Lebensbereichen.
- Stärkung der Selbstsicherheit der Jungen und ihrer männlichen Identität durch die Offenheit untereinander, durch die Erweiterung der persönlichen Verhaltensmöglichkeiten und durch einen Abbau der Orientierung an unerreichbaren Männlichkeitsklischees und Geschlechtsrollenvorgaben. Auch die Erwartung zum *Neuen Mann* werden zu müssen, wie auch immer sich der definiert, ist hier nicht wünschenswert.

Die Erweiterung der Verhaltensmöglichkeiten der Jungen und eine Sensibilisierung der Jungen z.b. auch für Zwischentöne in der Wahrnehmung und im Verhalten bei gleichzeitigem Druckabbau umschrieb Christian Spoden, Mitarbeiter von "Mannege" Berlin, als den Einbau eines *Dimmers*. Jungen und Männer unterliegen z.T. einem *digitalen Prinzip*: entweder *an* oder *aus* z.b. laut brüllen oder schweigen.

Zur Erreichung dieser Ziele ist es notwendig, einen Schon- und Erfahrungsraum herzustellen. Die geschlechtshomogene Gruppe mit gemeinsamen Regeln, die Förderung von Offenheit und Solidarität in der Gruppe, sowie gemeinsame Erlebnisse und Erfahrungen z.B. bei Interaktionsübungen und durch Körperarbeit (in Seminaren) tragen dazu bei. Auf die Ausgewogenheit zwischen positiven Erfahrungen, persönlichem *Gewinn* und *Spaß* einerseits, und das Bewußtwerden von unangenehmen, persönlichen und gesellschaftlichen Realitäten, sowie Kritik andererseits, ist in besonderem Maße zu achten. Auftauchende Themen der Jungen wie z.B. Freundschaft, Sexualität, Drogen aber auch Gewalt, Macht und Ohnmacht werden in die oben beschriebenen Bestrebungen eingebettet.

Hier möchte ich zur zusätzlichen Anregung einige Thesen zur Jungenarbeit mit türkischen Jungen und jungen Männern zitieren, die von Kai Saurenhaus bei einer Fachtagung des Hessischen Jugendrings 1994 vorgestellt und diskutiert wurden. Kai Saurenhaus war zu diesem Zeitpunkt Mitarbeiter in der offenen Jugendarbeit in Frankfurt und hat über das Thema diplomiert:

Jungenarbeit mit türkischen Jungen:
- Eine Jungenarbeit mit türkischen Jungen sollte sich erlebnis- bzw. abenteuerpädagogischer Elemente bedienen.
- Jungenarbeit mit türkischen Jungen muß auf einer bi- bzw. interkulturellen Identitätsarbeit basieren.

- In die Jungenarbeit mit türkischen Jungen müssen auch türkische Pädagogen, die ihr Verhältnis zu ihrer Männlichkeit reflektiert haben, einbezogen werden.
- Eine Jungenarbeit mit türkischen Jungen muß versuchen, notwendige Auseinandersetzungen zwischen den türkischen Jungen und ihren Vätern zu fördern.
- Aufklärung und Sexualerziehung muß ein wichtiger Bestandteil einer Jungenarbeit mit türkischen Jungen sein.
- In der Jungenarbeit mit türkischen Jungen sollte auf den Schutzraum einer monoethnischen Jungengruppe zurückgegriffen werden.
- Die Jungenarbeiter müssen die Jungen auch in ihrer konkreten Alltagsbewältigung unterstützen und ihnen helfen, eine akzeptable persönliche Perspektive in Deutschland zu finden.
- Ohne sozialstrukturelle Integration kann von türkischen Jungen eine angemessene Verarbeitung kulturell bedingter Konflikte nur begrenzt erwartet werden.
- Jungenarbeit mit türkischen Jungen muß unter Berücksichtigung der Lebenssituation und der Verunsicherungen junger Türken, gerade auch in bezug auf ihre männliche Identitätsfindung ihre Ziele vorsichtig und realistisch formulieren, wenn sie Jungen und Pädagogen nicht mit überzogenen Ansprüchen überfordern will.

Weitere Anregungen aus der Diskussion des Fachtages: Ehre und Achtung sind sehr wichtige Themen, über die kommuniziert werden muß. Interkulturelles Lernen kann auch über Werte, Normen und Rollenbilder in verschiedenen Kulturen erfolgen. Der Wertewandel und die Normunterschiede innerhalb der türkischen und der deutschen Kultur sollten auch in der Auseinandersetzung mit den Geschlechtsrollen in Deutschland und in anderen Ländern Gegenstand sein, zumal türkische Jungen in der Migration oft nur bruchstückhaftes Wissen sowohl über ihre Herkunftskultur als auch über die Kultur in Deutschland besitzen.

Gerade die Auseinandersetzung um Ehre im interkulturellen Vergleich halte ich für besonders wichtig, da manche türkischen Jungen sich gegenüber anderen Jungen mit dem Begriff der Ehre abgrenzen und damit

Unterlegenheitsgefühle kompensieren. Dies verhindert eine Auseinandersetzung mit disfunktionalen Männerrollen ebenso, wie eine Auseinandersetzung mit sich wandelnden Frauenrollen und Emanzipationsbestrebungen türkischer Mädchen in der Migration. Gerade auch ein Akzeptieren der Veränderungen, z.B. auch der Berufstätigkeit von Frauen und der damit verbundenen Doppelbelastung, ist aber notwendig, um mit den Veränderungsbestrebungen und den erkämpften Freiräumen der Mädchen angemessen umzugehen.

Zudem sollte in einer interkulturellen Pädagogik versucht werden, sich den eigenen Bildern, Wertvorstellungen und Idealen von Ehe, Beziehung und Partnerschaft zu nähern. Themen wie gegenseitige Wertschätzung und Liebe in der Beziehung können hier ebenso interessant sein, wie der gewünschte Weg in eine Ehe hinein, mit der Frage, ob einer Ehe eine (freigewählte) Liebe vorausgehen sollte oder nicht.

Ramazan Salman beschreibt im Pro Familia Magazin 1/96 eine ähnlich massive Anklammerung an die Bedingung der Jungfräulichkeit, wie die an den Ehrbegriff:

Die Jugendlichen haben sich von der Türkei als Heimatland gelöst, aber sie fürchten, sich auch innerlich von den traditionellen Normen und Einstellungen zu lösen. Gewisse sexuelle Vorurteile wie die Jungfräulichkeit als Bedingung für die Heirat und Garantie gegen Untreue hegen und pflegen sie penibel. Damit versuchen sie möglicherweise, sich vor fremden Gefühlen, beispielsweise der Liebe zu einer Deutschen, zu schützen.

Schließlich könnte die Auseinandersetzung mit Veränderungen der Rollen und der Normen in der Migration bei Jungen auch zu einem positiveren Selbstbild führen.

Der männliche Pädagoge - und weitere Praxisansätze

Jungen brauchen authentische und greifbare Männer. Wenn sie so jemandem begegnen, krallen sie sich oft fest. Der männliche Teamer oder Pädagoge steht den männlichen Jugendlichen mit seinen Einstellungen und seinem Verhalten als eine Orientierungsmöglichkeit oder als Reibungspunkt zur Auseinandersetzung zur Verfügung und ist deshalb erster *Praxisansatzpunkt*.

Verlangt ist also professionelle Rollenreflexion und nicht normative Orientierung der Jungen auf die eigene Form von Männlichkeit.[34]

Das bedeutet nicht, daß ich als Jungenarbeiter keine Selbstzweifel haben darf bzw. ich mich auf meinem individuellen, männlichen Weg befinde, der sich auch im Moment noch in Wandlung befinden kann - und der selbst nach der Reflexion einiger Theorie noch deutlich erkennbare Prägungen geschlechtsspezifischer Sozialisation aufweist. Jungenarbeit erfordert die Sicherheit des Jungenarbeiters in seiner Geschlechtsidentität, weil er von den Jungen daraufhin *abgeklopft* wird. Wir erinnern uns an die beschriebenen Strategien der gegenseitigen Unterstellung von Unmännlichkeit z.B. durch Schimpfwörter oder durch Denunziation auf dem Gebiet der Sexualität.

Bewußte Jungenarbeit setzt deshalb voraus, daß sie von Männern durchgeführt wird, die sich selbst mit den Anforderungen einer sich wandelnden Männerrolle in den unterschiedlichen Milieus, mit männlicher Identität sowie deren Brüchen und Problemstellungen persönlich und theoretisch auseinandergesetzt haben. Nur dann wird es möglich, sowohl reflektierend als auch einfühlend parteilich mit den Jungen zu arbeiten, ohne

---

[34] STURZENHECKER, 1995, S 58

die eigene patriarchatskritische, antisexistische Haltung zu vernachlässigen. Es ist notwendig, daß *Jungenarbeiter* einen ausgebildeten, sensibilisierten Blick auf Jungen haben, sich gewisse Verhaltensweisen erklären bzw. durchschauen können. Sie müssen die Bedürfnisse und Ängste ernst nehmen, die hinter den gezeigten evtl. unerwünschten Verhaltensweisen der Jungen stehen.

Dazu hilft auch Erinnerungsarbeit (an den ehemaligen kleinen Jungen in mir). Gerade das hilft, die Jungen irgendwo verstehen und dennoch als erwachsener Mann klare Grenzen setzen zu können. Es hilft auf Sexismus in einer Form reagieren zu können, die die grundsätzliche Parteilichkeit nicht zusammenbrechen läßt. Diese Grenzsetzungen können auch autoritär sein. Sie sollten deutlich zeigen, daß Mann die Jungen auch mit dem *Mist*, den sie machen, ernst nimmt. Beispielsweise muß ich auf einen sexistischen Witz klar reagieren und Stellung beziehen, zumindest wenn er direkt oder indirekt gegen anwesende Mädchen und Frauen gerichtet ist. Ein gesäuseltes "Ey das find' ich aber jetzt nich so gut, Du", wäre deplaziert - manchmal darf man(n) auch laut werden!

Die entstehenden Reibungspunkte können durchaus auch Ansatzpunkte für die Arbeit sein. Zum Beispiel könnte im offenen Jugendhausbetrieb folgende, scheinbar banale, aber überraschende Antwort ein Gesprächsangebot auf eine Provokation sein (so dargestellt von Michael Schenk auf einer Fachtagung zur Jungenarbeit des HJR): Ein junger männlicher Erwachsener spricht den Sozialarbeiter mit seinem Namen an und fügt hinzu: Du Wixer! Antwort: Na klar wix ich, Du nicht?

Ebenso wichtig ist die Anerkennung des männlichen Pädagogen für gewünschte Verhaltensweisen der Jungen. Und eine weitere Anforderung an die Pädagogen besteht darin, aus der männlichen Sprache die Kodierung herauszulesen bzw. zu erkennen, was dahinter steckt.[35]

Jungenräume, Erfahrungsräume müssen geschaffen werden und diese Räume müssen mit Angeboten gefüllt werden, bei denen Bedürfnisse und Fähigkeiten sowie Stärken der Jungen herausgefordert werden, z.b. Lust auf Neues, Grenzerfahrungen. Dazu gehört auch, daß der Jungenarbeiter die Begabung hat, Atmosphäre zu schaffen und für Männer eher ungewöhnliche Talente hat, nämlich Beziehungsarbeit zu leisten, Nähe zu schaffen, persönlich zu werden. Für die Gruppenarbeit in den unterschiedlichsten Formen, helfen Rituale und Regeln ein besonderes Klima und einen Schonraum aufzubauen.[36]

Darüber hinaus ist es hilfreich, sich Verbündete zu suchen und nach Möglichkeit nicht als Einzelkämpfer zu agieren - und, nach einer nicht zu vernachlässigenden Zielgruppenanalyse - mit kleinen Schritten anzufangen, *Versuchsballons* zu starten, sich selbst in der Praxis zu erproben, die Anforderungen erst einmal herunterzuschrauben und die kleinen Erfolge zu feiern, wenn Mann es beispielsweise geschafft hat, "seine" Jungs mal von einer ganz anderen Seite kennengelernt zu haben. Wir sind keine Zauberer!

Dies bezieht sich bisher stark auf die Bereiche, in denen ich die meisten Erfahrungen gemacht habe: Jugendbildung (z.B. in Form von Schülerseminaren zur Lebensplanung mit geschlechtsspezifischem Ansatz oder Männerbildungsurlaube), Prävention (Gewalt, Fremden-feindlichkeit, sexuelle Gewalt und Ausbeutung), Konflikttrainingskurse mit Jungen an Grundschulen parallel zu Selbstbehauptungskursen der Mädchen, um u. a. die Jungen nicht zu benachteiligen.

---

[35] Beispiel Billard-Spiel-Gespräch, MICHAEL SCHENK in: deutsche Jugend 12/95
[36] siehe Konzept im HJR-Band 7

Aber die Arbeitsfelder für Jungenarbeit sind reichhaltiger. Kitas, Kigas, alle Schulformen, Gesundheitsförderung, erzieherischer Kinder- und Jugendschutz, Förderung der Erziehung in der Familie (Familienbildung/ Angebote an Väter), Beratung nach § 17 KJHG (Partnerschaft, Trennung, Scheidung), Erziehungsberatung, soziale Gruppenarbeit bis hin zu Heimerziehung oder Krisenintervention.

Zusätzlich ließe sich die Umsetzung eines geschlechtsbewußten Blicks auf Jungen/Männer auch bei folgenden Themen angehen bzw. durchdenken: Gewaltausübung von Männern an Frauen (was heißt hier Prävention und Hilfe für die Täter oder sexuelle Gewalt und Jugendhilfe (für die Prävention beschreiben hier Luise Hartwig und Monika Weber in Soziale Praxis 12, 1991, daß innerhalb der Präventionsarbeit emanzipatorische Jungen- und Mädchenerziehung eingebunden sein soll), desweiteren müssen auch Hilfsangebote für Jungen angeboten werden:

Jungen mit sexuellen Gewalterfahrungen müßten geschlechtsspezifische Hilfsangebote zur Verfügung stehen, die Gelegenheiten bieten, homosexuelle Erfahrungen und damit verknüpfte Ängste zu thematisieren, den Zusammenhang von Sexualität und Gewalt zu reflektieren und Opfererfahrungen, die der männlichen Geschlechtsrollenvorgabe widersprechen, aufzuarbeiten. Die Einrichtung von alterspezifischen, angeleiteten Selbsthilfegruppen für Jungen wie für Mädchen wird von Zartbitter e.V. angestrebt. § 29 KJHG bietet sich als Grundlage für die Einrichtung von Gruppenangeboten für jugendliche Täter an.[37]

Praxisbeispiele und Methoden:

Es gibt neben Jungenarbeit im Rahmen von Seminaren eine ganze Reihe von kontinuierlichen Projektangeboten, die in Jugendzentren ebenso möglich sind, wie in Neigungsgruppen in der Schule. Gute Einstiege können gerade

---

[37] LUISE HARTWIG / MONIKA WEBER in Soziale Praxis 12, 1991

bekannte Methoden sein: z.b. die Gestaltung eines neuen oder eigenen Jungenraumes, der hinterher auch weiter *inhaltlich gefüllt* werden soll. Dabei beginnt die Jungenarbeit natürlich bereits bei der Frage und der Art des Aushandelns der Gestaltung, bei dem Umgang miteinander während des Gestaltens, bei der Auseinandersetzung um ein aufgehängtes *Pinup-Girl* und beim Putzen. Ich schaffe Atmosphäre, dadurch, daß ich im Raum eine Infothek einrichte zu Themen wie Körper, Liebe, Hetero- und Homosexualität mit Broschüren, Büchern, Filmen, Disketten, Comic, Jugendzeitschriften, Veranstaltungskalendern etc.

Lassen die Jungen sich erst einmal auf ein Klima, auf bestimmte Regeln und auf brennende Themen ein, ist dies ein großer Erfolg. Oft ist ausschlaggebend, wie groß die Freiwilligkeit ist, thematisch zu arbeiten. In einer Jungengruppe in der "Zigarrnkist" in Darmstadt (Jugendzentrum) wurde in einem solchen Rahmen das Thema: "Was hat Van Damme was Onkel Ludwig nicht hat?" sehr spannend bearbeitet und so Männerrollen und Medien(männlichkeits)bilder entlarvt.

Musik bietet ebenso Ansatzpunkte für die Praxis wie Filme, Computer oder Medienarbeit. Das Computerspiel "Let´s Talk about Sex" z.B. kann Anregungen geben. Aber auch nur unter Jungen Brettspiele zu spielen (Sexspiel, Sexeck(e), Therapie) oder miteinander über das Thema *Anmache* ins Gespräch zu kommen z.b. anhand der Foto-Story in der Bravo oder einer eigenen Videoproduktion. Allerdings bedarf es bei solchen, eher produktorientierten Ansätzen einer Reflexion des *typisch männlichem* Technik-Fetischismus.[38]

---

[38] Vgl. STURZENHECKER

Fotoarbeiten zum Thema Selbstdarstellung mit Portraits oder das Arbeiten an einer Grusel-Ton-Dia-Show können ebenfalls als Aufhänger dienen. Bisher wurde der Weg bewußte Jungenarbeit mit Erlebnispädagogik *outdoor* zu verbinden, stark vernachlässigt. Hier gilt es noch, mit einem bewußten Blick auf Jungen zu experimentieren. Alle künftigen und jetzigen Jungenarbeiter mit Erlebnispädagogischem know-how möchte ich dazu ermuntern, dies als Einstiegssituation zu nutzen. Allerdings sollte hier die Gefahr einer Glorifizierung männlicher Werte im Abenteuer und in der freien Natur genau reflektiert werden und Mann sollte sich überlegen, wie Erfahrungen von Körper- und Naturgrenzen, Vertrauen, Vor- und Rücksicht u.a.m. zum Beispiel an einer Klettertour vermittelt und insbesondere das Konkurrenzverhalten untereinander hierbei abgebaut werden kann.[39]

Als letztes möchte ich natürlich auch die Möglichkeit von Seminaren betonen. Es ist jedoch ein weiterer Weg, auch im Anschluß an Seminare mit einer Jungengruppe weiterzuarbeiten. Im Rahmen eines Seminars mit einer Schulklasse habe ich eine altershomogene Zielgruppe und einen geschützten Rahmen, weitgehend geschützt vor äußeren Einflüssen in einem Tagungshaus, ein festes Team, gleichzeitige Jungen- und Mädchenarbeit und damit hervorragende Möglichkeiten, auch einen Austausch zwischen den Geschlechtern anzuregen, ohne zu konfrontieren und ohne die Notwendigkeit, den Prozess in der geschlechtshomogenen Gruppe zu unterbrechen. Der Austausch geschieht z.B. durch die Methode des Fragenbriefkastens oder durch den Einsatz von Tabelle, um Tätigkeiten, Geschlechtsrollenzuschreibungen und Wünsche an das andere Geschlecht zu transferieren. Feste Arbeitseinheiten und eine Bereitschaft der Jungen, sowohl bestimmte

---

[39] Beschrieben ist ein solches Projekt in: deutsche Jugend 12/95 von SIEGFRIED HEPPNER

Themen anzugehen als sich auch auf *indoor*-Körperarbeit, wie z.B. Interaktionsübungen oder *Massagen* oder auch auf Selbsterfahrungsübungen im Bereich des interkulturellen Lernens einzulassen, verknüpft bewußte Jungenarbeit.

THEORETISCHE DISKUSSION

Einige Voraussetzungen einer interkulturellen *und* geschlechterdifferenten Pädagogik

Ariane Bentner

> *Wir sollten uns aber nicht einbilden,*
> *das Fremde voll und ganz zu verstehen.*
> *Der erklärende Gestus ist ebenso falsch*
> *wie die Mystifikation.*[40]

Frauen und Mädchen aus anderen Kulturen fristen hierzulande bisher ein Schattendasein nicht nur in der interkulturellen Pädagogik, sondern auch interdisziplinär in der Forschung, Theoriebildung und Weiterbildung, sei sie nun angekoppelt an die Frauenforschung, Soziologie oder Psychologie. Nicht zuletzt diese Tatsache war mitausschlaggebend für die Konzeption und Durchführung dieses Modellprojektes mit dem Titel *Mädchen zwischen den Kulturen - Anforderungen an eine interkulturelle Pädagogik.*
Die Verschränkung der sozialen Kategorie Geschlecht mit dem Phänomen der ethnischen und kulturellen Herkunft ist also relativ neu. Kurz gesagt, haben sich die Autorinnen und Autoren der Konzepte einer interkulturellen Pädagogik bisher noch eher wenig damit beschäftigt, welches *Geschlecht* der Gegenstand ihrer Bestrebungen hat. Thematisiert werden etwa der *männliche Migrant oder das ausländische Schulkind* - dessen Geschlecht scheint nachrangig zu sein. Demgegenüber sollten in diesem Modellprojekt explizit ausländische und/oder hier geborene und zwischen zwei Kulturen lebende *Mädchen* im Mittelpunkt stehen. Ob und inwiefern es gelingen kann

---

[40] GEORG AUERNHEIMER 1996, S. 228

und gelungen ist, ihre Lebenssituation adäquat zu erfassen und zu berücksichtigen, sowie pädagogische Konzepte zu entwickeln und anzuwenden, die sowohl eine geschlechter- als auch eine kulturspezifische Perspektive beinhalten, sollte dieses Projekt zeigen. Ich möchte daher zur Annäherung an ihre Lebensumstände im ersten Schritt einige demographische Zahlen zur Situation ausländischer Mädchen in Rheinland-Pfalz analysieren und interpretieren. Zweitens werde ich überlegen, welche sozialisationstheoretischen Überlegungen für eine bewußte Einbeziehung der - allerdings durchaus unterschiedlichen - Bedingungen des Aufwachsens von *Mädchen zwischen zwei Kulturen* sinnvoll und hilfreich sein könnten. Daran schließen sich einige kritische Überlegungen zu einigen Fallstricken und blinden Flecken in der Theorie und Praxis interkultureller Erziehung an, die engagierte Pädagoginnen und Pädagogen in ihrer Arbeit mit ausländischen Kindern zur Kenntnis nehmen sollten, damit ihre guten Absichten nicht das Gegenteil bewirken. Abschließend versuche ich einige Empfehlungen für eine interkulturelle Pädagogik mit Mädchen zusammenzustellen.

Zur Situation ausländischer Mädchen

Betrachten wir zunächst einige demographische Zahlen zur Situation ausländischer Mädchen in Rheinland-Pfalz: Der Anteil ausländischer Menschen in Rheinland-Pfalz liegt mit 7% insgesamt etwas niedriger als auf Bundesebene (8,5%). Die Rangfolge der größten, in Rheinland-Pfalz lebenden ethnischen Minderheiten sieht so aus: Der größte Teil der hier lebenden Ausländer/innen stammte am 31.12.1995 aus der Türkei (26%), 11% kamen aus der Bundesrepublik Jugoslawien, 10% aus Italien. 5% aus Bosnien-Herzegowina, 4% aus Polen sowie jeweils ca. 3% aus Frankreich und den USA (Soldaten und Armeeangehörige)[41]. Eine genauere Aufschlüsselung nach Nationalitäten ist insofern aufschlußreich, als sie dazu beitragen kann, das Bild vom "Ausländer" als Arbeitsmigranten und "Gastarbeiter" zu differenzieren. Tatsächlich sind die hier lebenden Menschen beiderlei Geschlechts aus anderen Kulturen zwar überwiegend, aber eben *nicht nur* Arbeitsmigranten, sondern setzen sich auch aus einer "Vielzahl von Flüchtlingen, Aussiedlern und Studenten [...] zusammen, die über hochqualifizierte Bildungsabschlüsse verfügen, jedoch in unterqualifizierte Berufe abgedrängt werden, weil sie in ihren eigenen nicht arbeiten können"[42]. Außerdem sind sie auch Kund/inn/en und Steuerzahler/- innen, obwohl sie als solche wenig zur Kenntnis genommen werden. So betrug beispielsweise der Anteil der sozialversicherungspflichtig beschäftigten ausländischen Arbeitnehmerinnen und Arbeitnehmer an allen sozialversicherungspflichtig Beschäftigten in Rheinland-Pfalz 1995 7%, was einer leichten Steigerung (+0,2%) zum Vorjahr entspricht [43]

Der Anteil ausländischer Schüler und Schülerinnen an allen schulpflichtigen Kindern liegt in Rheinland-Pfalz bei 8%. Wie die statistischen Befunde zeigen, partizipieren ausländische Kinder unterproportional an mittleren und höheren Bildungsabschlüssen: So sind sie im Vergleich zu den deutschen Kindern überrepräsentiert an den Hauptschulen (mit 12,7%) und Sonderschulen (mit 12,4%). Entsprechend unterrepräsentiert sind sie dagegen in den Realschulen (4,1%), den Gymnasien (2,8%) und den privaten Waldorfschulen (1,9%).[44] Auffällig ist die Tatsache, daß gerade in Rheinland-Pfalz mit 20% ein überproportional hoher Anteil von *Mädchen* die Schule ohne

---

[41] LANDESBEAUFTRAGTE FÜR AUSLÄNDERFRAGEN 1996, S.4-5, eigene Berechnungen
[42] FILTZINGER 1996, S. 49
[43] LANDESBEAUFTRAGTE FÜR AUSLÄNDERFRAGEN 1996, S. 15
[44] LANDESBEAUFTRAGTE FÜR AUSLÄNDERFRAGEN 1996, S. 28; ISM 1996, S. 62

Abschluß verläßt - im Bundesdurchschnitt liegt dieser Anteil bei 15%. Im Schuljahrgang 1994/95 hat sich diese Zahl sogar noch verschlechtert: 21.7% der ausländischen *Mädchen und Jungen* verließen die Hauptschule ohne Abschluß.[45]

Alarmierend ist auch die Entwicklung bei den höheren Bildungsabschlüssen in Rheinland-Pfalz: Nur 6% der ausländischen *Mädchen* erreichte in Rheinland-Pfalz im Schuljahrgang 1992/1993 die Fachhochschulreife und damit die Berechtigung zum Hochschulzugang. Dieser Anteil ist im Schuljahr 1994/95 sogar noch auf 5% zurückgegangen.[46]

Unter den ausländischen Mädchen weisen die Italienerinnen und Türkinnen die *niedrigste Quote* an den höheren Bildungsabschlüssen auf. Mädchen aus beiden Nationen stellen einen Anteil von jeweils rund 12% der ausländischen Schülerinnen an Gymnasien und liegen dabei im Vergleich zu den Jungen ihrer Nation immer noch um einige wenige Prozentpunkte vorne (- zum Vergleich: italienische Jungen sind mit 11,7%, türkische Jungen mit 10,1% unter den ausländischen Schülern am Gymnasium vertreten). Mit 15,4% wesentlich höher ist der Anteil ex-jugoslawischer Mädchen am Gymnasium, während jugoslawische Jungen nur 12,5% der ausländischen Schüler bilden.

Das bedeutet, daß der Besuch des Gymnasium in Rheinland-Pfalz und damit der Anspruch auf einen höheren Bildungsabschluß für Mädchen (und ihre Eltern) aus Italien, der Türkei und Jugoslawien *etwas selbstverständlicher* ist als für die Jungen. Dennoch können diese tendenziell erfreulichen Befunde nicht darüber hinwegtäuschen, daß die große Mehrheit türkischer, jugoslawischer und italienischer Mädchen und Jungen in Rheinland-Pfalz

---

[45] LANDESBEAUFTRAGTE FÜR AUSLÄNDERFRAGEN 1996, S. 27/2
[46] LANDESBEAUFTRAGTE FÜR AUSLÄNDERFRAGEN 1996, S. 29; ISM U.A. 1996, S. 63-64

mit Anteilen von rund 70% in den Hauptschulen "hängenbleibt" und diese allzu oft ohne Abschluß verläßt.[47]

All diese Befunde sprechen nicht gerade für eine integrative Bildungspolitik hierzulande.[48] Sie sind jedoch auch übergreifend zu interpretieren als Ergebnis einer deutschen Bildungspolitik, in der Ausgrenzungs- und Marginalisierungsbestrebungen gegenüber Angehörigen von (deutschen und nicht-deutschen) Unterschichten und ethnischen/religiösen Minderheiten eine lange Tradition haben und nach wie vor eine zentrale Rolle spielen. Dazu gehört die Strategie der Verweigerung eines in einer Einwanderungsgesellschaft selbstverständlichen muttersprachlichen bzw. zweisprachigen Unterrichts für ausländische Kinder ebenso, wie die Ignoranz der Tatsache einer

> ... *kulturelle(n) Realität der Arbeitsmigration. Migration hat die Bildung von Migrantenkulturen zu Folge, das zeigt sich z.B. daran, wie sich kulturelle Symbole unter den Bedingungen der minoritären kulturellen Situation in ihrer Bedeutung für die Betroffenen verändern können...*[49]

Bereits im 18. und 19. Jahrhundert lebten in den deutschen Territorialstaaten ethnische Minderheiten (z.B. Juden, Sinti und Roma, Arbeitsmigranten aus Polen, die im Ruhrgebiet ansässig gewordenen sog. "Ruhrpolen" usw.). Das deutsche Bildungssystem hielt schon damals im Prinzip drei verschiedene Strategien bereit, mit den Kindern der Migranten und Nomaden umzugehen: Ausgrenzung, Assimilation und Integration. Insbesondere die "kulturpflegerischen" und integrativen, reformpädagogischen Konzepte der Weimarer Zeit wurden jedoch im Nationalsozialismus ausgemerzt. Die

---

[47] ISM 1996, S. 64-65
[48] vgl. HAMBURGER 1994
[49] PRENGEL 1995, S. 67/68

vestärkte Anknüpfung an diese frühen integrativen Konzepte wäre jedoch eine Voraussetzung zu einer zeitgemäßen interkulturellen schulischen Pädagogik überhaupt, deren Ergebnisse sich auch in Form von Leistungssteigerung durch mehr Teilhabe an höheren Bildungsabschlüsssen ausländischer Schülerinnen und Schülern sehen lassen können.

Geschlecht als soziales und kulturelles Konstrukt
Die Frage, wie die Sozialisation von Mädchen ausländischer Herkunft zwischen den Kulturen theoretisch zu fassen sei, führt bereits in ein schwieriges Feld interkultureller Pädagogik. Denn hier geht es darum, mit den wissenschaftlichen Mitteln einer euro-amerikanischen, westlichen Kultur Prozesse zu beschreiben, die junge Frauen aus vielfach außereuropäischen Ländern betreffen, in denen eine Sozialisation nach westlichem Muster nicht vorgesehen ist und wo der Übergang von der Kindheit ins Erwachsenenalter sich z.T. ganz anders gestaltet als in unserer Kultur. Ich verweise daher an dieser Stelle auf die Beiträge von AKASHE-BÖHME, BERBER/EMMIGHAUS und YLDIZ in diesem Band, in denen diese Unterschiede für die Türkei analysiert und beschrieben werden, und beschränke mich darauf, mich dem Thema aus meiner westlichen Sicht zu nähern.

Die Perspektive, daß Geschlecht neben den biologischen Gegebenheiten und Unterschieden zwischen Jungen und Mädchen, Männern und Frauen ganz wesentlich durch ein kulturell geteiltes *Symbolsystem* von Zuschreibungen, Attribuierungen und Bewertungen von beiden Geschlechtern sozial hergestellt wird, wurde bereits vor über 10 Jahren unter dem Begriff "System der Zweigeschlechtlichkeit" in der feministischen Frauenforschung formuliert.[50] Mit diesem Ansatz ist gemeint, daß unsere Kultur nur zwei Geschlechter - männlich und weiblich - kennt, die aus der Biologie abgeleitet werden, obwohl gerade biologisch betrachtet die Unterschiede zwischen Frauen und Männern viel geringer sind, als häufig angenommen wird. Jedenfalls ist in westlichen Kulturen kein Platz für ein drittes oder viertes - nicht biologisch bedingtes - Geschlecht. Im Gegenteil sind die Zuschreibungen an die Geschlechterrollen weiblich - männlich stereotyp und offensichtlich für unsere Identität von zentraler Bedeutung: Wie sonst ließe sich z.B. der empirische Befund erklären, daß Erwachsene um jeden Preis das Geschlecht eines Neugeborenen herausfinden wollen? Eine Ungewißheit bezüglich der Geschlechtszugehörigkeit scheint für sie schwer erträglich zu sein.

Das System der Zweigeschlechtlichkeit wird je nach Familie, Schicht, Religion und kultureller Zugehörigkeit etwas anders gelebt und tradiert. Zentral ist dabei die geschlechtsspezifische Arbeitsteilung, die Frauen geringbezahlte und haushaltsnahe Tätigkeiten sowie die quasi alleinige Verantwortung für die Kindererziehung und Männern traditionell die Rolle des Familienernährers zuweist. Wichtig ist nun, daß Kinder dieses System bereits recht früh (unbewußt) erkennen und die damit verbundenen Bewertungen übernehmen. "Frauen und Männer werden als ungleich erkannt, als unterschiedlich wertig, wobei der Mann mehr gilt als die Frau".[51] Auf diese Weise wird zwischen den Geschlechtern eine hierarchische Beziehung produziert und aufrechterhalten.

Das Konzept vom *System der Zweigeschlechtlichkeit* wurde in der Frauenforschung kontinuierlich weiterentwickelt. Ich beziehe mich im

---

[50] HAGEMANN-WHITE 1984

folgenden auf den Ansatz von HELGA BILDEN (1991), weil ihre Überlegungen auch Raum lassen für Ansätze einer interkulturellen weiblichen Sozialisation.

BILDEN lehnt sich an interaktionistische und konstruktivistische Konzepte an und geht davon aus, daß die Wirklichkeit von beiden Geschlechtern pemanent erfunden, gestaltet und konstruiert wird. Insbesondere die Verhältnisse zwischen den Geschlechtern würden tagtäglich in "sozialen Praktiken" hergestellt.[52] Dies dürfte nun insbesondere auf die Situation von Familien aus anderen Kulturen zutreffen, meine ich, denn - dies zeigen auch die Beiträge in diesem Band - viele von ihnen leben quasi in zwei Welten mit unterschiedlichen Werte- und Symbolsystemen, nicht nur was die Geschlechterverhältnisse betrifft. Daß es dabei tagtäglich zu interkulturellen (zwischen den Kulturen angesiedelten, aber durchaus auch anders gelagerten) Konflikten und Kollisionen in den Familien, aber auch in der Schule und am Arbeitsplatz kommen kann und muß, ist naheliegend.

Die Konstruktion der Geschlechterverhältnisse erfolgt jedoch nach BILDEN immer vor dem Hintergrund sozialstruktureller, gesellschaftlicher Bedingungen, wie etwa der Arbeitsteilung zwischen den Geschlechtern, dem Macht- und Dominanzverhalten zwischen beiden sowie der Art und Weise, wie die Sexualität zwischen (oder innerhalb) der Geschlechter geregelt ist. Wie BILDEN hervorhebt, sind jedoch an diesen Prozessen beide Geschlechter "handelnd, leidend, sich selbst entwerfend, miteinander kämpfend" aktiv beteiligt.[53] Dazu gehören auch die jeweiligen Bilder, Stereotypien und Zuschreibungen, die sich die Geschlechter bereits innerhalb einer Kultur

---

[51] NYSSEN 1990, S.39
[52] BILDEN 1991, S. 280
[53] ebenda, S.290

voneinander machen. Komplexer noch wird es, wenn es darum geht, was Männlichkeit/Weiblichkeit in verschiedenen Kulturen bedeutet, was wie gelebt werden darf, was wem verboten ist usw.

Noch wenig beachtet wurde bisher die *kulturelle* Differenz zwischen und unter Frauen. Die Frauenforschung (nicht nur im deutschsprachigen Raum) bleibt bisher überwiegend beschränkt auf die Beschäftung und Theoriebildung bezogen auf *weiße Mittelschichtsfrauen*. Es fehlen auch Studien über die geschlechtsspezifische Sozialisation in den unteren sozialen Schichten bzw. im Arbeitermilieu. BILDEN spricht hier von einem feministischen Androzentrismus,[54] einer Fixierung der Frauenforschung auf Fragestellungen, die die weiße, gebildete Mittelschichtsfrau betreffen und interessieren. Studien über Frauen und Mädchen in anderen Kulturen fehlen noch fast ganz. Von ihnen wären z.B. neue und spannende Ergebnisse für die Mädchen-Sozialisation zwischen verschiedenen Kulturen zu erwarten: So berichtet BILDEN z.B. von US-amerikanischen Studien schwarzer Forscherinnen über die dortigen Geschlechterverhältnisse:

So ist für Schwarze die Vater-Mutter-Kind-Kernfamilie – wenn sie überhaupt existiert – in ein ausgedehntes Verwandtschaftsnetz und/oder das Netzwerk der schwarzen Gemeinde eingebettet, das emotionale und instrumentelle Unterstützung bietet. Der weitere Kontext der schichtspezifischen schwarzen Kultur ist von größerer Bedeutung für die Entwicklung der Mädchen und Jungen, als wir das für Weiße annehmen. Die Mutter-Tochter-Beziehung wird weniger durch Ambivalenz als durch eine positive Identifikation, durch Solidarität und Kooperation bestimmt und bietet gute Chancen zur Entwicklung von Selbstsicherheit und Unabhängigkeit. Das Verhältnis der Geschlechter ist, besonders bei den Armen, durch die eminente Bedeutung der Frauen als Mütter für die Familie, ihre Erwerbstätigkeit und Lebenstüchtigkeit einerseits [...] und die

---

[54] ebenda, S.293

Wichtigkeit der Männer in der Gemeinde andererseits tendenziell weniger hierarchisch[55]

Diese Befunde können einem westlichen und eurozentrischen Feminismus entgegenwirken und z.b. kulturelle Differenzen zwischen Mädchen und Frauen als etwas vermitteln, wovon beide Seiten lernen und profitieren könnten. Außerdem tragen solcherart interkulturelle Frauenstudien dazu bei, aufzuzeigen, wo im Miteinander der Geschlechter die Potentiale und Stärken anderer Kulturen liegen.

Fallstricke und blinde Flecken einer interkulturellen Pädagogik
Eine Pädagogik, die sich dem gegenseitigen Verstehen und Akzeptieren zwischen Menschen verschiedener kultureller Herkunft verschreibt, muß, so meine These, das auf sich nehmen, was Brecht in einem Gedicht die "Mühen der Ebenen" genannt hat. Damit ist gemeint, daß eine interkulturelle Erziehung sich mit dem auseinandersetzen muß, was bewußt oder - viel häufiger unbewußt - in den Köpfen und Herzen der Beteiligten an Einstellungen, Grundhaltungen und Idiosynkrasien über die jeweils anderen, Fremden, Ausländer und Migrantinnen ruht.

Politische Forderungen nach einer faktischen Einwanderungsgesetzgebung sind richtig und wichtig und sollten in aller Konsequenz verfolgt werden. Wie ich am obigen Beispiel der Schulpolitik zu skizzieren versucht habe, sind rechtliche Regelungen unerläßlich für eine gelungene Intergrationspolitik von MigrantInnen.

Allerdings kann auch die fortschrittlichste politische und sozial-rechtliche Programmatik aber keinen interkulturellen Akzeptanz-, Verstehens-, und

---

[55] BILDEN 1991, S. 294

Lernprozeß auf der Mikroebene, d.h. zwischen den beteiligten Personen verschiedener (ethnischer) Herkunft bewirken und ersetzen, wie sich am Beispiel klassischer Einwanderungskulturen, wie etwa den USA und Kanada zeigen läßt. Auch in diesen Ländern mit einer klaren Einwanderungsgesetzgebung bestehen durchaus Separations- und Segregationstendenzen zwischen verschiedenen Personenkreisen, sowie zwischen Weißen und Schwarzen. So berichtet z.b. RADTKE (1993, S. 28) von Selbstausgrenzungstendenzen verschiedener studentischer Gruppen an amerikanischen Universitäten, die sich von anderen ethnischen Gruppen separieren und "getrennte Kurse, Tische in der Mensa und akademische Feiern beanspruchen". Üblich ist auch nach wie vor eine deutlich wahrnehmbare räumliche Segregation in USA zwischen Schwarz und Weiß durch getrennte Wohngebiete (bzw. Ghettos für Schwarze und Lateinamerikaner - man denke an den "schwarzen" Stadtteil Harlem in NewYork), sowie getrennte Schulen und Universitäten in USA.

Wie AUERNHEIMER (1996) bemerkt, ist interkulturelle Erziehung und Pädagogik ein Projekt, dessen Ende nicht absehbar ist und wo alle Beteiligten nie "ausgelernt" haben werden. Auf dieser Ebene gibt es viel zu tun, und es sieht ganz danach aus, als müßten sich alle Beteiligten immer wieder mit bestimmten psychosoziale Prozesse auch emotional auseinandersetzen, bevor Ansätze eines Miteinanders überhaupt möglich werden: die Rede ist von den Mühen, die die Beschäftigung mit Vorurteilen, Steroytpien, Fremdenangst, Fremdenfeindlichkeit und Rassismus mit sich bringen und die in der pädagogischen Praxis meist zugunsten eines harmonischen Miteinanders geleugnet werden.[56]

---

[56] vgl. AUERNHEIMER 1996, S.178

Ohne diesen großen sozialwissenschaftlichen Themenkomplex hier ausleuchten zu können, möchte ich wenigstens kurz auf einige Konzepte zur Bedeutung von Vorurteilen und Stereotypien, Fremdenfeindlichkeit und Rassismus eingehen, weil diese in der pädagogischen Praxis immer zum Tragen kommen und leicht Gefahr laufen, unter- oder überschätzt zu werden.

Vorurteile und Stereotypen
Vorurteile und Stereotypen gelten in den sozialwissenschaftlichen Diskursen als i.d.R. *unerwünschte* und *negative* Voraussetzung von Intoleranz und Fremdenfeindlichkeit. Demgegenüber betonen eher interaktionstheoretische Konzepte die Orientierungs- und Schutzfunktion, die Vorurteile im Alltag für die einzelnen beinhalten. Aus dieser Perspektive erscheinen sie zusammen mit den Sterotypien als vereinfachende Verallgemeinerungen, als "Durchschnittsurteile für soziale Sachverhalte", die sich hauptsächlich auf Kategorien von Personen beziehen, als durchaus rigide Ettikettierungen von ganzen Personengruppen, die mitunter, so wird augenzwinkernd zugestanden, sogar ein "Körnchen Wahrheit" beinhalten mögen.[57]

Dies läßt sich an dem emprischen, aus der sprachwissenschaftlichen Diskursanalyse stammenden Befund des Erzählens von Episoden im interkulturellen Zusammenhang verdeutlichen: So zeigt sich als die "wohl häufigste Art, Fremdkulturelles begreifbar zu machen" eine systematische Verwendung von *Episoden* durch Sprechende.[58] Episoden werden sowohl im *Alltagsgespräch* eingesetzt, wenn z.B. über Erlebnisse im Ausland oder Begegnungen mit Fremden im Inland berichtet wird; sie finden sich als

---

[57] SCHÄFER 1988, S.11 ff.
[58] B. MÜLLER 1995, S.44 ff.

Berichte über das Fremde überhaupt (Reiseberichte, Mentalitätsvergleiche usw.), aber auch besonders im Bereich der *"Didaktisierung des Fremdverstehens"* (ebd.), also in der interkulturellen Weiterbildung, auf Vorbereitungsseminaren für Auslandseinsätze bei internationalen Tätigkeiten usw.[59]

Als Episoden lassen sich nun Sprechakte definieren, die routinehaft als Geschichten erzählt oder auch schriftlich fixiert werden und die folgende Charakteristik aufweisen:

a) *Inhalt*: Der Inhalt ist bezogen auf eine zeitlich zurückliegende Handlung, ein singuläres Ereignis; die Geschichte enthält etwas Ungewöhnliches [...] und der Sprecher ist einer der Beteiligten.
b) *Form*: Die Rede ist in direkter Rede gehalten und enthält evaluativ-expressive Sprachformen, Nennungen wichtiger Details, oftmals im 'historischen Präsens'.
c) *Interaktionsgeschehen*: Das Erzählen umfaßt mindestens einen Zuhörer, der die Geschichte nicht erlebt hat, und einen Erzähler, der das Geschehen miterlebt hat und die narrative Diskurseinheit initiiert.

Das Erzählen von Episoden folgt also einem recht schematischen Ablauf und enthält sterotype Abfolgen von Handlungen, wie etwa die Schilderung eines Restaurantbesuchs oder einer Urlaubsreise. Für das episodale Erzählen im interkulturellen Zusammenhang scheinen solche Erlebnisse bevorzugt zu werden, die entweder sog. *critical incidents* (kritische Ereignisse) enthalten, die sich für den Sprecher/die Sprecherin aus kulturellen Inkompatibilitäten mit Fremden ergeben haben und/oder aber *alltägliche Ereignisse*, in denen kulturtypische Einschätzungen über andere zum Ausdruck kommen. B. MÜLLER geht davon aus, daß "der gesamte interkulturelle Lernprozeß um Episoden herum konstuiert" ist und dort sogar eine dominierende Rolle spielt. Bevorzugt werden solche Ereignisse zum Gegenstand von Episoden,

---

[59] vgl. hierzu auch NAZARKIEWICZ 1996

in denen kulturelle Fremdheitserfahrungen als möglicherweise extrem gegensätzlich zur eigenen Kultur erlebt werden, wobei von den Sprechenden "in der Regel fremde, mit den eigenen inkompatible Handlungsmuster angeführt" werden. Unbewußtes Ziel des Sprechenden ist es, den Zuhörenden plausibel zu machen, warum die eigenen "Handlungspläne gescheitert sind".[60]

Zur Veranschaulichung zitiere ich ein Beispiel für eine solche Episode aus einem interkulturellen Training bei der Deutschen Lufthansa. Es handelt sich um einen Dialog zwischen der Leiterin (Leslie) und einem Teilnehmer (Peter):

Leslie: Wir, sag ich mal, wir neigen dazu, Individualismus so zu verstehen, daß der Mensch so rein hedonistischen Zielen nachgeht, also ich möchte nur fun haha, ja? Oder ist das nicht so ne Assoziation bei uns, daß Individualismus, ja gut, jemand ist vielleicht auch Außenseiter, er hat - geht [...] so seinen ganz speziellen Interessen nach, die er vielleicht noch alleine macht, oder was versteht Ihr unter Individualismus?
Peter: Ja so individualistisch ist der Amerikaner ja nicht. Ich weiß nicht, wie Du da drauf kommst, denn McDonalds und die ganzen eh Städte, ja in Amerika sind ja nicht individualistisch. Du kommst hin: if you have seen one you have seen them all, ja?[61]

Diese kurze interkulturelle Episode enthält womöglich nicht alle Elemente, die weiter oben als Definition gegeben wurden. Aber sie beinhaltet zumindest Spuren davon: eine verkürzte Form des eigenen Erlebens amerikanischer Städte durch den Sprecher Peter, der als Flugbegleiter schon häufig dort war, sowie das Sprechen im historischen Präsens (Du kommst hin), die Thematisierung von Fremdheitserfahrung und schließlich eine stereotypisierende Einschätzung dieser fremden amerikanischen Kultur.

---

[60] B. MÜLLER 1995, S.46/47
[61] NAZARKIEWICZ 1996, S.68

Der Gebrauch von Episoden zeigte sich auch in unserem Weiterbildungsprojekt, wo es sich recht schnell einbürgerte, daß die Beteiligten sich gegenseitig z.b. Geschichten über das eigene Aufwachsen und Erleben in der Fremde/in Deutschland erzählten.

Ausländerfeindlichkeit
Nach einer älteren Studie zur Soziologie der Ausländerfeindlichkeit von HOFMANN/EVEN (1984) liegt der Ausländerfeindlichkeit folgende *Grundhaltung* zugrunde: Ausländer dürfen legitimerweise nicht in vollem Umfang an den Rechten der Inländer teilhaben, sondern haben sich mit dem Status geringerer Rechte zufriedenzugeben. Diese Haltung wird von der großen Mehrheit der Deutschen geteilt, zumal sie noch ausländerrechtlich abgesichert ist. Diese Einstellung hat sich u.a. in einer neuen Untersuchung von SEIFERT (1996) insbesondere für die Haltung von Behördenmitarbeiter/-innen im Umgang mit ausländischen Klienten empirisch bestätigt. Die Ergebnisse der Befragung des Verwaltungspersonals lassen sich so zusammenfassen, daß

... die Einstellungen der interviewten Bediensteten dahin tendieren, die Migration eng zu funktionalisieren, die Zuwanderung restriktiv zu interpretieren und bestimmte Migrantengruppen zu diskriminieren bzw. zu privilegieren. Damit entsprechen die geäußerten Erzählungen weitgehend einem konservativen `mainstream` der politischen Kultur Deutschlands. Vor allem auf dem Hintergrund der negativen Haltung gegenüber Flüchtlingen und Asylbewerbern, wie sie bei einigen Bediensteten deutlich wird, wird auch verständlich, daß das Personal negative Typisierungen der zitierten Art gegenüber bestimmten Klientengruppen benutzt [62]

---

[62] SEIFERT 1996, S. 81

Ausländerfeindlichkeit wäre danach quasi ein alltagsweltlicher "Normalzustand", ein breiter gesellschaftlicher Grundkonsens, der vielfach in unbewußten Denkmustern besteht, und durchaus nicht nur von rechten Randgruppen geteilt wird, sondern gerade auch in Mittelschichten und Eliten schlummert. Diese fremdenfeindlichen Denkmuster führen nach Ansicht der Autoren zu "strukturellen und institutionellen Bedingungen [..], die für die von dieser `Feindlichkeit´ Betroffenen nachteilig sind".[63]

Rassismus
Rassismus ist als Begriff in Deutschland außerordentlich strapaziert. Dennoch gilt der deutsche Rassismus des Nationalsozialismus aus historischer Sicht keineswegs als neues Phänomen, sondern vielmehr als Höhepunkt einer entsprechenden sozialgeschichtlichen Entwicklung in Europa, die ihren Ausgangspunkt mit der "Entdeckung" und Invasion Amerikas Ende des 15. Jahrhunderts durch die Europäer nimmt. Andere rassistische "Vorgeschichten" - sog. Proto-Rassismen - finden sich z.B. im indischen Kastenwesen, im Anti-Judaismus und in der Skalverei in Verbindung mit dem europäischen Kolonialismus. Seinen eigentlichen Aufstieg erlebte der Rassismus aber im 18. und vor allem im 19. Jahrhundert:

[der Rassismus, A.B.] entstand als Erklärungs- und Rechtfertigungsideologie der welthistorischen materiellen, militärischen und technischen Überlegenheit der Europäer seit ihrer Expansion in Übersee: Hannah Arendt hat die Schritte zur Konstituierung des Rassismus der bürgerlichen Gesellschaft, der u.a. als Reaktion des Adels auf die Französische Revolution formuliert und später mit den wissenschaftlichen Entdeckungen der Evolutionstheorie und der Vererbungslehre verbunden wurde,

---
[63] HOFFMANN/EVEN 1984, S. 21, zit. n. AUERNHEIMER 1996, S. 148

herausgearbeitet. Er gelangte im 20. Jahrhundert zu seinen extremsten Manifestationen, die sich mehrheitlich gegen jüdische und schwarze Menschen richteten: im Rassenhaß von Auschwitz in Deutschland und in der Rassendiskriminierung der Apartheid in Südafrika. Während im 18. Jahrhundert phasenweise auch eine gewisse Offenheit gegenüber Angehörigen anderer Kulturen und Hautfarben anzutreffen ist, und die Faszination des Fremden auch zu Idealisierungen der 'Wilden' führte, verbreitete und verfestigte sich im Laufe des 19. Jahrhunderts eine hermetische Hierarchisierung der 'Rassen' in anthropologischen Theoremen[64]

Rassismus ist also aus historischer Sicht ein Ergebnis sozio-ökonomischer Konflikte in und zwischen Gesellschaften, wobei eine Gruppe von Menschen sich als *höherwertig* behauptet, und daraus die Unterdrückung, Verachtung und Ausbeutung der anderen legitimiert. Mit den eigenen Höherwertigkeitsvorstellungen geht also die *Entwertung* anderer Kulturen und ihrer Mitglieder einher, und diese scheint so tief in uns als Mitgliedern einer euro-amerikanischen Kultur verankert, daß bei den Angehörigen dieser Kultur "mit einer permanenten und latent wirksamen kulturellen Arroganz zu rechnen ist, die wissenschaftliche, bürokratische und alltägliche Denk- und Verhaltensmuster bestimmt".[65]

Auch wenn der Rassismus heute überwiegend nicht mehr biologisch begründet und hergeleitet wird, ist eines seiner Merkmale nach wie vor der Glaube an die eigene Überlegenheit.[66]

Für den aus Tunesien stammenden Schriftsteller MEMMI beginnt Rassismus mit der subjektiven Wahrnehmung eines Unterschiedes zwischen etwas Bekanntem und dem Unbekannten, Fremden:

---

[64] PRENGEL 1995, S. 71
[65] ebenda, S. 73
[66] vgl. für einen Überblick über die neuere Debatte z.B. RÄTHZEL 1993; MÜLLER 1994

Der Unterschied, das ist das Unbekannte, und das Unbekannte erscheint uns voller Gefahren. Der Unterschied beunruhigt uns sogar in jenen seltenen Fällen, in denen er uns zugleich verführt. Freilich steht die Verführung auch nicht im Widerspruch zum Reiz der Furcht...[67]

Diese Wahrnehmungen begründen alleine aber noch keine rassistische Einstellung. Erforderlich ist vielmehr nach Memmi

1. eine *negative Bewertung* wahrgenommener Unterschiede, die
2. *im eigenen Interesse* und zum Nachteil des Gegenübers erfolgen muß und die
3. *so verallgemeinert* und *verabsolutiert* wird, daß sie zum Nutzen des Anklägers und zum Schaden des Opfers ausgelegt oder in Handlung umgesetzt wird, mit dem Ziel einer *Sicherung von Privilegien* oder *einer Legitimation von Aggressionen.*

So gehört es offensichtlich zum Alltagshandeln, daß "der Rassist stets beteuert, kein Rassist zu sein",[68] daß also rassistisches Denken und Handeln ebenso wie übrigens auch Ausländer- und Fremdenfeindlichkeit in aller Regel geleugnet werden. Im Gegenteil, das zeigen verschiedene empirische Studien, werden Vorurteile und Sterotypien sogar meist von Beteuerungen der Beteiligten eingeleitet, man habe gar keine Vorurteile, bzw. man habe nichts gegen Ausländer usw.[69] Auf dieser Ebene sind also Rassismen schwer greifbar, da sie unbewußt - in der Tiefenstruktur von Bedeutungen - und kollektiv gleichermaßen konstruiert und agiert werden. Das Problem ist nun, daß wir davon ausgehen müssen, daß auch Lehrer/-innen und andere pädagogisch Tätige - wir alle - an der Konstruktion und Aufrechterhaltung solcher unbewußter fremdenfeindlicher oder rassistischer Einstellungen beteiligt sind. Dies zeigen exemplarisch immer wiederkehrende, meist mit

---

[67] MEMMI 1987, S.35 f., zit. n. AUERNHEIMER 1996, S.151
[68] AUERNHEIMER 1996, S.152
[69] vgl. NAZARKIEWICZ 1996; SEIFERT 1996

Empörung vorgetragene und Anstoß erregende Berichte von Lehrer/-innen über Schülerinnen aus islamischen Kulturkreisen, die das *Kopftuch* tragen und/oder dem *Schwimmunterricht fernbleiben*[70]. Hier wird die Irritation durch das Fremde - und zwar durch ein als rückständig, vormodern und religiös-fundamentalisitsch *unausgesprochen negativ* bewertetes Fremdes - übermächtig, hier bahnt sich das im Unbewußten abgelagerte Ressentiment seinen Weg, und hier befinden wir uns in den Mühen der Ebenen, den Niederungen der Gefühle. Hier, in diesen emotionalen Abgründen liegen aber auch die Chancen einer Bewußtmachung, einer Rekonstruktion der eigenen Einstellungen, Vorurteile und Gefühle, die uns auf das unbegreifliche Fremde so überheblich herabschauen lassen.

Welche Voraussetzungen braucht eine interkulturelle und geschlechterdifferente Pädagogik?

Eine auf gegenseitiger Akzeptanz basierende interkulturelle Pädagogik darf die eigenen Gefühle und blinde Flecken der Lehrenden und Beratenden, meist der deutschen Mehrheit angehörenden Kultur nicht ignorieren oder leugnen, sondern muß mutig und souverän damit umgehen. In der pädagogischen Alltagspraxis ist allerdings bisher eher die Tendenz verbreitet, wahrgenommene Unterschiede zwischen deutschen und ausländischen Kindern zu nivellieren bzw. zu leugnen und zu harmonisieren, sowie kulturelle Differenzen zu bestreiten.[71] Auch dieser Ansatz führt in eine Sackgasse, denn es ist davon auszugehen, daß sich unausgesprochene (negative) Bewertungen einschleichen, die von Mädchen und Jungen sehr

---

[70] vgl. hierzu auch die Beiträge von YLDIZ in diesem Band
[71] AUERNHEIMER 1996, S. 178

wohl ins eigene Repertoire aufgenommen werden. Empfohlen werden kann Lehrenden an dieser Stelle vielmehr ein *Benennen* der wahrgenommenen Unterschiede und ein offenes Gespräch darüber, was an dem wahrgenommenen Unterschied (z.B. Kopftuchtragen) so beunruhigend und befremdlich oder auch so faszinierend wirkt.

Interkulturelle Arbeit mit beiden Geschlechtern scheint sich immer aufs Neue hineinbegeben zu müssen in die "Niederungen" menschlicher Gefühle, will sie etwas erreichen. Wo das nicht gelingt, weil die kognitive Seite (Aufklärung) überbetont wird, so zeigen erste Forschungsergebnisse, ist das Scheitern auch der noch so gutgemeinten Absichten vorprogrammiert.[72]

Interkulturelle Erziehung muß die Erfahrung vermitteln, daß die eigene Kultur und Lebensweise eine unter vielen ist.[...] Es gilt zu lernen, die Gründe oder Motive nachzuvollziehen, die das Verhalten und die Handlungen von Menschen aus anderen Kulturen verständlich machen und sie - zumindest in bezug auf ihre Lebenssituation - rational erscheinen lassen. [..] Schrittweise müssen die Lernenden einen quasi ethnologischen Blick auf die eigene Kultur und Lebensweise einnehmen. [..] Interkulturelle Erziehung muß für Stigmatisierungen von ethnischen Gruppen, speziell von Einwanderern sensibel machen, selbst wenn sie in sehr versteckter Form auftreten[73]

Ansätze dazu werden auch aus anderen Bundesländern registriert: So berichtet KARIN BIRNKOTT-RIXIUS (in diesem Band) von einem Modell interkultureller Pädagogik, das die Autorin an einer Grundschule in Berlin-Kreuzberg seit über 10 Jahren in einem interkulturellen Lehrerinnen-Team erfolgreich erprobt hat. Es geht dabei um einen im Grunde lebensweltlich-bikulturellen Ansatz zweisprachigen Lesenlernens in der Grundschule. Alle

---

[72] vgl. die spannende konversationsanalytische Auswertung eines interkulturellen Trainings bei der Deutschen Lufthansa durch NAZARKIEWICZ 1996
[73] AUERNHEIMER 1996, S.180

Beispiele, an denen die Kinder neue Worte kennenlernen, sind bewußt in der Lebenwelt sowohl türkischer als auch deutscher Kinder in Berlin-Kreuzberg verankert.

Ein anderes Beispiel: Das Jugendamt der Stadt Offenbach hat soeben ein mehrjähriges Modellprojekt an Kindergärten, Schulen und Einrichtungen der Jugendhilfe erfolgreich abgeschlossen, bei dem Kinder und Lehrer beiderlei Geschlechtes verschiedenster Schultypen und -klassen darin mit bisher gutem Erfolg trainiert und ausgebildet werden, Konflikte verschiedenster Art ohne Gewalt zu lösen.[74]

Daß andere Wahrnehmungsmöglichkeiten, Perspektiven und Interaktionsmuster im interkulturellen Miteinander die gegenseitige Verständigung erleichtern können, soll ein letztes Beispiel aus einer Beratungssituation zeigen, das von AKGÜN (1996) aus ihrer Arbeit in einer interkulturell ausgerichteten Erziehungsberatungsstelle berichtet wird. Hier geht es immer wieder um familiale Kollisionen zwischen dem Wertesystem der ausländischen Elterngeneration und den in Deutschland aufwachsenden Kindern. Die Autorin legt Wert darauf, bei der Beratung - mehr als den kulturellen Hintergrund - milieu- und schichtspezifische Aspekte und Einstellungen z.B. türkischer Familien mitzubedenken. Durch sensibles Eingehen auf die Lebensumstände der Klienten, so ihr Resumee, wird es möglich, auch in schwierigen Konflikten z.B. durch Umdeutung und Uminterpretation Lösungen, die alle zufriedenstellen, zu erarbeiten. Gerade für die Mädchen, die zwischen zwei Kulturen (der Herkunftskultur der migrierten Eltern und der deutschen) leben, zeigen sich hier konstruktive Auswege, wie folgendes Fallbeispiel verdeutlichen mag:

---

[74] FALLER/KERNTKE/WACKMANN 1996

Die 16jährige Tochter ist von zu Hause weggelaufen und wohnt zur Zeit in einem Heim. Zum Erstgespräch [in der Erziehungsberatungsstelle, A.B.] erscheint sie in Begleitung einer Sozialpädagogin. Sie äußert sich negativ über ihre Eltern sowie deren Erziehungspraktiken und weigert sich, in irgendeiner Form mit ihnen Kontakt aufzunehmen. Auch gemeinsame Gespräche in der Beratungssituation lehnt sie ab. Die Auslösesituation für die Krise war der Umstand, daß der Vater sie - auf dem Nachhauseweg von der Spätschicht - auf einer Straßenbank beim Schmusen mit einem Jungen gesehen hatte. Es habe danach zu Hause ein Riesentheater gegeben. Der Vater habe sie geschlagen. Sie habe doch nichts anderes gemacht als ihre deutschen Freundinnen auch; ihre Eltern seien "türkische Spießer". Die Eltern, die danach zum Gespräch erscheinen, bestätigen die Darstellung ihrer Tochter. Für den Vater kommt erschwerend hinzu, daß er in Begleitung eines Arbeitskollegen war, der Zeuge dieser Begegnung wurde. Nun fühlt er sich vor allen Leuten bloßgestellt. Die Eltern möchten, daß ihre Tochter zurück nach Hause kommt. Sie wollen aber auch, daß sie ihre "Schuld" einsieht. Die Tochter müsse verstehen, daß man ihr keinen "deutschen Lebenswandel" erlauben könne; sie solle kein "Flittchen" sein.

Beim zweiten Gespräch mit dem Mädchen reagiert diese schon kompromißbereiter. Nach einer Woche Heimaufenthalt möchte sie schon gerne nach Hause zurück. Ihre Eltern sollen jedoch die "Schuld" auf sich nehmen. Dabei handelt es sich um eine typische Situation. Aus der Sicht der Tochter sind die Eltern "türkische Spießer". In der Wahrnehmung konservativer türkischer Eltern ist das Verhalten der Tochter das eines "Flittchens". Die Migration hat den Generationenkonflikt bezüglich der Freiheitsgrade in der Pubertät verschärft.

Zwei Wochen später kommt es auf Wunsch aller Beteiligten zu einem gemeinsamen Gespräch. Alle drei sind von dieser Begegnung gefühlsmäßig so überwältigt, daß sie sich heulend in die Arme fallen, und von nun an ist von "Schuld" nicht mehr die Rede. Die familiären Bindungen sind stark genug, um die Differenzen zu überwinden. Bei weiteren Familiengesprächen wird folgendes Beratungsziel betont: Verständnis für die jeweils andere Sichtweise[75]

---

[75] AKGÜN 1996, S. 137

Dieser Fall zeigt exemplarisch, daß eine hohe Sensibilität für herkunftsmilieu- und kulturspezifische Konfliktlinien erforderlich ist, um insbesondere den Bedürfnissen von Mädchen gerecht zu werden. Eine rein westlich-feministische Perspektive, - gerade anhand dieses Geschlechterkonfliktes ein klassischer Streitpunkt zwischen Kultur-Universalismus und -Relativismus - würde hier womöglich noch konflikteskalierend wirken. Wichtig und vertrauensbildend für den Beratungsprozeß ist auch die (in der Literatur immer wieder geforderte) Tatsache, daß die Beraterin möglichst derselben ethnischen oder kulturellen Herkunft angehören sollte wie ihre Klienten, was die Identifikation für die gesamte Familie erleichtert.

Für einen zwischen zwei Kulturen ablaufenden Sozialisationsprozeß von Mädchen sind also verschiedenste Herausforderungen zu bewältigen, Konflikte zu durchleiden, Be- und Entwertungen in dieser und aus jener Kultur zu spüren und Auswege zu finden. So muß ein Mädchen sich

> *... zu seiner Lebensgeschichte, zur familiären Herkunftskultur ins Verhältnis setzen und einen Lebensentwurf leisten [muß, A.B.]. An jeder entscheidenden biographischen Wende stellt sich diese Aufgabe von neuem. Angehörige ethnischer Minderheiten können sich dabei der Stellungnahme zu ihrem Minderheitenstatus, zu ihrer ethnischen Herkunft kaum entziehen, so wie jeder Mann und jede Frau Stellung beziehen muß zum eigenen Geschlecht, zur eigenen Klassenzugehörigkeit etc., ob er/sie will oder nicht. Auch die Verweigerung eines ausdrücklichen Bekenntnisses ist eine Stellungnahme. Aus diesen Überlegungen zur Identitätsbildung läßt sich die Schlußfolgerung ziehen, daß der gesellschaftliche Zwang zur Verleugnung kultureller Eigenheiten die Persönlichkeitsentwicklung vermutlich beeinträchtigt. Dasselbe gilt umgekehrt sicher für den ethnischen Bekenntniszwang. Generell fordert die Politisierung ethnischer Merkmale ihre Opfer - nicht nur, aber vor allem unter den Minderheiten.*[76]

---

[76] AUERNHEIMER 1996, S.113

Chancen und Grenzen der interkulturellen Erziehung

Isabell Diehm

Die aktuellen Diskussionen um eine Interkulturelle Erziehung oder eine Interkulturelle Pädagogik beziehen sich nicht etwa auf einen neuen Gegenstand, oder präziser: befassen sich nicht mit einem bisher unbekannten Phänomen. Das genaue Gegenteil ist der Fall: Seit mittlerweile zwanzig Jahren werden in ihrem Zusammenhang Fragen der Migration und die dem Subjekt bzw. der Pädagogik daraus erwachsenden Probleme thematisiert. Im Zentrum dieser Diskussionen standen und stehen (immer noch) Begriffe wie Kultur, Sprache, Identität, Werte und Normen, wobei sie im Hinblick auf Differenzen und mögliche Konflikte zum Thema gemacht wurden bzw. werden. Der Begriff "Kultur" behandelt in dieser Perspektive die "kulturellen Differenzen", der Begriff "Sprache" die "sprachlichen Differenzen" derjenigen, die in die Bundesrepublik eingewandert sind und nach dem offiziellen Sprachgebrauch als "Ausländer" bezeichnet werden. Bezogen auf die Begriffe "Identität" und "Werte und Normen" stehen vermutete Konflikte, nämlich "Identitätskonflikte" sowie "Werte- und Normenkonflikte" der Einwanderer im Mittelpunkt der pädagogischen Betrachtungen.

Gegenstand der Diskussionen um die sogenannte Interkulturelle Erziehung oder Interkulturelle Pädagogik - so will ich zusammenfassen - wären somit festgestellte, behauptete oder zugeschriebene kulturelle Differenzen zwischen den sogenannten "Ausländern" und den Angehörigen der Mehrheit der Gesellschaft sowie Konflikte, die mit diesen kulturellen Differenzen in Verbindung gebracht werden. Zugespitzt auf den pädagogischen

Zusammenhang hieße das: Gegenstand der Diskussionen sind Fragen, die den pädagogischen Umgang mit Differenz zum Thema haben. Allerdings muß ich einräumen, daß ich mit dieser begrifflichen Bestimmung des Gegenstandes der Interkulturellen Erziehung den aktuellen Stand der Diskussionen reflektiere, d. h., mit dem Differenzbegriff beschreibe ich den derzeitigen Stand eines Entwicklungsprozesses. Weder hieß die Interkulturelle Erziehung immer schon Interkulturelle Erziehung noch waren ihre Perspektiven immer diejenigen, die die kulturelle Differenz fokussiert haben. Die Interkulturelle Erziehung entwickelte sich aus der sogenannten Ausländerpädagogik, deren Perspektive eine defizitorientierte war. Der Begriff "kulturelle Differenz" tauchte Mitte der 70er Jahre - die Zeit, in der sich die Ausländerpädagogik zu etablieren begann, und zwar als bildungspolitischer und pädagogischer Refelex auf gesellschaftliche Veränderungen im Zusammenhang mit Immigration - im Grunde nicht auf. Gleichwohl bildete er implizit den Gegenstand, auf den sich auch die Ausländerpädagogik bezog, indem sie kulturelle und sprachliche Differenzen als Defizite beschrieb und pädagogische Programme ausarbeitete, die diese beheben sollten - ganz im Sinne einer pädagogischen Kompensatorik. Rekonstruktiv wird die Ausländerpädagogik als eine migrationspädagogische Phase beschrieben, die von der sogenannten Defizithypothese dominiert worden war.[77]

Die Kritik an der Ausländerpädagogik, an ebendiesem defizitorientierten Blick der professionellen Mehrheit auf die "hilfsbedürftigen" Minderheitengruppen führte zu einem Perspektivenwechsel.[78] Ebenfalls als ein Reflex auf Diskussionen, die sich um den gesellschaftlichen Wandel von einer mono- in

---

[77] vgl. HAMBURGER 1983 und 1994, CZOCK 1993
[78] vgl. Griese 1981

eine multikulturelle Gesellschaft drehten, reagierte die Pädagogik, indem sie das ausländerpädagogische Programm, das Integration von Minderheitenangehörigen als einseitigen Assimilationsprozeß auffaßte, umstellte, und von nun an (seit etwa Anfang der 80er Jahre) das Programm der Interkulturellen Erziehung favorisierte.

Dieses nun thematisierte kulturelle Unterschiede im Sinne eines positiven Beschreibungs- und Unterscheidungsversuchs. Kulturelle Differenzen zwischen Mehrheit und Minderheitengruppen wurden nun als berechtigte, ja sogar bereichernde Unterschiede betont, die es zu bewahren (Rückkehroption) und nicht abzubauen galt. Kulturdifferenz rückte also als gegenseitige Bereicherungsmöglichkeit (Bereicherungsmodell) in den Blick. Der Pädagogik käme daher die Aufgabe zu, für eine "multikulturelle Gesellschaft" zu erziehen, in der es auf die gegenseitige Anerkennung kultureller Differenz sowie einen toleranten Umgang mit diesen Differenzen ankäme. Die Erziehungsbemühungen richteten sich jetzt auf Minderheitengruppen wie auf die Angehörigen der Mehrheit.

Der Perspektivenwechsel von der Defizitorientierung der pädagogischen Betrachtung auf eine Differenzorientierung löste die in der Phase der Ausländerpädagogik vorherrschende Defizithypothese durch die sogenannte Kulturdifferenzhypothese ab.

Inzwischen wurde auch Kritik am Programm der Interkulturellen Erziehung laut.[79] Sie zentriert sich vor allem um die Gefahren, die eine pädagogische Betrachtungsweise und Problembeschreibung mit sich brächten, wenn sie sich zu sehr auf die Betonung bzw. Hervorhebung kultureller Differenzen konzentrierten. Eine Kulturalisierung und Ethnisierung pädagogischer

---

[79] vgl. RADTKE 1995

Fragestellungen, Erklärungen, Problemwahrnehmungen und -lösungsstrategien seien die Folge.

Vor dem Hintergrund dieser Kritik, der ich mich weitgehend anschließe, lassen sich die Grenzen des Programms *Interkulturelle Erziehung* skizzieren: Vorausschicken möchte ich jedoch, daß ich mich dabei auf einen die Pädagogik betreffenden Argumentationsgang beschränken werde und den grundsätzlichen, und wie ich meine, berechtigten Vorwurf an die Pädagogik, sie betreibe eine Pädagogisierung sozialpolitischer Probleme, hier nicht berücksichtigen kann.

(1) Als ersten und kardinalen Kritikpunkt an der Interkulturellen Erziehung greife ich den bereits erwähnten auf, der die Gefahren der Kulturalisierung und Ethnisierung durch die Pädagogik betont. Demnach läßt sich heute konstatieren, daß zunächst die Ausländerpädagogik und in ihrer Folge die Interkulturelle Erziehung den pädagogischen Blick auf die Beschreibungs- und Deutungskategorien "Kultur" und "nationale oder ethnische Herkunft" verengt haben (Hamburger sprach schon 1983 von "kulturalistischen Verengungen"). Aus dem sicherlich lauteren Motiv heraus, Lösungsstrategien für empfundene Probleme in der pädagogischen Praxis, beispielsweise der Schule, zu entwickeln, machte die Interkulturelle Erziehung Erklärungs- und Deutungsangebote, die sich besonders auf kulturelle und ethnische/nationale Erklärungs- und Deutungsmuster stützten. Kulturalistische bzw. ethnisierende Stereotypisierungen im Zusammenhang mit pädagogischen Problemdeutungen und -lösungsversuchen waren und sind die Folge. Anders ausgedrückt: Die Interkulturelle Erziehung beteiligte sich an der Produktion von Stereotypen. Daß es uns heute allen geläufig ist, wie sehr ausländische Kinder unter dem sogenannten "Kulturkonflikt" leiden, daß sie "zwischen zwei Stühlen sitzen", "in zwei Welten

aufwachsen" (Stichwort: Morgens Deutschland, abends Türkei) und von "Identitätsdiffusion" bedroht sind, daß es vor allem die ausländischen (türkischen/muslimischen) Mädchen sind, die zwischen die Mühlsteine einer traditional/patriarchal geprägten, sprich: rückständigen Erziehung im Elternhaus und einer emanzipatorischen Erziehung in Schule und "Aufnahmegesellschaft" geraten, haben wir letztlich der Interkulturellen Erziehung zu verdanken. An der Produktion solcher Topoi, eines solchen Schubladendenkens war sie maßgeblich beteiligt. Ich unterstelle - wie schon angesprochen - den Vertreterinnen und Vertretern der Interkulturellen Erziehung nicht Böswilligkeit, vielmehr gehe ich davon aus, daß es ihnen in wohlmeinender Absicht um die Lösung dringender Probleme ging, als sie damit begannen, die Kinder der Ausländer und ihre Probleme vor dem Hintergrund differenter kultureller Erfahrungen wahrzunehmen. Dem Unterscheidungs- und Beurteilungskriterium "Kultur" kommt in vielen pädagogischen Situationen und für viele Erklärungszusammenhänge hohe Plausibilität zu und zur Begründung von Problemen in externalisierender Absicht bietet es sich geradezu an. So erklärt sich, daß sich dieses Kriterium so breiter Beliebtheit erfreut. Die Verwendung eines nicht nur völlig vagen, sondern auch extrem verkürzten Kulturbegriffs in pädagogischen Zusammenhängen führt zu den erwähnten kulturalistischen und ethnisierenden Festlegungen, welche das pädagogische Denken und Handeln - wie ich meine - begrenzen und beschränken. Die Einführung der Kategorie "Kulturdifferenz" in den pädagogischen Diskurs hatte so gesehen nicht die wünschenswerte Erweiterung des pädagogischen Deutungsrepertoires zur Folge, sondern seine Verengung. Kulturelle Differenz steht nicht als ein Unterscheidungsmerkmal neben anderen, beispielsweise der Geschlechterdifferenz oder der sozialen Differenz (soziale Schicht), sondern genießt in der Pädagogik eine herausragende Stellung, dem weitere Merkmale untergeordnet werden. Mit Blick auf den im Moment immer bedeutungsvoller werdenden Diskurs um 'Gleichheit und Differenz' läßt sich schlußfolgern, daß die theoretische Gewichtung innerhalb interkultureller Erziehungskonzepte in der Vergangenheit dem Aspekt der Differenz den Vorrang gab gegenüber dem der Gleichheit.[80]

Desweiteren wird in den letzten Jahren immer deutlicher, daß das Merkmal "Kulturdifferenz" eine höchst fatale Funktion haben kann, nämlich dann, wenn es im Zusammenhang mit Selektionsentscheidungen dienstbar gemacht wird. Neuere Untersuchungen zur Schulerfolgsforschung zeigen, in welch hohem Maße gerade dieses Kriterium zur Begründung einer Selektionspraxis in der Bildungsinstitution Schule herangezogen wird und die ausländischen Kinder nach wie vor zu den Verlierern unseres Bildungswesens macht.[81] Der ursprünglichen Intention der Interkulturellen Erziehung, die Integration ausländischer Kinder im Bildungswesen voranzutreiben, laufen diese nachweisbaren und belegten Tendenzen zuwider.

(2) Eine weitere Grenze der Interkulturellen Erziehung sehe ich in dem Versuch, Rassismus und Fremdenfeindlichkeit durch den gezielten methodischen Einsatz interkultureller Projekte, z.B. in Form von Unterrichtsprojekten, abbauen zu wollen. Ich bezweifle, daß sich ein solches Erziehungsziel auf dem Weg über Unterrichtsprojekte, die Erziehungsziele ja curricularisieren, erfolgreich erreichen läßt.

Zum einen besteht auch in diesem Zusammenhang die Gefahr einer kulturalistischen Stereotypenproduktion, in diesem Falle durch die

---

[80] vgl. PRENGEL 1993
[81] vgl. APITZSCH 1990, GLUMPLER 1990, BOMMES/RADTKE 1993

Curricularisierung von Inhalten, also beispielsweise dann, wenn es um die Förderung von Fremdverstehen und Toleranz geht und dafür kulturelle Differenzen in einem positiven Licht curricular aufbereitet werden. Solche Versuche enden für die Angehörigen von Minderheiten nicht selten in positiver Diskriminierung.

Zum anderen klafft in der Regel eine Kluft zwischen dem, was Unterrichts- und Lehrinhalte zu vermitteln versuchen und dem, was das sozialisierende Milieu einer Erziehungsinstitution tatsächlich vermittelt. Im Sinne Bernfelds, der in seinem berühmt gewordenen Buch "Sisyphos oder die Grenzen der Erziehung" von 1925 diese sozialisierende Wirkung der Erziehungsinstitutionen erstmals beschreibt, haben wir es hier mit einem Gegensatz zwischen Erziehung (verstanden als intentionales Handeln) und Sozialisation (verstanden als nicht-intentionales Handeln) zu tun. Denn betrachtet man sich das sozialisatorische Milieu einer Erziehungsinstitution - eines Kindergartens oder einer Schule - genauer, stößt man recht schnell auf Gegebenheiten, die im Widerspruch stehen zu den hehren interkulturellen Erziehungszielen: Spiel- und Lernmaterialien repräsentieren die Kinder aus Minderheitengruppen meist nicht - weder ihre Erstsprachen (die sprachlichen Erfahrungen der Migrantenkinder werden völlig ignoriert, sie kommen in der Regel nirgends vor; diese Situation ist mit der der Mädchen in Bildungsinstitutionen vergleichbar, wie sie von der pädagogischen Frauenforschung kritisiert wurde) noch ihr z. T. differentes Aussehen (Hautfarbe), christliche Kinder haben einen Anspruch auf Religionsunterricht in der Schule, andersgläubige Kinder hingegen nicht, das Personal einer Erziehungseinrichtung repräsentiert die Minderheitengruppen sogut wie gar nicht, abgesehen vom Hausmeister oder den Putzfrauen, die überwiegend MigrantInnen sind. Das sozialisatorische Milieu stellt, häufig vermittelt durch strukturelle und organisatorische Elemente und im Sinne eines heimlichen Lehrplans, eher ein dikriminatorisches Milieu dar, als daß es erfahr- und lebbar macht, was innerhalb der Institutionen an interkulturellen Erziehungszielen formuliert wird.

(3) Interkulturelle Erziehung produziert m.e. einen gruppenbezogenen Blick auf Migrantenkinder bzw. sie hält - ganz entgegen der allgemein-pädagogischen Tendenzen - an einem auf Kollektive gerichteten Blick fest. Lassen sich im Rahmen grundschulpädagogischer Diskussionen die Favorisierung von Methoden der inneren Differenzierung, und in diesem Zusammenhang dem methodisch-didaktischen Prinzip der Individualisierung, verfolgen, so scheint diese Tendenz außer Kraft gesetzt zu sein, wenn es sich um Migrantenkinder handelt. Sie werden wahrgenommen als VertreterInnen (RepräsentantInnen) ihrer vermeintlichen nationalen Herkunftskultur, sie unterliegen Zuschreibungsprozessen, die von Kollektiven ausgehen, beispielsweise von deren vermeintlichen Identitätsmerkmalen. D. h. Migrantenkinder sind häufig, und dies beweist die Praxis im Falle von Zurückstellungen am Schulanfang oder im Falle von sonderpädagogischen Überprüfungsverfahren, von kulturalistischen Stigmatisierungsprozessen betroffen, die eine ganze Gruppe, etwa die türkischen Jungen, einschließen. Entgegen des pädagogischen Grundsatzes zu individualisieren, der vor allem im Vorschulbereich große Gültigkeit hat, fördert die Interkulturelle Erziehung in bezug auf die Migrantenkinder die pädagogische Kollektivisierung,[82] die bezogen auf den schulischen Bereich der hier dominaten Neigung zu homogenisieren entgegenkommt.

---

[82] vgl. DIEHM 1995

Das Dilemma, in das Pädagoginnen und Pädagogen geraten können, wenn sie sich interkulturellen Erziehungszielen verpflichtet fühlen, läßt sich anhand der drei kurz umrissenen Kritikpunkte bereits veranschaulichen. Der Grat zwischen 'ignorierender Toleranz' und 'positiver Diskriminierung',[83] den sie in diesem Falle zu beschreiten haben, ist ziemlich schmal. Die absolute Gleichbehandlung von Kindern der Mehrheit und der der Minderheiten führt leicht zur faktischen Ungleichbehandlung, weil sie beispielsweise migrationsbedingte Lernvoraussetzungen und -unterschiede ignoriert. Die wohlmeinende Betonung kultureller Unterschiede hingegen zeitigt allzu schnell positiv diskriminierende Effekte, wobei auch diese als Diskriminierung zu bewerten sind. Da eine Thematisierung kultureller/ ethnischer Differenzen in didaktisch aufbereiteten Unterrichtseinheiten in ihrer Wirkungsweise und ihren intendierten Lerneffekten auf seiten der Kinder/SchülerInnen bisher empirisch nicht untersucht worden ist, lassen sich Anhaltspunkte für pädagogisches Handeln jenseits normativ-naiver Programmatik nur schwer bestimmen. Läge die pädagogische Schwerpunktsetzung jedoch vor allem in den Bereichen, die das sozialisatorische Milieu einer Schule oder Einrichtung im Bernfeld'schen Sinne prägen, gewänne die bewußte *De-Thematisierung* kultureller Differenzen methodisch-didaktisch an Relevanz. Ein selbstverständlicher pädagogischer Umgang mit Pluralität machte sich die vielfältigen vorfindbaren Differenzen zwar bewußt, Toleranz und gegenseitiger Respekt würden in pädagogischen Situationen und Interaktionen allerdings eher durch konsequente Individualisierung zum Ausdruck kommen als durch proklamatorische und appellative Dauerthematisierung. Toleranz und der

---

[83] vgl. CZOCK/RADTKE 1984

respektvolle Umgang mit Differenzen müssen den Kindern zu jeder Zeit erleb- und erfahrbar sein. Dazu gehören Partizipation und die Erfahrung, sich auch als Angehörige/r einer gesellschaftlichen Minderheit im Alltag der Bildungseinrichtung repräsentiert zu fühlen. Allerdings drohen dahingehende pädagogische Bemühungen auf der Interaktionsebene schnell zu verpuffen, wenn sich Bildungseinrichtungen als Institutionen auf der strukturellen Ebene nicht im gleichen Maße ihrer (sicherlich unbeabsichtigten) diskriminatorischen Praktiken stellen. Chancengleichheit ist eine bildungsreformerische Formel, die es im Falle der Migrantenkinder noch einzulösen gilt und zu deren Verwirklichung es von administrativer Seite noch vieler effizienter Reformanstrengungen bedarf.

Bericht

zur Situation der ausländischen Frauen und Mädchen in Mainz
des Arbeitskreises *Frauen* des Ausländerbeirates für den
Ausschuß für Frauenfragen der Stadt Mainz am 29.04.1994

Der Arbeitskreis *Frauen* des Ausländerbeirates befaßt sich seit Jahren mit der Situation der ausländischen Frauen und Mädchen in Mainz. Zu seinen Mitgliedern zählen Mainzer Frauen- und Mädchenorganisationen sowie politisch engagierte Frauen, die sich mit der Lebenssituation für Migrantinnen und geflüchtete Frauen befassen. Aus dieser Sicht kann wie folgt berichtet werden:

1.

Ausländische Frauen sind in besonderer Weise abhängig von ihren Ehepartnern, da sie erst nach 4 Jahren ehelicher Lebensgemeinschaft eine eigene Aufenthaltsgenehmigung erhalten können. Dabei spielt es keine Rolle, ob der Ehemann Deutscher oder Ausländer ist oder etwa schon in Deutschland geborene Kinder vorhanden sind.

Diese Abhängigkeit setzt ausländische Frauen und deren Kinder der Willkür des Ehepartners aus. Bei Gewalt durch den Ehepartner liegt der Handlungsspielraum der Frauen oftmals nur zwischen Aufenthaltsverlust und dem weiteren Ertragen von Mißhandlungen.

Die Ausländerbehörde sollte in diesen Fällen, den ihr möglichen Ermessensspielraum im Interesse der betroffenen Frauen und Kinder voll nutzen und baldmöglichst eine eigenständige Aufenthaltsgenehmigung erteilen.

2.

Wendet sich eine ausländische Frau oder ein ausländisches Mädchen in einer solchen Situation an eine Beratungsstelle oder eine andere Einrichtung in der Stadt Mainz, wie z.B. das Frauenhaus, das Sozialamt, die Ausländerbehörde, aber auch an Kliniken oder Ärzte, gibt es weitere gruppenspezifische Probleme:

Es fehlt ein Dolmetscherinnen-Pool, der kompetente Frauen mit entsprechendem Einfühlungsvermögen und Fachkenntnissen vermitteln kann.

Es fehlen Fort- und Weiterbildungsmaßnahmen für die städtischen MitarbeiterInnen, die Verständnis für ethnische und kulturelle Vielfalt wecken und diese befähigen, rasch und sicher daraus resultierende Schwierigkeiten zu erkennen und geeignete Problemlösungen zu finden.

Es fehlen bi-kulturelle städtische Mitarbeiter der 2. oder 3. Generation, die aus eigenem Erleben eine Vorbildsfunktion ausüben könnten.

Es fehlt grundsätzlich eine Supervision in allen Bereichen, die entweder auf der MitarbeiterInnenebene oder bezüglich ihres Klientels interkulturell tätig sind, d.h. immer wieder finden Ausgrenzungen - auch unter MitarbeiterInnen - statt, die bei geeigneter psychologischer Begleitung vermieden werden könnten.

Die städtischen Behörden und Einrichtungen sollten bei gleicher Eignung bevorzugt bi-kulturelles Personal einstellen.

Es sollten geeignete Fort- und Weiterbildungsmaßnahmen, insbesondere für frauenspezifische Belange, für die MitarbeiterInnen angeboten und deren Teilnahme gefördert werden. Solange eine geeignete Supervision fehlt, sollten zumindest regelmäßige Dienstgespräche zu diesem Thema stattfinden.

Ein kompetenter Dolmetscherinnen-Pool muß unverzüglich eingerichtet werden.

3.

Insbesondere moslemische Mädchen haben in Kinderbetreuungseinrichtungen, Schulen, Jugendzentren u.ä. spezifische Probleme, denen nur durch muttersprachlichen Unterricht, fachkundige ErzieherInnen und besondere Integrationsmaßnahmen entgegengewirkt werden kann:

Bereits im Kindergarten treten erzieherische Differenzen zwischen Elternhaus und Betreuungseinrichtung auf, die zu großer Unsicherheit bei den Mädchen führen. Koedukation, gemeinsame Ausflüge, Schwimmkurse, Kleidung und ganz allgemein ihr Benehmen in der Öffentlichkeit und im besonderen der Umgang mit dem anderen Geschlecht wird zum Problem.

Die eigene Kultur wird weder durch entsprechenden Sprach- noch Religionsunterricht vermittelt. Die Lehrerinnen und Pädagoginnen sind hilflos, wenn sie zwischen Elternhaus, Curriculum und Gruppe vermitteln sollen.

Es sollte ein Tag für Frauen in den städtischen Schwimmbädern angeboten werden.

Es fehlen Handreichungen zur interkulturellen Arbeit, die dringend in Zusammenarbeit mit dem Kultus- und Wissenschaftsministerium sowie der Universität entwickelt werden müßten.

Muttersprachlicher- und Religionsunterricht muß zwingend angeboten werden. Dabei sind sowohl die organisatorischen Voraussetzungen für eine regelmäßige Teilnahme als auch der persönliche Anreiz durch die Aufnahme der erzielten Noten (vollwertig) im Zeugnis zu schaffen.

4.

Da viele ausländische Frauen und Mädchen den häuslichen Bereich nur mit Genehmigung der Ehemänner und Väter verlassen dürfen, können Mißstände oft nur vor Ort festgestellt und bekämpft werden:

Frauen fehlt die Gelegenheit ihre Sprachkompetenz in der deutschen Sprache zu erweitern, ohne die keine Kenntnisse über die deutsche Kultur und Gesellschaft erworben werden können. Wichtige Grundrechte, Pflichten bezüglich Schule, Beruf o.ä. sind nicht bekannt.

In Zusammenarbeit mit den Ausländerorganisationen vor Ort muß die "aufsuchende Sozialarbeit" gefördert werden. Alphabetisierungskurse bis hin zu den bewährten TANDEM-Kurse, die neben der Sprachkompetenz auch kulturelles Fachwissen vermitteln, müssen offensiv gefördert werden.

Integrative Initiativen mit nachweislich interkultureller Zielsetzung sollten finanzielle und ideelle Unterstützung finden.

Eine spezielle Rechtsberatung für Ausländerinnen muß zur Verfügung stehen.

5.

Ausländerinnen sind oft benachteiligt bei der Suche nach einer geeigneten Berufsausbildung oder Arbeitsmöglichkeit. Sie verdienen nachweislich weniger als Deutsche und haben im Alter nur selten eine ausreichende Rente zu erwarten:

Es fehlen geeignete Beratungsstellen für ausländische Mädchen und Frauen, die auf ihre besondere Situation eingehen könnten. Viele ausländische Frauen sind ohne soziale Absicherung tätig ohne die späteren Folgen abschätzen zu können. Ihre Sprachunsicherheit und die daraus resultierende Unkenntnis des deutschen Rechts macht sie leicht zu Opfern unseriöser Arbeitgeber.

Auch die Arbeitslosigkeit trifft ausländische Frauen stärker als Deutsche.

Alle Informationsstellen im Berufsfindungs- und Arbeitnehmerinnenbereich sollten durch Fort- und Weiterbildungsmaßnahmen in die Lage versetzt werden, Ausländerinnen kompetent zu beraten.

Programme wie "Arbeit statt Sozialhilfe" sowie spezielle Fortbildungs- und Umschulungsmaßnahmen sollten extensiv für Ausländerinnen ausgebaut werden.

Ausländische Frauen müssen sicher sein vor einer Ausweisung im Alter, auch wenn sie wegen zu geringer Rente Sozialhilfe beziehen.

6.

Ausländische Frauen und Mädchen sind besonders bedroht von psychischen Erkrankungen:

Die Diskrepanz zwischen den Anforderungen und Erwartungen der Familie und denen der Gesellschaft ist oft die Ursache für Ängste und Phobien. Rassistische Ausschreitungen, gleichgültig ob mittelbar oder unmittelbar erfahren, führen ebenfalls zu traumatischen Zuständen, die Frauen besonders verunsichern und frühzeitig behandelt werden müssen. Therapien durch kulturfremde Ärzte bzw. Psychotherapeuten sind jedoch nur selten erfolgreich.

Solange und soweit die Krankenkassen notwendige Therapien nicht finanzieren, müssen die Sozialbehörden eine entsprechende finanzielle Unterstützung leisten.

Die Stadt Mainz sollte deshalb mit Nachdruck die Einrichtung eines psychosozialen Zentrums mit auslän-dischen und bi-kulturellen Ärztinnen fördern.

7.

Ausländische Frauen mit einer befristeten Aufenthaltsgenehmigung erhalten ab 01.01.1994 kein Kindergeld mehr:

Für viele ausländische Frauen, die nur geringfügig beschäftigt sind oder zu wenig Unterhalt vom Ehemann oder Kindsvater erhalten und damit am Existenzminimum leben, bedeutet dies eine Einkommenseinbuße, die nur noch mit Sozialhilfe ausgeglichen werden kann. Oftmals wird gerade der Beitrag für die Kinderbetreuung unerschwinglich.

7a.

Ausländische Studentinnen haben mit besonderen Problemen umzugehen:

Wegen der befristeten Aufenthaltsbewilligung zum Studium erhalten sie weder Erziehungs- noch Kindergeld. Die Beiträge zu einer kostendeckenden Krankenversicherung betragen bis zu 600 DM monatlich.

Bevor diese Diskriminierung bundesweit zurückgenommen werden kann, ist es unbedingt erforderlich, daß die Sozialbehörden der Stadt Mainz in Notlagen finanzielle Unterstützungen leisten ohne negative Rückwirkungen auf die Aufenthaltsgenehmigung.

8.

Asylsuchende Frauen und Mädchen haben ebenfalls besondere Probleme:

Sie leiden in den Gemeinschaftsunterkünften unter der fehlenden Abgrenzung zu den Männern. Viele Aufgaben, die sie gerne bei der Organisation und Pflege der Heime übenehmen würden, werden von bezahlten Mitarbeitern übernommen, während sie untätig bleiben müssen. Viele psychische Probleme, Reibereien innerhalb der Unterkünfte und mit den Anwohnern könnten vermieden werden, wenn die erzwungene Untätigkeit aufgehoben wird.

Der Arbeitskreis empfiehlt deshalb dringend, die Gemeinschaftsunterkünfte nach dem Model "Hilfe zur Selbsthilfe" so zu organisieren, daß möglichst viele Arbeiten durch die BewohnerInnen selbst durchgeführt werden. Es muß die Möglichkeit bestehen, daß die BewohnerInnen selbst kochen können.

Fazit

Der Arbeitskreis "Frauen" des Ausländerbeirates ist sich bewußt, wie umfassend die voranstehenden Forderungen sind. Er verkennt auch nicht, daß die Stadt Mainz schon bisher große Anstrengungen unternommen hat, um die Situation der ausländischen Frauen und Mädchen zu verbessern.

Der Arbeitskreis möchte aber mit Nachdruck darauf hinweisen, daß er sich für die Schwächsten in unserer Gesell-schaft einsetzt: Frauen, Mädchen und Kinder, die des Schutzes der Solidargemeinschaft dringend bedürfen.

Jede Maßnahme, die zur Verbesserung der Situation von ausländischen Frauen und Mädchen beiträgt, wirkt dem Rassismus entgegen und verbessert damit nicht nur die Lage der ausländischen Mitbürgersondern aller Bürger unserer Stadt!

Forderungen und Empfehlungen

Aus der Fülle von Forderungen und Empfehlungen, die im Laufe des Modellprojektes geäußert und von uns notiert wurden, haben wir diejenigen ausgewählt, die besonders häufig genannt wurden bzw. einen interessanten neuen Aspekt aufweisen:

Allgemein
- Migrantenkinder, die ihre Sozialisation im Einwanderungsland erfahren haben, sollten nicht abgeschoben werden.
- Das Hintergrundwissen über die verschiedenen Kulturen sollte so früh wie möglich an die Kinder vermittelt werden, d.h. bereits im Kindergarten sollte die interkulturelle Pädagogik ansetzen.
- Es sollten bikulturelle Fachkräfte oder solche mit Auslandserfahrungen bevorzugt eingestellt werden.
- Ausländische Examen nichtdeutscher LehrerInnen und Pädagoginnen sollten anerkannt werden und zum eigenverantwortlichen Unterricht an deutschen Schulen/Mitarbeit an Jugendhilfeeinrichtungen zugelassen werden.
- Jugendhilfeeinrichtungen und schulbetreuende Projekte sollten nicht zeitlich befristet sein, da interkulturelle bzw. geschlechtsspezifische Arbeit nur kontinuierlich wirksam wird.
- Jugendhilfeeinrichtungen können Aufgaben in der Schule nicht zum Nulltarif übernehmen. Es müssen Gelder bereit gestellt werden, die eine Kooperation Schule/Jugendhilfe finanziell unterstützen.
- Für LehrerInnen und PädagogInnen sollte die Möglichkeit von Supervision geschaffen werden.
- Jugendhilfe sollte und kann nicht die Aufgaben von Schule ersetzen, höchstens ergänzen und Anregungen vermitteln.

Schule
- Schulinhalte gilt es zu überprüfen, ob sie der multikulturellen Gesellschaft tatsächlich Rechnung tragen. So ist über die Einführung des muttersprachlichen Unterrichts ebenso nachzudenken, wie über die Einführung bestimmter Lehr- und Lerninhalte (z.B. in Erdkunde; hier könnte mehr Wissen über die Kulturen und Lebensweisen anderer Länder gelehrt werden).

- Durch Ganztagsschulen und betreuende Schulen kann eher auf die Bedürfnisse der MigrantInnen- bzw. Flüchtlingskinder eingegangen werden.
- LehrerInnen sollten sich über die Kulturen der Kinder in ihren Klassen informieren. Durch mehr Informationen und Interesse aneinander kann der Dialog besser geführt und somit die Integration besser erreicht werden.
- Schulbücher sollten dahingehend überprüft werden, ob sie auch die Lebenswelten der SchülerInnen berücksichtigen, die nicht unserer Kultur angehören. Dies betrifft auch die Unterrichtsinhalte.
- Bis zur 10. Klasse sollte qualifizierter, muttersprachlicher Unterricht verpflichtend sein und in den regulären Unterricht eingebunden werden.
- Parallel dazu sollte die Muttersprache als Fremdsprache auf freiwilliger Basis in der Oberstufe angeboten werden; ein Abschluß darin sollte als qualifizierend anerkannt werden.
- Die erste Sprache der Kinder muß in der Schule gefördert werden, da sie für die Persönlichkeitsentwicklung sehr wichtig ist.
- Der muttersprachliche Unterricht sollte in den regulären Stundenplan aufgenommen werden.
- Der muttersprachliche Unterricht sollte als Pflichtfach angeboten werden. Alle Kinder sollen die Möglichkeit erhalten, an diesem Unterricht teilzunehmen.
- Der muttersprachliche Unterricht sollte anstelle der 2. Fremdsprache ab der 7. Klasse für alle Kinder angeboten werden. Allerdings muß dann nach Leistungsniveau differenziert werden.
- Generell damit verbunden muß eine Aufwertung nicht-europäischer Sprachen und Sprachkenntnisse einhergehen.

Geschlechterdifferenz (interkulturell)
- Interkulturelle bzw. geschlechtsspezifische Pädagogik ist nicht allein als Aufgabe von Lehrerinnen zu verstehen, sondern ist auch in andere Institutionen, die sich in irgendeiner Form mit Jugendarbeit beschäftigen, zu integrieren.
- Wir schließen uns der Forderung der Bundesregierung an, daß eine Sensibilisierung für die geschlechtsspezifische Sozialisation von Mädchen und Jungen bereits in der Ausbildung vorgenommen werden sollte.
- In die Studien- und Ausbildungspläne sollten interkulturelle und geschlechtsspezifische Themen zwingend aufgenommen werden.

- Für LehrerInnen, die bereits im Schuldienst tätig sind, müssen Fortbildungen initiiert werden, die auf folgende Bereiche eingehen sollten: Aufdeckung und Sensibilisierung der subtilen Geschlechterdiskriminierung ("heimlicher Lehrplan"), Auseinandersetzung mit den Ergebnissen der feministischen Schulforschung, Fach- und Unterrichtsanalysen.
- In allen Klassen und Unterrichtsfächern sollte der mädchenspezifische Ansatz angemessenen Einfluß finden; auch die Trennung nach Geschlechtern im Sexualunterricht gehört dazu.
- Es müssen Strukturen geschaffen werden, die es ermöglichen, mit Mädchen zu bestimmten Themen geschlechtshomogen zu arbeiten.
- Die Gleichstellungsbeauftragten, die sich mit den besonderen Belangen der Lehrerinnen befassen, sollten auch Ansprechpartnerinnen für die Schülerinnen sein.
- An Schulen sollte regelmäßig eine sogenannter "Pädagogischer Tag" eingerichtet werden, der sich jeweils mit einem spezifischen Thema der Mädchen- und auch der Jungenarbeit beschäftigen sollte.

Elternarbeit
- Elternarbeit sollte ebenfalls im Schulalltag etabliert werden, über die üblichen Elternabende hinaus.
- Eltern müssen so früh wie möglich in die pädagogische Arbeit miteinbezogen, sowie über das hiesige Bildungssystem und die Ausbildungsmöglichkeiten informieren werden.
- Eltern, PädagogInnen und LehrerInnen sollten sich bewußt werden, daß Bikulturalität eine Bereicherung für die deutsche Kultur darstellt.
- Als wichtigste Grundlage ist den LehrerInnen zu vermitteln, daß vor allem Vertrauen geschaffen werden muß, wenn Elternarbeit gelingen soll. Dies setzt auch entsprechende Kenntnisse über die jeweilige Kultur voraus.
- Selbstverständlich sollte bei Hausbesuchen sein, daß beide Eltern bzw. alle anwensenden Familienmitglieder einbezogen werden; ein spezieller Besuch ausschließlich der ausländischen Familien würde Stigmatisierung und auch Ausgrenzung bedeuten.
- Selbstverständlich sollte auch sein, daß Hausbesuche - nicht nur bei den ausländischen Eltern - vorher angemeldet werden.
- Die Rahmenbedingungen für Eltern- und Familienarbeit müssen dringend verbessert werden, z.B. durch Freistellungen der LehrerInnen oder durch Gelder für spezielle Angebote.

- So könnten Arbeitsgruppen initiiert und finanziert werden, die neue Wege der zwanglosen Kontaktaufnahme mit den Eltern und mit ihren Kindern aufzeigen und durchführen. Informell findet hier viel - gegenseitige! - interkulturelle Erziehung statt, z.B. kann ein gemeinsamer Wandertag oder ein Grillfest mit den Eltern, den Kindern und den LehrerInnen zu einem besseren gegenseitigen Verständnis führen. Sinnvollerweise sollten solche Veranstaltungen freitagnachmittags oder samstags durchgeführt werden.
- Problematisch bleibt dennoch, daß viele Eltern berufstätig und daher zeitlich eingeschränkt sind. Auch finanzielle Probleme können dazu führen, daß sich Eltern nicht beteiligen. Bei speziellen Angeboten muß dies bedacht werden.
- Das Elternhaus sollte nicht bedrängt werden. Es sollte verständnisvoll in die Arbeit einbezogen werden.

Zu den Autoren und Autorinnen

DR. FARIDEH AKASHE-BÖHME
Promotion in Soziologie. Lebt und arbeitet als freie Publizistin in Darmstadt.
Veröffentlichungen u. a. *Frausein - Fremdsein*, Frankfurt, 2. Auflage 1994.
Anschrift: Rosenhöhweg 25, 64287 Darmstadt, Tel. 06151/715875

DR. ARIANE BENTNER
Sozialpädagogin, Lehrbeauftragte am Pädagogischen Institut der Universität Mainz
Anschrift: Schepp Allee 51, 64295 Darmstadt, Tel. 06151/318635

IKBAL BERBER, M.A.
Ausbildung zur Grundschullehrerin in der Türkei, M.A. Germanistik und
Sozialpsychologie, Fortbildungsreferentin zu verschiedenen Bereichen der
Migrationsarbeit (Ausländerrecht u. -politik, interkulturelle Kommunikation).
Anschrift: Ottweiler Straße 94, D-66113 Saarbrücken, Tel. 0681/42 083

KARIN BIRNKOTT-RIXIUS
Grundschullehrerin, Mitbegründerin des interkulturellen Projektes an der Nürtingen
Grundschule in Berlin Kreuzberg "Zweisprachige Alphabetisierung (deutsch-türkisch)
Autorin bzw. Mitautorin: *In zwei Sprachen lesen lernen - geht denn das?* Beltz Praxis
und *Handbuch für die Arbeit mit der türkischen und deutschen Fibel "Birlikte Ögrelin"
und "Voneinander lernen"*
Anschrift: Kirchstr. 17, 12277 Berlin, Tel. 030/7216492

DR. ISABELL DIEHM
Erziehungswissenschaftlerin, Assistentin am FB Erziehungswissenschaften im
Primärbereich der Uni Frankfurt/M. Veröffentlichungen u.a.: "Erziehung in der
Einwanderungsgesellschaft - Konzeptionelle Überlegungen für die Elementarpädagogik,
Frankfurt/M. 1995
Anschrift: Johann Wolfgang Goethe-Universität, FB Erziehungswissenschaften, BE II,
Senckenberg-Anlage 13-17, 60054 Frankfurt, Tel. 069/ 798-23514

JOHANNA EHLERS
Projektleiterin. Leiterin der Förderungs- und Sozialberatung der Universität Mainz.
Mitglied des Interdisziplinären Arbeitskreises Frauenforschung
Anschrift: Johannes Gutenberg-Universität Mainz, Ref. 244, Saarstr. 21,55099 Mainz,
Tel.: 06131/39-2317

WOLF BERNHARD EMMINGHAUS
Diplom-Psychologe, arbeitet im Bereich der kulturvergleichenden Kommunikation für
Erzieher, Lehrer u. Sozialarbeiter.
Anschrift: Tilsiter Straße 75, 66121 Saarbrücken, Tel. 0681/81 54 86

DR. FILIZ KIRAL
Islamwissenschaftlerin. Lehrbeauftragte am Institut für Orientkunde Mainz und der FH Wiesbaden.
Anschrift: Im Münchfeld 27, 55122 Mainz, Tel. 06131/31737, Tel. Uni: 06131/39-2779

MONIKA KOWALCZYK, M.A.
Grundschullehrerin, EU-Projekt Förderung von ausländischen Kindern, Goetheschule Mainz
Anschrift: Hegelstr. 46, 55118 Mainz, Tel. 06131/38 1018

NICOLE KRAHECK
Pädagogin, wissenschaftliche Begleitung des Modellversuchs "Lebensplanung-Körperarbeit-Selbstbehauptung" in Duisburg.
Anschrift: Heßlerstr. 275 b, 45329 Essen, Tel. 0201/3524 06

GUDULA MEBUS
Lehrerin, Mitarbeiterin im Institut für Lehrerfortbildung Hamburg.
Mitherausgeberin "Das sind wir - neue interkulturelle Unterrichtsideen", Weinheim 1995
Anschrift: Institut für Lehrerfortbildung - Beratungsstelle für interkulturelle Erziehung und Deutsch als Zweitsprache, Hartsprung 23, 22529 Hamburg, Tel. 040/4212-711

PETER SCHLIMME
Diplom-Sozialarbeiter, Jugendbildungsreferent im Jugendbildungswerk des Kreises Groß-Gerau
Anschrift: August-Bebel-Str. 2a, 65933 Frankfurt/M, Tel. p.069/3808462, d. 06152/989 451

ISIL YÖNTER
Diplom-Pädagogin, Familien-u. Paartherapeutin. Mitarbeiterin im internationalen Mädchentreff des SKA e.V. (sozialkritischer Arbeitskreis) Darmstadt.
Anschrift: Kirchplatz 1, 61137 Schöneck, Tel. 06187/91 06 96, Fax. 910697

SEVDIJE YILDIZ
Dipl.-Sozialarbeiterin, Mitarbeiterin im IB- Mädchentreff Frankfurt/M.
Anschrift: Gartenstr. 13, 61169 Friedberg, Tel. p.: 06031/14973, d.: 069/73818 88

Markt der Möglichkeiten – Liste der teilnehmenden Projekte

Karin Birnkott-Rixius
Kirchstr. 17, 12277 Berlin, Tel. 030/7216492
Zweisprachig lesen lernen, Projekt Berlin-Kreuzberg

Irina Brinkmann
St. Hedwigshaus, Hermann-Str. 86, 33813 Oerlingshausen, Tel. 05202/1092
Mädchenseminare mit jungen Aussiedlerinnen aus der GUS

Rosemarie Krajczy
Stadtjugendpflege Kassel, Dormannweg 29, 34123 Kassel, Tel. 0651/571930
Berufs- und Lebensplanung mit muslimischen Mädchen

Nicole Upphoff
Redaktion Girli-e-zine Universität Münster, Postfach 1323, 48003 Münster
Münsters Mädchen brechen das Schweigen

Sevdije Yildiz
Gartenstr. 13, 51169 Friedberg, Tel. 069/7381888, Fax 06031/14973
Soz.Pädagogin im Mädchentreff Frankfurt/Main

Johanna Ehlers
Universität Mainz, Referat 244, IAK-Frauenforschung, 55099 Mainz, Tel.
06131/392317, Fax 06131/392919, E-mail: ehlers@verwaltung.uni-mainz.de
Projektleiterin

Dr. Ariane Bentner
Universität Mainz, Pädagogisches Institut, 55099 Mainz, Tel. 06131/395545
Wissenschaftliche Mitarbeiterin

Monika Hörauf
PRO FAMILIA, Quintinsstr. 6, 55116 Mainz, Tel. 06131/287661
Pro Familia

Heinrich Studentkowski
Ministerium für Bildung Wissenschaft und Weiterbildung, Mittlere Bleiche 61,
55116 Mainz
Grenzüberschreitende Zusammenarbeit im Bildungsbereich

Frau Lipowski
Mittlere Bleiche 61, 55116 Mainz, Tel. 06131/162921, Fax 06131/4583
Schulreferat, Ministerium für Bildung Wissenschaft und Weiterbildung

Doris Damlachi
Rektorin der Goethe-Schule (GS), Scheffelstr. 2, 55118 Mainz, Tel. 06131/612026
EU-Projekt: Spielen und Lernen - Eine interkulturelle Spiel- u. Lernschule

Mechthild Gerigk-Koch, M.A.
Büro Landesbeauftragte für Ausländerfragen, Postfach 3880, 55028 Mainz,
Tel. 06131/16465, Fax 06131/164090
"Schule ohne Rassismus" Aktion COURAGE-SOS Rassismus

Anna Klimowicz-Pakula
An Stollhenn 22, 55120 Mainz, Tel. 06131/684279
Polnischer Rat, Rheinland-Pfalz

Monika Kowalczyk, M.A.
Hegelstr. 46, 55122 Mainz, Tel. 06131/381018
EU-Projekt: Spielen und Lernen - eine interkulturelle Spiel- u. Lernschule

Frau Dastmalchi / Frau Brunn
SPAZ-GmbH Berufsförderunsmaßnahme für Mädchen (BOMM), Wilhelm-Quetsch-Str.
1, 55128 Mainz, Tel. 06131/362205, Fax 06131/364337
Berufsorientierungsmaßnahmen für Mädchen

Wolfgang Sehnert / Burkhardt Sprenker
An der Waid 10, 55270 Klein-Winternheim, Tel. 06136/85321
Tuchfühlungen mit Kurt Tucholsky

Frau Göher / Frau Rahm
Merhaba e. V., Handwerkerstr. 12 - 14, 56070 Koblenz, Tel. 0261/17870
Situation türkischer Mädchen

Aysel Ocar
TREFF multikulturelles Stadtteilzentrum f. Mädchen u. junge Frauen, Hochstr. 20 - 26,
56070 Koblenz, Tel. 0621/800779
Vermittlung von Basisqualifikationen zur beruflichen Integration

Dr. Irene Nehls
Landesmedienzentrum Rheinland-Pfalz, Hofstr. 257c, 56077 Koblenz,
Tel. 0261/9702224, Fax 0261/9702200
Aus Fremden werden Freunde

Christiane Kasper
Staatl. Lehrerfortbildungsinstitut Haus Boppard, Rheinallee 23-24, 56154 Boppard,
Tel. 06742/871011, Fax 06742/871099

Frau Messan
Caritas-Verband Rhein-Mosel-Ahr e.V., Postfach 1242, 56727 Mayen,
Tel. 02651/986922, Fax 02651/986917
IN VIA Kath. Mädchen und Frauensozialarbeit für Aussiedlerinnen

Dr. Isabell Diehm
FB Erziehungswissenschaften, Johann-Wolfgang-Goethe-Universität, Senckenberg-
Anlage 13-17, 60054 Frankfurt/Main, Tel. 069/79823514
Chancen und Grenzen der interkulturellen Pädagogik

Manuela Brune-Hernandez
Mädchenkulturzentrum Mafalda, Unterweg 14, 60318 Frankfurt/Main,
Tel. 069/591916, Fax 069/5963389
Interkulturelle Mädchenarbeit im Mädchenkulturzentrum MAFALDA

Frau Hestermann / Frau Klose
IB "Mädchentreff Frankfurt", Hufnagelstr. 14, 60326 Frankfurt/Main,
Tel. 069/7381888, Fax 069/738244
IB Mädchenwerkstatt

Gerda Weiser
Jugendbildungswerk Darmstadt-Dieburg, Rheinstr. 65, 64276 Darmstadt,
Tel. 06151/881320, Fax 06151/881414
Neue Mädchenzeitung GÖRLS

Ines Volkmann
Haus der Begegnung "Die Stube", Am weißen Stein 25 a, 65510 Idstein,
Tel. 06126/93350, Fax 061269335335
Miteinander leben, voneinander lernen

Frau Kabis-Alambe
Deutsch-Ausländischer Jugend-Club, Johannisstr. 13, 66111 Saarbrücken,
Tel. 0681/33275, Fax 0681/376031
Arbeit mit ausländischen Mädchen/Frauen

Annmarie Jenkins
Landesjugendwerk AWO Deutsch Ausländischer Treff, Weinlig Straße 1, 66763
Dillingen/Saar, Tel. 06831/71055
Frauen- und Mädchenarbeit

Frau Müller-Edelmann / Frau Plonster
Treff International, Rohrlachstr. 55, 67063 Ludwigshafen, Tel. 0621/524850
türkische Mädchengruppe, Projekttage für Mädchen

Barbara Stanger
Förderband e.V., B 4, 1, 68159 Mannheim, Tel. 0621/10964
Schulsozialarbeit "Ausländische Mädchen und Beruf"

Halide Özdemir
ROSA e.V. Wohnprojekt nichtdeutscher Frauen, Postfach 40 10 67, 70410 Stuttgart,
Tel. 0711/539825
feministisches Wohnprojekt für Frauen nichtdeutscher Herkunft

Frau Heberle / Frau Baumgartner
Internationaler Bund, Stephanienstr. 84, 76133 Karlsruhe,
Tel. 0721/23925, Fax 0721/26104
Vernetzung von Mädchen- u. Frauenarbeit

Ulrike Poernbacher
Institut für Interkulturelle Bildung, Marktstr. 46, 76829 Landau
Identität und Erziehung in multikulturellen Gesellschaften

Heidemarie Brückner
Staatsinstitut für Schulpädagogik und Bildungsforschung, Arabellastr. 1,
81925 München, Tel. 9214/2423
Berufsfindung ausländischer Mädchen

Erika Ollerdissen
"Internationaler Frauentreff", Stadt Ludwigshafen - Sozialamt, Limburgstr. 10,
67063 Ludwigshafen, Tel. 0621-5042576

Frau Bußmann
Mädchenhaus Frankfurt/Main, Hinter den Ulmen 19, 60433 Frankfurt/Main,
Tel. 069/531070, Fax 069/513828

Ausgewählte Literatur zum Thema Mädchenarbeit bzw. weibliche Sozialisation

Mädchen im Kulturvergleich
AKASHE-BÖHME, F.: Die psychosoziale Lage der ausländischen Studenten aus dem islamischen Kulturbereich. In: Auszeit 23, Nr. 1/2, 1991, hrsg. von: World University Service, Wiesbaden
AKASHE-BÖHME, F.: Erziehung zum Miteinander - Über den Beitrag der pädagogischen Berufe zur Überwindung von Rassismus und Fremdenhaß. In: ISS, Nr. 1/94, Frankfurt
AKASHE-BÖHME, F.: Frausein-Fremdsein. Frankfurt 2. Aufl. 1994
BEN JELLOUN, T.: Sohn ihres Vaters. Paris 1985
BOOS-NÜNNING, U.: Fremdes oder Eigenes? Frankfurt 1994
DER KORAN, Übersetzung v. A.Th. Khoury, Gütersloh 1987
DIRKS, S.: La famille musulmane Turque, Paris, Den Haag 1969
ERIKSON, E.H.: Jugend und Krise. Stuttgart 1970
FIRAT, I.: Nirgends zuhause, Türkische Schüler zwischen Integration in der BRD und Remigration in die Türkei; eine sozialpsychologisch-empirische Untersuchung. Frankfurt 1991
GLUMPLER, E./SANDFUCHS, U. u.a.: Mit Aussiedlerkindern lernen, Braunschweig 1992
HAIDAPUR, A.: Kulturkonflikt und Sexualentwicklung. Frankfurt 1986
HARTMANN, R.: Die Religion des Islam. Berlin, 1944
HINZ-ROMMEL, W.: Interkulturelle Kompetenz, Bonn 1994
JUYNBOLL, THEODOR W.: Handbuch des islamischen Gesetzes. Nach der Lehre der schafiitischen Schule. Leiden, Leipzig, 1910
KEHL, K./ PFLUGER, I.: Die Ehre in der türkischen Kultur - Ein Wertsystem im Wandel -. Berlin 1991
KUSTERER, K./RICHTER, J.: Von Rußland träum`ich nicht auf deutsch, Hoch-Verlag Stuttgart-Wien 1989, S. 137
LACOSTE-DUJARDIN. C.: Mütter gegen Frauen. Zürich 1990
LUTZ, H.: Sind wir uns immer noch fremd? In: Ika Hügel u.a. (Hg.): Erntfernte Verbindungen. Berlin 1993
MERNISSI, F.: Geschlecht, Ideologie, Islam. München 1989
MEYER, S.: Dokumentation Interkulturelle Mädchenarbeit Landesjugendamt Hessen 1996
PARET, R. (Übers.): Der Koran. Stuttgart, Berlin, Köln, Mainz, 1979
PETERSEN, A.: Ehre und Scham in der Türkei: Zum Verhältns der Geschlechter in einem sunnitischen Dorf, berlin 1985
SAURENHAUS, K.: Grundlagen und Probleme der Jungenarbeit mit türkischen Jungen in der BRD. Unveröffentlichte Diplomarbeit, Frankfurt 1993
SCHIFFAUER, W.: Die Gewalt der Ehre. Erklärungen zu einem türkisch-deutschen Sexualkonflikt, Frankfurt 1983
SELL, A.: Eine Studie zur Lebenssituation von Mädchen ausländischer Herkunft anhand eines Stadt/Land-Vergleichs. Unveröffentlichte Diplomarbeit, Frankfurt 1994
STRAUBE, H.: TYrkische Leben in der Bundesrepublik. Frankfurt/New York 1987
TEZCAN, M.: Kan Davalarõ. Sosyal Antropolijik Yakla·õm, Ankara 1981

Interkulturelle Mädchenarbeit / Schule / Eltern- und Familienarbeit

BIRNKOTT-RIXIUS, K./DURMAZ, G./HEINTZE, A./KARAJOLI, E.: Handbuch für die Arbeit mit der türkischen und deutschen Fibel "Birlikte Örgelin" und "Voneinander lernen". Berlin 1993

BREHMER, ILSE U.A.: Mädchen, Macht (und) Mathe - Geschlechtsspezifische Leistungskurswahl in der reformierten Oberstufe, Hrsg.: Ministerin für die Gleichstellung von Frau und Mann, Dokumente und Berichte 10, Düsseldorf 1989

DIAKONISCHES WERK IN HESSEN NASSAU: Mädchen-und Frauenarbeit mit Aussiedlerinnen Teil II, Frankfurt/M, 1996

EMMINGHAUS, W.B. (1979). Grenzen und Möglichkeiten der Erziehung. Einige Bemerkungen zu Ergebnissen der kulturvergleichenden Forschung. Blätter der,

EMMINGHAUS, W.B. (1992). Flucht und Kulturkontakt: Ein Arbeitsfeld für Psychologen?

EMMINGHAUS, W.B. (1994). Durch Menschlichkeit zum Frieden - Konfliktlösung als Alternative zu zerstörerischer Gewalt. In: Deutsches Rotes Kreuz (Hg.).

EMMINGHAUS, W.B. (1995). Kultur-Kontakt und Konfliktlösung: Psychologische Aspekte in der interkulturellen Beratung. In A. J. Cropley, H. Ruddat, D. Dehn & S. Lucassen (Hrsg.)

ENGLER, R.: Feministische Mädchenarbeit- interkulturelle Mädchenarbeit?, (Artikel), IB-Mädchentreff, Frankfurt, 1986

FAULSTICH-WIELAND, HANNELORE/HORSTKEMPER, MARIANNE (Hrsg.): "Trennt uns bitte, bitte nicht!" - Koedukation aus Mädchen- und Jungensicht, Leske und Budrich, Opladen 1995

FAULSTICH-WIELAND, HANNELORE: Koedukation - Enttäuschte Hoffnungen?, Wissenschaftliche Buchgesellschaft, Darmstadt 1991

FAULSTICH-WIELAND, HANNELORE: Reflexive Koedukation - Zur Entwicklung der Koedukationspolitik in den Bundesländern, In: Jahrbuch für Pädagogik 1994 - Geschlechterverhältnisse und die Pädagogik, Peter Lang Verlag 1994

HAMBURGER, FRANZ.: Mono-, Multi-, Inter-Kulti in GEW-Zeitung Rheinland-Pfalz, 7-8/1995

HOOSE, DANIELA/VORHOLT, DAGMAR: "Die Schule dreht da ganz schön mit!", Hrsg.:Institut für gesellschaftliche Entwicklungsforschung, Bürgerbeteiligung und Politikberatung im Auftrag des Bundesministeriums für Bildung und Wissenschaft, 1994

HORSTKEMPER, MARIANNE (Hrsg.): Schule, Geschlecht und Selbstvertrauen - Eine Längsschnittstudie über Mädchensozialisation in der Schule, Juventa Verlag 1987

HORSTKEMPER, MARIANNE: "Jungenfächer" und weibliche Sozialisation - Lernprozesse im koeduaktiven Unterricht, In. Horstkemper, Marianne/Wagner-Winterhager, Luise (Hrsg.): Mädchen und Jungen - Männer und Frauen in der Schule, Die Deutsche Schule, 1. Beiheft 1990, Juventa Verlag 1990, S. 97-109

HORSTKEMPER, MARIANNE: Zwischen Anspruch und Selbstbescheidung - Berufs- und Lebensentwürfe von Schülerinnen; In: Horstkemper, Marianne/Wagner-Winterhager, Luise (Hrsg.): Mädchen und Jungen - Männer und Frauen in der Schule, Die Deutsche Schule, 1. Beiheft 1990, Juventa 1990, Seite 17-31

JANSEN, M., ROSEN, R.: Ausländerinnen heute (Vortrag, Fachbereich Sozialwesen FH WI), Wiesbaden, 1988

KLEES, R., U.A.: Mädchenarbeit, Praxishandbuch für die Jugendarbeit, Teil 1, S.84 ff.
III.Teil: Didaktische Anregungen.,Weinheim, 1989
KRAHECK, NICOLE/MARONA, FRIEDRICH/FÖRSTER, URSULA/DIRNAGEL, URSULA:
Mädchen erleben Schule anders, In: NDS - Neue Deutsche Schule, 46. Jahrgang,
September 1994, S. 21-23
KRAHECK, NICOLE: Mädchenzentrum MABILDA e.V. - Projekt "Lebensplanung-
Körperarbeit-Selbstbehauptung", In: Zentralstelle zur Förderung der Mädchenarbeit
im Institut für soziale Arbeit Münster e.V. (Hrsg.): Im Labyrinth der Kulturen - Arbeit
mit ausländischen Mädchen, Betrifft Mädchen Heft 2/94, Münster 1994, Seite 17-19,
(zitiert als 1994 b)
KRAHECK, NICOLE: Ausländische Mädchen in Duisburg - Wege aus der Resignation, In:
Bundesarbeitsgemeinschaft Jugendsozialarbeit (Hrsg.): Jugend, Beruf und
Gesellschaft - Geschlechtsspezifische Arbeit in der Jugendsozialarbeit, Bonn 1995, S.
150-155
KRAHECK, NICOLE: Leben zwischen zwei Kulturen - Zur Situation und Arbeit mit
ausländischen Mädchen, In: Zentralstelle zur Förderung der Mädchenarbeit im Institut
für soziale Arbeit Münster e.V. (Hrsg.): Im Labyrinth der Kulturen - Arbeit mit
ausländischen Mädchen, Betrifft Mädchen Heft 2/94, Münster 1994, Seite 3-10,
(zitiert als 1994 a)
KRAHECK, NICOLE: MABILDA.V. - Mädchenprojekt - Jahresbericht 1994, Duisburg
1995
KREIENBAUM, MARIA ANNA/METZ-GÖCKEL, SIGRID (Hrsg.): Koedukation und
Technikkompetenz von Mädchen - Der heimliche Lehrplan der Geschlechtererziehung
und wie man ihn ändert, Juventa 1992
KREIENBAUM, MARIA ANNA: Für eine qualifizierte Koedukation - Umsetzung der
Forschungsergebnisse in die Schulische Praxis: Trainingsprogramme für LehrerInnen,
In: Kreienbaum, Maria Anna/Metz-Göckel, Sigrid (Hrsg.): Koedukation und
Technikkompetenz von Mädchen - Der heimliche Lehrplan der Geschlechtererziehung
und wie man ihn ändert, Juventa 1992, S. 93-120
LENZ, I., MANSFELD, C., SCHULZ, D.: Angst vor den Fremden? Zum Rassismus in der
deutschen Frauenbewegung und Frauenforschung, (Vorträge, Frauenforschung der
Deutschen   Gesellschaft für Soziologie), Hannover, 7/1988
LESCHINSKY, ACHIM: Koedukation - zur Einführung in den Thementeil; In: Zeitschrift
für Pädagogik, 38. Jahrgang 1992, Nr. 1, Seite 19-25
LOYCKE, A. (HG.) (1992). Der Gast, der bleibt. Dimensionen von Georg Simmels
Analyse des Fremdseins. Frankfurt/New York 1992
MANSFELD, C.: Über die Beziehung zwischen Ausländerfeindlichkeit und
Frauenfeindlichkeit, in Informationsdienstdienst zur Ausländerarbeit, Franffurt/M,
1/1985
METZ-GÖCKEL, SIGRID/KAUERMANN-WALTER, JACQUELINE: Geschlechterordnung und
Computerbildung - Forschungsergebnisse zur Koedukation und unterschiedlichen
Umgangsformen mit dem Computer, In.:Kreienbaum, Maria Anna/Metz-Göckel,
Sigrid: Koedukation und Techikkompetenz von Mädchen - Der heimliche Lehrplan
der Geschlechtererziehung und wie man ihn ändert, Juventa Verlag 1992, S. 71-92
MILHOFFER, PETRA: Das eine zu tun, darf nicht heißen, das anderen zu lassen -
Koedukationskritik als Gesellschaftkritik: Sie darf die Schulkritik nicht ersetzen,
sondern muß sie ergänzen, In: PÄD extra, September 1991, Seite 14-16

MINAI, N.: Schwestern unterm Halbmond, Stuttgart, 1984
MÜLLER, H., GORZINI, M.J.: Handbuch zur interkulturellen Arbeit, Wiesbaden, 1993
NEEL, A.F.: Handbuch der psychologischen Theorien, S.219 ff. (Adler,A. Individualpsychologie), Frankfurt/ M, 1983
NEHR, M./BIRNKOTT-RIXIUS, K./KUBAT, L./MASUCH, S.: In zwei Sprachen lesen lernen - geht denn das? Weinheim, Basel 1988
NESTVOGEL, R.: Interkulturelles Lernen ist mehr als „Ausländerpädagogik", Theorie und Praxis interkulturellen Lernens, (Ort unbekannt), 1985
NYSSEN, ELKE: "Aber ich behandle doch Mädchen und Jungen gleich!" - Über die Notwendigkeit der Frauenforschung in der LehrerInnenausbildung, In: Glumpler, Edith (Hrsg.) Koedukation - Entwicklungen und Perspektiven, Klinkhardt 1994, S. 162-179
NYSSEN, ELKE: Mädchen in der Schule, In.: Metz-Göckel, Sigrid/Nyssen, Elke (Hrsg.): Frauen leben Widersprüche - Zwischenbilanz der Frauenforschung, S.49-89, Beltz Verlag 1990
POPP, ULRIKE (Hrsg.): Geteilte Zukunft - Lebensentwürfe von deutschen und türkischen Schülerinnen und Schülern, Opladen 1994
REICH, H.H.: Acht Thesen zur interkulturellen Bildung in GEW-Zeitung Rheinland-Pfalz, 7-8/1995
ROSEN, RITA/STÜWE, GERD (Hrsg.): Ausländische Mädchen in der Bundesrepublik, Opladen 1985
SIMMEL, G. (1908). Exkurs über den Fremden. In: A. Loycke (Hg.): Der Gast, der bleibt. Dimensionen von Georg Simmels Analyse des Fremdseins. Frankfurt/New York 1992, S. 9-16
WALLNER, CLAUDIA: Entwicklung und Ausdruck der Identität von Mädchen in Nordrhein-Westfalen: Expertise zum 6. Jugendbericht der Landesregierung; In: Ministerium für Arbeit, Gesundheit und Soziales des Landes NRW: 6. Jugendbericht: Situation von Kindern und Jugendlichen in Nordrhein-Westfalen und Entwicklungen auf dem Gebiet der Jugendhilfe, Düsseldorf 1995
WATZLAWICK, P.: Interaktion (S. 95ff), München, 1990
WESCHKE-MEIßNER, MARGRET: Der stille Beitrag der Mädchen zur Schulkultur, In: Horstkemper, Marianne/Wagner-Winterhager, Luise (Hrsg.) Mädchen und Jungen - Männer und Frauen in der Schule, Die Deutsche Schule, 1. Beiheft 1990, Juventa Verlag 1990, S. 89-96
WIRRER, Rita: Die Einführung der Koedukation an rheinland-pfälzischen Gymnasien - Eine Folge pädagogischer Erkenntnisse oder eine pragmatische Entscheidung?, In. Glumpler, Edith (Hrsg.) Koedukation - Entwicklungen und Perspektiven, Klinkhardt Verlag 1994, S. 49-60
YÖNTER, I.: Familienarbeit als Bestandteil interkultureller Mädchenarbeit (Vortrag, Interdiziplinärer AK Frauenforschung), Mainz, 1996
YÖNTER, I.: Interkulturelle Mädchenarbeit- Betrachtungen des kulturellen, politischen und gesellschaftlichen Lebenszusammenhangs der muslimischen Frau bzw. des Mädchens (Vortrag, Fortbildungstagung Hessischer Frauenhausmitarbeiterinnen), Wetzlar, 1993

Theoretische Diskussion / Allg. Materialien

6. JUGENDBERICHT DER BUNDESREGIERUNG: "Verbesserung der Chancengleichheit von Mädchen in der Bundesrepublik Deutschland, Hrsg.: Bundesminister für Jugend, Familie und Gesundheit, Deutscher Bundestag 10. Wahlperiode, Drucksache 10/1007, Bonn 1984
6. JUGENDBERICHT DER LANDESREGIERUNG NORDRHEIN-WESTFALEN: Situation von Kindern und Jugendlichen in Nordrhein-Westfalen und Entwicklungen auf dem Gebiet der Jugendhilfe, Hrsg.:
AKGÜN, L.: Ausländerberatung. In: BELARDI, N. u.a. (Hg.): Beratung. Eine sozialpädagogische Einführung. Weinheim, Basel 1996
APITZSCH, G. (1990): Schulerfolg und Sonderschulaufnahme. In: SMP (Sachunterricht und Mathematik in der Primarstufe) Hefte 11 und 12, 1990
AUERNHEIMER, G.: Einführung in die interkulturelle Erziehung. 2. Aufl., Darmstadt 1996
BERGEMANN, N./SOURISSEAUX, A.L.J. (HG.): Interkulturelles Management. Heidelberg 1992
BERNFELD, S. (1973): Sisyphos oder die Grenzen der Erziehung. Frankfurt/M. (erste Aufl. 1925)
BILDEN, H.: Geschlechtsspezifische Sozialisation. In: HURRELMANN/ULICH (Hrsg.): Neues Handbuch der Sozialisationsforschung. Weinheim, Basel 1991: 279-302
BOLTEN, J. (Hg.): Cross Culture - Interkulturelles Handeln in der Wirtschaft. Berlin 1995
BOMMES, M./RADTKE, F.-O. (1993): Institutionalisierte Diskriminierung von Migrantenkindern. Die Herstellung ethnischer Differenz in der Schule. In: Z.f.Päd., 39.Jg., 1993, Nr.3, S. 484-497
BUNDESMINISTER FÜR JUGEND, FAMILIE, FRAUEN UND GESUNDHEIT (Hrsg.): Das neue Kinder- und Jugendhilfegesetz, Engelhardt Druck, 1990
CZOCK, H. (1993): Der Fall Ausländerpädagogik. Erziehungswissenschaftliche und bildungspolitische Codierung der Arbeitsmigration. Frankfurt/M.
CZOCK, H./RADTKE, F.-O. (1984): Der heimliche Lehrplan der Diskriminierung. In: päd.extra 10/1984, S. 34-39
DIEHM, I. (1995): Erziehung in der Einwanderungsgesellschaft. Konzeptionelle Überlegungen für die Elementarpädagogik. Frankfurt/M.
GLUMPLER, E. (1990): Das neue "Sitzenbleiberelend" - Selektive Grundschule - nur noch für ausländische Kinder? In: Lernen in Deutschland 3/90, S. 76-86
GRIESE, H. M. (Hg.) (1981): Der gläserne Fremde - Bilanz und Kritik der Gastarbeiterforschung und Ausländerpädagogik. Opladen
HAGEMANN-WHITE, C.: Sozialisation: Weiblich - männlich? Opladen 1984
HAMBURGER, F. (1994): Pädagogik in der Einwanderungsgesellschaft. Frankfurt/M.
HAMBURGER, F. (1983): Erziehung in der Einwanderungsgesellschaft. In: Z.f.Päd. 18. Beiheft, Weinheim/Basel 1983, S. 273-282
HAMBURGER, F.: Pädagogik der Einwanderungsgesellschaft. Frankfurt/M. 1994
INFORMATIONSDIENST ZUR AUSLÄNDERARBEIT, Heft 1/81: Hrsg.: Institut für Sozialarbeit und Sozialpädagogik, ISS-Eigenverlag 1981, Fankfurt/Main
INSTITUT FÜR SOZIALPÄDAGOGISCHE FORSCHUNG MAINZ (ISM) u.a. (Hg.): Mädchenatlas. Lebenssituation von Mädchen und jungen Frauen in Rheinland-Pfalz.. Mainz 1996

LANDESBEAUFTRAGTE FÜR AUSLÄNDERFRAGEN BEI DER STAATSKANZLEI (Hg.): Wir leben in Rheinland-Pfalz. Ausländische Bevölkerung 1996. Mainz 1997

MÜLLER, B.: Sekundärerfahrung und Fremdverstehen. In: BOLTEN, J. (Hg.): Cross Culture - Interkulturelles Handeln in der Wirtschaft. Berlin 1995, S.43-58

MÜLLER, H.: Fremdenfeindlichkeit und Rassismus - Die segmentarische Nutzung von Erklärungsansätzen und ihre Folgen. IN: INSTITUT FÜR SOZIALPÄDAGOGISCHE FORSCHUNG MAINZ (ISM) (Hg.): Differenz und Differenzen: Zur Auseinandersetzung mit dem Eigenen und dem Fremden im Kontext von Macht und Rassismus bei Frauen. Bielefeld 1994, S.66-94

NYSSEN, E.: Aufwachsen im System der Zweigeschlechtlichkeit. In: METZ-GÖCKEL, SIGRID/NYSSEN, ELKE: Frauen leben Widersprüche. Zwischenbilanz der Frauenforschung. Weinheim, Basel 1990

PRENGEL, A.: Pädagogik der Vielfalt. Verschiedenheit und Gleichberechtigung, Interkultureller, Feministischer und Integrativer Pädagogik. Opladen 1995

RADTKE, F.-O. (1995): Interkulturelle Erziehung. Über die Gefahren eines pädagogisch halbierten Anti-Rassismus. In: Z.f.Päd., 41. Jg. 1995, Nr. 6, S. 853-864

RADTKE, F.-O.: Multikulturalismus - Die unbeabsichtigten Folgen der ethnologischen Beschreibung der Gesellschaft. In: Institut für Sozialpädagogische Forschung Mainz (ISM) (Hg.): Rassismus - Fremdenfeindlichkeit - Rechtsextremismus. Beiträge zu einem gesellschaftlichen Diskurs. Bielefeld 1993, S. 16-32

RÄTHZEL, N.: Chaotische Moderne und Bekannte Fremde - Zur Kritik einiger Theorien über Rassismus, Xenophobie und Fremdenfeindlichkeit. IN: INSTITUT FÜR SOZIALPÄDAGOGISCHE FORSCHUNG MAINZ (ISM) (Hg.): Rassismus - Fremdenfeindlichkeit - Rechtsextremismus: Beiträge zu einem gesellschaftlichen Diskurs. Bielefeld 1993, S. 33-67

SCHÄFER, B.: Entwicklungslinien der Stereotypen- und Vorurteilsforschung. In: SCHÄFER, B./PETERMANN, F. (Hg.): Vorurteile und Einstellungen. Sozialpsychologische Beiträge zum Problem der Orientierung. Köln 1988

SEIFERT, M..J.: Verstehen und Verstanden werden. Probleme interkultureller Kommunikation in rheinland-pfälzischen Behörden. Ergebnisse einer Befragung. Herausgegeben von der Landesbeauftragten für Ausländerfragen bei der Staatskanzlei, Mainz 1996

Ausgewählte Literatur zum Thema Jungenarbeit bzw. männliche Sozialisation

Jungenarbeit

BUNDESZENTRALE FÜR GESUNDHEITLICHE AUFKLÄRUNG (Hg.): Sexualpädagogische Jungenarbeit - Band 1, Köln 1995 (Ostmerheimer str. 200, 51109 Köln, 0221/8992-0)

DIETRICH REBSTOCK: Grosse Männer - Kleine Männer, Zum Funktionswandel des Vaterseins und die Bedeutung des Vaters für den Sohn. MännerMaterial Band 5, Schwäbisch Gmünd und Tübingen 1993

GLÜCKS, E. /OTTEMEYER-GLÜCKS, F. G. (HG.): Geschlechtsbezogene Pädagogik, Münster 1994

HEIMVOLKSHOCHSCHULE ALTE MOLKEREI FRILLE (Hg.): Parteiliche Mädchenarbeit und antisexistische Jungearbeit. Bezug: Freitof 16, 4953 Petershagen-Frille

HEPPNER, S.: Bewußte Jungenarbeit im Rahmen einer geschlechtsspezifischen Jugendbildungsarbeit. In: deutsche jugend 12/95, Weinheim und München 1995

HESSISCHER JUGENDRING, der Vorstand, (Hg.): hessische jugend 1/2 März, Thema: Jungenarbeit, Wiesbaden 1992

KINDLER, H.: Männerarbeit im Jugendverband, In: deutsche jugend 4/93, Weinheim und München 1993

KINDLER, H.: Maske(r)ade. Jungen- und Männerarbeit für die Praxis. MännerMaterial Band 4, Schwäbisch Gmünd und Tübingen 1993

LANDSCHAFTSVERBAND WESTFALEN-LIPPE, LANDESJUGENDAMT (Hg.): Praxis der Jungenarbeit, Münster 1994 (Kontakt: Dr. Benedikt Sturzenhecker, Warendorfer Str. 25, 48133 Münster, 0251/591-4031)

LENZ, H.-J. (HG.): Auf der Suche nach den Männern. Berichte, Materialien, Planungshilfen, Bildungsarbeit mit Männern. (Incl. Artikel von A. Zieske zur Jungenarbeit) Frankfurt/M. 1994 (Bezug: Deutsches Institut für Erwachsenenbildung - Versandabteilung - Holzhausenstr. 21, 60322 Ffm, 069/154005-130)

MINISTERIUM FÜR DIE GLEICHSTELLUNG VON FRAU UND MANN NRW (Hg.): Was Sandkastenrocker von Heulsusen lernen können, Dokumente und Berichte 36, Feb. 1996

SAURENHAUS, K.: Grundlagen und Probleme der Jungenarbeit mit türkischen Jungen in der BRD, Diplomarbeit Sozialpädagogik an der JWG Universität Ffm., Fb. Erziehungswissenschaften, Frankfurt/M. 1993 (unveröffentlicht)

SCHENK, M.: Jungenarbeit und Männersprache, in: deutsche jugend 12/95, Weinheim und München 1995

SCHLIMME, P./HERING, W.: Bewußte Jungenarbeit - Ein Konzept, in: Hessischer Jugendring, der Vorstand, (Hg.): Schriftenreihe des Hessischen Jugendrings, Bd.7: Jungen und Männerarbeit, Wiesbaden 1992

SCHLIMME, P.: „Da machen wir Sachen, wo man sich hinterher total gut fühlt", in: Anstöße/„Wer kümmert sich um die kleinen Helden? - Konflikttrainingskurse mit Jungen an der Grundschule" und „Männerbildung (k)ein Thema?", in: Anstöße II, Beispiele kommunaler Jugend- und Jugendbildungsarbeit in Hessen. Land Hessen/Jugendhof Dörnberg (Hg.), Zierenberg bei Kassel 1994 (Anstöße) und 1996 (Anstöße II)

SENATSVERWALTUNG FÜR ARBEIT UND FRAUEN (Hg.): Gewalt gegen Mädchen an Schulen, Berlin 1993

SIELERT, U.: „...und daß Jungen nicht zu Tätern werden" Zur Notwendigkeit reflektierter (antisexistischer) Jungenarbeit, in: Sexueller Missbrauch von Kindern und Jugendlichen - Beiträge zu Ursachen und Prävention, Essen 1991

SIELERT, U.: Praxishandbuch für die Jugendarbeit Teil 2, Jungenarbeit, Weinheim und München 1989

SPODEN, CH.: „Jungenarbeit als ganzheitliche Prävention", Vortrag zu einer Fachtagung zur geschlechts-differenten Gewaltprävention im Kreis Groß-Gerau im Dez. 1994. Dokumentation des Kreisausschusses Groß-Gerau (Hg.) Nov. 1996

SPODEN, CH: Jungenarbeit in Schulen als Gewaltprävention von Gewalt an Mädchen, Gutachten für die Senatsverwaltung Arbeit und Frauen, Berlin 1993 (Bezug: Referat für Öffentlichkeitsarbeit - Klosterstr. 47, 10179 Berlin)

STURZENHECKER, B.: Jungenarbeit ist machbar, in: Kind, Jugend und Gesellschaft (KJuG) 2/95, Neuwied 1995

WACHENDORFF, A./SCHÜTTE, M./HEUSER, C./BIERMANN, C.: Wie Reden stark macht und Handeln verändert. Emanzipatorische Mädchen- und Jungenarbeit an der Laborschule, in: Lütgers, W. Impuls. Informationen, Materialien, Projekte, Unterrichtseinheiten aus der Laborschule, Bd. 21, Bielefeld 1992

WINTER, R. (Hg.): Stehversuche, Sexuelle Jungensozialisation und männliche Lebensbewältigung durch Sexualität, MännerMaterial Band 3, Schwäbisch Gmünd und Tübingen 1993

WINTER, R./WILLEMS, H. (Hg.): Damit du groß und stark wirst, MännerMaterial Band 1 - Schwäbisch Gmünd und Tübingen 1990

WINTER, R./WILLEMS, H. (HG.): Was fehlt, sind Männer! Ansätze praktischer Jungen- und Männerarbeit, MännerMaterial Band 2 - Schwäbisch Gmünd und Tübingen 1991

WINTER, R.: Männliche Sozialisation und Jungenarbeit, in: deutsche Jugend 4/93, Weinheim und München 1993

ZUSAMMENSCHLUß FREIER KINDER- UND JUGENDEINRICHTUNGEN FRANKFURT AM MAIN E. V. (Hg.): frankfurter zeitung für kinder- und jugendarbeit, heft nr. 8: „Mädchenwelten - Jungenwelten" - Anregungen zu einer geschlechtsbewußten Pädagogik; September 1994

Jungensozialisation / Männersozialisation

BENARD, CH./SCHLAFFER, E.: Mütter machen Männer, München 1994
BÖHNISCH, L./WINTER, R.: Männliche Sozialisation, Weinheim und München 1993

BRANDES, H.: Ein schwacher Mann kriegt keine Frau, Therapeutische Männergruppen und Psychologie des Mannes, Münster 1992
BRENNER, G./GRUBAUER, F. (Hg.): Typisch Mädchen? Typisch Junge?, Weinheim und München 1991
BÜTTNER, C./DITTMANN, M. (Hg.): Brave Mädchen, böse Buben - Erziehung zur Geschlechtsidentität in Kindergarten und Schule, Weinheim und Basel 1992
CHODOROW, N.: Das Erbe der Mütter, Psychoanalyse und Soziologie der Geschlechter, München 1985
ENDERS-DRAGÄSSER, U./FUCHS, C. (Hg.): Frauensache Schule, Frankfurt/M. 1990
ENDERS-DRAGÄSSER, U./FUCHS, C. (Hg.): Jungensozialisation in der Schule, Gemeindedienste und Männerarbeit in der EKHN, Darmstadt 1988
ENDERS-DRAGÄSSER, U.: Der ganz normale männliche Störfall, in: Päd. extra & demokratische Erziehung, Pahl-Rugenstein, 1/89
HAGEMANN-WHITE, C.: Sozialisation: weiblich-männlich, Opladen 1984
HEILIGER, A.: "Die Hälfte des Himmels..." in: KJuG, Zeitschrift für Jugendschutz, 2/95
HOLLSTEIN, W.: Nicht Herrscher, aber kräftig, Hamburg 1988
MAHLER, M. S./PINE, F./BERGMANN, A.: Die psychische Geburt des Menschen, Frankfurt/M. 1980
MENZEL, M.: Jungen lieben anders, in: Winter, R. (Hg.): Stehversuche. Sexuelle Jungensozialisation und männliche Lebensbewältigung durch Sexualität. MännerMaterial Band 3, Schwäbisch Gmünd und Tübingen 1993
MERTENS, W.: Entwicklung der Psychosexualität und der Geschlechtsidentität Band 1 u. 2, Stuttgart, Berlin, Köln 1992 u. 1996
SALMAN, R.: Sexuelle Identität. Über Sexualbeziehungen und Sexualnöte von Migranten, in: Pro FAMILIA Magazin 1/96
SCHESKAT, T.: Die Erweiterung männlicher Selbstwahrnehmung durch körperorientierte Therapiemethoden, Göttingen 1989
SCHMAUCH, U.: Anatomie und Schicksal, Zur Psychoanalyse der frühen Geschlechtersozialisation, Frankfurt/M. 1987
SCHNACK, D./NEUTZLING, R.: Jungs sind halt so / Kernig, flink und zäh, in: Sozialmagazin 7/8 1990, Weinheim 1990
SCHNACK, D./NEUTZLING, R.: Kleine Helden in Not: Jungen auf der Suche nach Männlichkeit, Reinbeck bei Hamburg 1990
SCHNACK, D./NEUTZLING, R.: Wir fürchten weder Tod noch Teufel, in: C.Büttner/M. Dittmann (Hg.): Brave Mädchen, böse Buben?, Weinheim u. Basel 1992
SCHNACK, D./NEUTZLING, R: Die Prinzenrolle, Über die männliche Sexualität, Reinbeck bei Hamburg 1993
TEUTER, L.: Da machen die Typen nicht mit, in: Sozial Extra 11/85
TILLMANN, K.-J. (Hg.): Jugend weiblich - Jugend männlich. Sozialisation, Geschlecht, Identität, Opladen 1992
WEBER-NAU, M.: Die sozialen Analphabeten, Zum Thema Männer und Gewalt in: Frankfurter Rundschau 8.6.1991
ZIESKE, A.: Eine Zeit des Innehaltens, in: H.-J. Lenz (Hrsg.): Auf der Suche nach den Männern, Frankfurt 1994

Rechtsextremismus, Subkultur, Gewalt

HEITMEYER, W.: Rechtsextremistische Orientierungen bei Jugendlichen, Weinheim/München 3. erg. Auflage 1989
KERSTEN, J.: Männlichkeitsdarstellungen in Jugendgangs, in: Otto, H.-U./Merten, R. (Hg.): Schriftenreihe der Bundeszentrale für politische Bildung Bd. 319, Rechtsradikale Gewalt im vereinigten Deutschland, Bonn 1993.
MOELLER, K.: Rechte Jungs, in: Neue Praxis 4/93
OGRZALL, P.: Echt recht(s) männlich., in: Außerschulische Bildung 2/93, Bonn 1993
SCHENK, M.: Jugend-Gewalt ist männlich; deutsche jugend 4/93, Weinheim und München 1993

Sexueller Mißbrauch von Jungen

BANGE, D.: Die Mauer des Schweigens, Sex. Ausbeutung von Jungen, Sozial Extra 10/88
BANGE, D.: Jungen werden nicht mißbraucht - Psychologie heute 1/1990
GLOER, N. (Hg.): Verlorene Kindheit. Jungen als Opfer sexueller Gewalt, München 1990
LAPPE, K. (Hg.): Prävention von sexuellem Mißbrauch, Ruhnmark 1993
VAN DEN BROEK, J.: Verschwiegene Not: Sexueller Mißbrauch an Jungen, Zürich 1993
VAN OUTSEM, R.: Sexueller Mißbrauch an Jungen, Ruhnmark 1993
WEBER-HORNIG, M. Sexuelle Ausbeutung von Jungen, in: Sozial-Extra 12/90

(Sexuelle) Männergewalt:

BULLENS, R.: Zur Behandlung von Sexualstraftätern, in: Ministerium für die Gleichstellung von Frau und Mann NRW, Dokumente und Berichte 24, Mai 1993
DIEKMANN/HERSCHELMANN/PECH/SCHMIDT (Hg.): Gewohnheitstäter, Männer und Gewalt, Köln 1994
GODENZI, A.: Bieder, brutal, Frauen und Männer sprechen über sexuelle Gewalt, Zürich 1989
GODENZI, A.: Gewalt im sozialen Nahraum, Basel/Frankfurt 1994
HARTWIG, L./WEBER, M.: Sexuelle Gewalt und Jugendhilfe, Münster 1991
HONIG, M.-S.: Verhäuslichte Gewalt, Eine Explorativstudie über Gewalthandeln in Familien, Frankfurt 1992
MINISTERIUM FÜR DIE GLEICHSTELLUNG VON FRAU UND MANN DES LANDES NORDRHEIN-WESTFALEN (Hg.): Gewalt gegen Frauen - Was tun mit den Tätern? Dokumente und Berichte 24, Mai 1993. (Breitestr.27, 40213 Düsseldorf)

Arbeitsmaterialien:

BAER, U.: Lernziel Liebesfähigkeit 1 und 2. Remscheider Arbeitshilfen und Texte (Tel.:02191/794242)

BRINKMANN, A./TREEß, U.: Bewegungsspiele. Reinbek bei Hamburg 1983
Der Liebe auf der Spur: Sendereihe; je ca. 30 min. Acht Folgen.
DIE SEXECK(E) - Sexualpädagogisches Spiel zu vielen Themen, Oldenburg 1991 (Bezug: 0441/88182 oder 798-2588)
HERATH, F./RICHTER, P./SIELERT, U./WANZECK-SIELERT, C.: „Sechs mal Sex und mehr", 6-teilige Videoreihe incl. einem Begleitbuch für Muplikator/innen (6 mal 30 Min.) zu Jungen und Mädchen, Identität, Geschlechtrollen, das „Erste Mal", Mann werden, Frau werden; 1994; HR3 März/April 1996; (Zu beziehen als Kaufkassetten über die ProFa-Vetriebsgesellschaft Ffm.) Das Buch zur Fernsehserie: (ident. Titlel), Weinheim/Basel 1994
KOENIG, R.: Der bewegte Mann, Comic. rororo 8228
LEUE, G./CUYPERS, J. P.: Comic Spielebuch.
NEUTZLING, R./FRITSCHE, B.: Ey Mann, bei mir ist es genauso! - Cartoons für Jungen - hart an der Grenze, vom Leben selbst gezeichnet, Zartbitter e.V. (Hg.), Köln 1992
Sex - Eine Gebrauchsanweisung für Jugendliche. ProFa Vertriebsgesellschaft 1990.
Video Zeichentrickfilm (ggf. Kürzung um das Thema Defloration empfohlen)
SIELERT, U. u. a.: Sexualpädgogische Materialien für die Jugendarbeit in Freizeit und Schule. Beltz-Verlag 1993 (Viele Themen auch zu Rollen, Beziehungen, etc.; nicht nur zum thema Sexualität einsetzbar!)
SPODEN, CH.: „Liebe kann so schön sein" Videofilm über Jugendliche (versch. Nationalitäten) und Homosexualität, Berlin 1993 (Bezug: ProFaVertriebsgesellschaft Ffm.)

Verlag für Interkulturelle Kommunikation

Postfach 90 04 21 · D-60444 Frankfurt · Telefon (0 69) 78 48 08 · Fax (0 69) 7 89 65 75
e-mail Verlag: ikoverlag@t-online.de • e-mail Auslieferung: iko@springer.de
Internet: http://www.iko-verlag.de

Aus der Edition Hipparchia

Beate Steinhilber
Grenzüberschreitungen - Remigration und Biographie
Frauen kehren zurück in die Türkei
1994, 530 S., DM 68,00, ISBN 3-88939-600-3

Erika Märke
Frauen erheben ihre Stimme
Geschlechterfrage, Ökologie und Entwicklung
1995, 120 S., DM 39,80, ISBN 3-88939-601-1

Birgit Menzel
Frauen und Menschenrechte
Geschichtliche Entwicklung einer Differenz und Ansätze zu deren Beseitigung
1994, 160 S., DM 39,80, ISBN 3-88939-602-X

Dagmar Beinzger/Heide Kallert/Christine Kolmer
„Ich meine, man muß kämpfen können. Gerade als Ausländerin."
Ausländische Mädchen und junge Frauen in Heimen und Wohngruppen
1995, 190 S., DM 44,80, ISBN 3-88939-603-8

Johanna Kehler-Maqwazima
„Es ist nicht einfach, eine Frau zu sein!"
Porträts schwarzer Frauen aus Südafrika
1994, 140 S., 11 Abb., DM 49,80,
ISBN 3-88939-604-6

Veronika Andorfer
Von der Integration zum Empowerment
Zur Frauenförderung in der Entwicklungspolitik
1995, 160 S., DM 39,80, ISBN 3-88939-605-4

Kerstin G. Schimmel
„...wir baden jedenfalls nicht jeden Tag in Champagner."
Mädchen und Frauen in Bolivien - Alltag, Arbeit, Lebenschancen
1995, 150 S., DM 39,80, ISBN 3-88939-607-0

Renate Zwicker-Pelzer
Verwicklung und Entwicklung
Entwicklungsbezogene Bildungsarbeit mit Frauen
1995, 152 S., DM 39,80, ISBN 3-88939-608-9

Irmgard Stetter-Karp
Wir und das Fremde
Die Funktionalisierung des Fremden in der Lebensgeschichte von Frauen
1997, 258 S., DM 39,80, ISBN 3-88939-609-7

Rita Rosen
Leben in zwei Welten
Migrantinnen und Studium
1997, 140 S., DM 29,80; ISBN 3-88939-610-0

**Bestellen Sie bitte über den Buchhandel oder direkt beim Verlag.
Gern senden wir Ihnen unseren Verlagsprospekt zu.**